Mon Enfant

Sa santé, son éducation, son équilibre

Mon Enfant

Sa santé, son éducation,
son équilibre

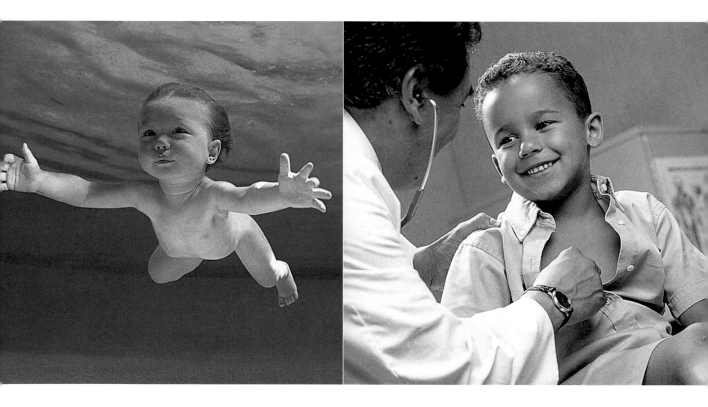

Dr DOROTHY EINON

Traduit et adapté de l'anglais par
Simone Mouton di Giovanni

SAND

Ce livre est dédié à la mémoire de Frederick
et Catherine Ridgway et de Francis et Dorothy Budge
dont les talents – et les erreurs – m'ont faite telle que je suis.

Dorothy Einon

Traduction et adaptation française : Simone Mouton di Giovanni
Coordination éditoriale : Anne Terral
PAO : Bernard Rousselot

Photographie de couverture : Mike Good

Imprimé et relié par Partenaires, France

Note : ce livre ne prétend pas se substituer aux conseils d'un médecin.
L'auteur et l'éditeur déclinent toute responsabilité en cas de dommages
subis, directement ou indirectement, par suite de l'utilisation des
informations contenues dans cet ouvrage.

PRÉFACE

Quand j'étais petite, mon grand-père nous réquisitionnait, mon cousin et moi, pour l'aider à la culture de ses précieux chrysanthèmes. Il me donnait l'impression d'être importante. Je le revois se tournant vers nous et s'exclamant : *Une tête brune et une tête blonde… Qui pourrait jamais décider laquelle est la plus belle ?*

Nous pouvons presque tous élever des enfants, comme nous pouvons tous faire pousser quelques fleurs. Mais pour obtenir des fleurs exceptionnelles, il faut avoir le talent de mon grand-père. Pour élever un enfant, le plus grand talent consiste à lui donner la sensation qu'il est **unique** ; mieux encore, qu'il le reste, quoi qu'il lui arrive. Lui dire *Je t'aime* ne suffit pas. Il faut lui rendre cet amour indubitable. Je ne crois pas que mon grand-père ait jamais prononcé les mots *Je t'aime*, mais je n'ai aucun doute à ce sujet.

De plus, il faut rendre l'enfant **capable**. C'est-à-dire, lui insuffler la confiance à la faveur de gestes quotidiens, lui communiquer assez d'assurance pour s'exprimer, pour dire : *Je peux*. Le message peut être explicite, tel que : *Je suis sûr que tu peux le faire*. Il peut être moins direct mais il passe aussi lorsque vous demandez à un enfant de vous aider dans telle ou telle tâche. Il y gagne assurance et estime de lui-même. Aimez-le sans conditions et faites-lui confiance dans le cadre bien défini de rapports où l'attention et le respect mutuels ne sont jamais remis en question.

SOMMAIRE

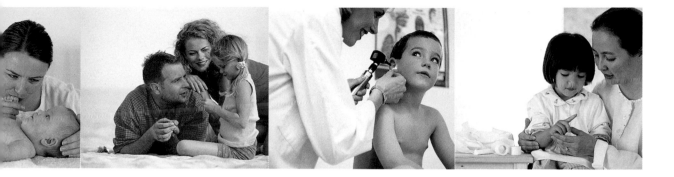

Introduction

Nous ne pouvons tous espérer devenir de grands savants ou des stars des médias. Quelle que soit l'excellence de nos accomplissements, ils ne seront jamais couronnés d'aucun prix. Chacun de nous est plus doué dans tel ou tel domaine mais, dans l'ensemble, nous nous tenons dans une honnête moyenne et nos activités nous semblent souvent triviales – tant qu'elles ne concernent pas nos enfants. Car pour la plupart d'entre nous, bien élever ses enfants est une des missions les plus importantes – à la fois la plus stimulante, la plus exaspérante, la plus ennuyeuse, la plus fascinante, la plus terrifiante et la plus gratifiante. Personne ne nous aime et ne nous accepte avec la même intensité qu'un enfant de deux ans ; et qu'il refuse de manger son dîner ou qu'il pique une colère, personne ne peut autant nous agacer, au point de nous faire perdre parfois le contrôle de nous-mêmes. Impossible d'imaginer, avant la naissance d'un enfant, à quel point les détails de son quotidien vont nous accaparer physiquement et émotionnellement. Il suffit de quelques jours pour sentir que tout ce qui lui arrivera affectera la totalité de notre vie. Il ne s'agit pas avec lui d'une relation épisodique. C'est pourquoi nous voudrions tant ne pas commettre d'erreurs. En outre, nous sommes de plus en plus conscients que les

événements de son enfance influeront sur toute sa vie. La formule : *Montrez-moi un enfant de sept ans et je vous montrerai l'adulte* ne se vérifie pas toujours, mais assez souvent pour que la plupart des parents sentent qu'ils ont le devoir de bien faire.

ÊTRE PARENT

La bonne nouvelle est qu'en général, nous sommes de meilleurs parents que nous ne l'imaginons. Quand les nôtres ont bien fait leur travail, nous héritons souvent leur savoir-faire. Dans le cas contraire, nous sommes souvent capables d'identifier leurs erreurs. Si vous avez acheté ce livre pour vous guider, vous constaterez probablement que vous l'utilisez surtout pour vous confirmer que vous êtes sur la bonne voie. Quoi qu'il en soit, il est bon de vous rappeler qu'il n'y a pas de parents parfaits ; et que s'il en existait, le modèle serait impossible à imiter. Nous préparons nos enfants pour un monde imparfait, peuplé d'êtres imparfaits. Les enfants doivent apprendre que nous sommes faillibles. Nous leur devons simplement de faire de notre mieux et de reconnaître nos propres erreurs. De nombreuses compétences sont nécessaires pour être de bons parents et ce livre a pour but de vous aider. Tels parents ont besoin d'acquérir certaines connaissances, d'autres des savoir-faire ou des notions pratiques et, le plus souvent, une combinaison des trois. Quand je propose une façon de procéder, je m'efforce d'expliquer en quoi elle est préférable.

COMMENT UTILISER CE LIVRE

Pour en faciliter l'emploi, cet ouvrage est divisé en sept grands chapitres. Après la naissance de notre bébé, nous sommes surtout

préoccupés par ses besoins immédiats. Ce livre expose donc d'abord des notions pratiques. Plus tard, en prenant de l'assurance, nous trouvons le temps de réfléchir à notre comportement en tant que parents et à l'évolution de notre enfant. Ces sujets sont abordés dans les chapitres suivants.

Les problèmes de l'éducation le sont dans les deux derniers chapitres. L'avant-dernier présente ceux auxquels nous devons tous faire face et propose des solutions éprouvées aux comportements irritants ou inquiétants, tels que les colères ou le refus de manger autre chose que ce qui lui plaît. Le dernier chapitre examine les difficultés que nous espérons tous ne pas rencontrer, à savoir les urgences graves ou menaçant la vie de l'enfant. Il est utile de le lire en premier et de le mémoriser : en cas de réelle urgence, on prend rarement le temps de consulter un livre.

CHAPITRE 1

Soigner son bébé

Que nous ayons fait notre apprentissage par la lecture, en suivant des cours, avec nos parents ou nos amis, la majeure partie d'entre nous prennent naturellement bien soin de leur bébé. Nous tirons les leçons de nos erreurs et, en un temps record, notre bébé est sevré, cesse de porter des couches et commence à explorer le monde autour de lui. Si vous prenez à cœur son bien-être, vous ferez sans doute du bon travail. Un enfant élevé avec tendresse se sent aimé et en sécurité; en grandissant, il prendra confiance en lui grâce aux soins que vous lui aurez prodigués.

NOTEZ

• Un nouveau-né ne fait que dormir et manger ; pourtant, il va vous accaparer 24 heures sur 24.

• Même quand il dort, il vous arrivera de vérifier qu'il est bien vivant – pour ne pas dire de le réveiller pour vous en assurer !

• Dormez, détendez-vous dès que possible. Une heure de sommeil dans la journée en vaut deux pendant la nuit.

Profitez
de votre grossesse
Ne vous demandez pas quelle sorte de maman vous ferez : vous vous adapterez le moment venu.

Lorsque l'enfant paraît

Quoi qu'elles fassent, rares sont les femmes qui parviennent à se projeter au-delà de la naissance de leur bébé. Qui est-il ? Un garçon ou une fille ? Comment sera-t-il ? Comment va-t-il changer ma vie ? Pour la plupart d'entre nous, la grossesse est une période d'expectative.

Tant que nous ne tenons pas notre enfant dans nos bras, la notion de « parent » se résume à la layette, à des courbes dans des livres, aux mouvements du bébé dans notre ventre. Avec la naissance, nos rêveries rencontrent leur objet et comme pour compenser neuf mois d'attente, les parents ont tendance à anticiper : c'est bien un sourire que je viens de voir ? Il a tenu sa tête droite, il me semble ? Combien de temps avant qu'il puisse s'asseoir ? Dans l'ignorance du futur, nous nous y précipitons, pressés d'atteindre l'étape suivante. Les livres – celui-ci compris – alimentent cette hâte. Et avant que nous ayons vu le temps passer, notre bébé se rend à l'école, la maison est pleine de jeunes gens et nous nous demandons comment il se fait que tout soit arrivé si vite.

Voici donc notre tout premier conseil : profitez de votre bébé. Non pour ce qu'il deviendra, mais pour ce qu'il est aujourd'hui et était hier. Vous vous lancez sans filet. Le plaisir, la douleur et l'exaltation d'être parent sont sans équivalent. Savourez-les. N'attendez la perfection ni de vos enfants ni de vous-même. Aucun parent n'est parfait et ne devrait même tenter de l'être. Aimez-les à fond, sou-tenez-les et chérissez-les en dépit de leurs défaillances et faites de même pour vous en dépit des vôtres. Vos enfants seront toujours vos enfants, mais leur enfance passe vite : ne la ratez pas.

LA FAMILLE N'EST PAS UN INSTANTANÉ

Les bébés ne naissent pas dans un vide mais, au strict minimum, au sein d'une relation en constante renégociation : celle de la nouvelle maman avec elle-même. Le seul mot de « mère » évoque des qualificatifs qu'en général nous ne nous attribuerions pas : « asexuelle », « prête au sacrifice de soi », « nourricière ». Le père doit, lui aussi, réexaminer sa relation avec lui-même et chaque parent sa relation avec son enfant et avec son conjoint. Il faut aussi revoir les rapports avec les autres enfants, la famille, les amis : cela exige du temps.

Pour la plupart des femmes, les exigences physiques du nouveau-né prédominent au cours des premiers jours. Elles ont donc peu de temps à consacrer à ces nouvelles données, en particulier avec un premier bébé. À ce stade, plus qu'une adaptation aux changements intervenus, la mère attend du père soutien et partage des joies. Mais il a ses propres problèmes : peut-être a-t-il participé à la naissance

NE PERDEZ PAS LA TÊTE

• Le nourrisson dort beaucoup : il n'a pas besoin d'être surveillé en permanence.

• Vous ne lui faites pas défaut en sortant dîner en ville : une baby-sitter de confiance peut veiller sur lui.

• Votre bébé n'a pas besoin – et en fait, pas envie – d'être constamment stimulé.

• Il peut s'endormir le soir sans avoir fait son rot ; et si vous l'allaitez, il peut aussi s'en passer pendant la journée.

• Inutile de le changer la nuit à moins que sa couche ne soit souillée : il s'accommode très bien d'une couche humide.

• Il peut parfois – ou toujours – dormir avec vous. Ce n'est pas plus dangereux pour un bébé occidental que pour ceux d'une grande partie du monde où la pratique est courante. Cela ne l'empêchera ni de devenir autonome ni d'apprendre à dormir seul dans son lit.

• Vous pouvez lui donner une sucette : les objets familiers sont rassurants.

• Laissez votre partenaire s'occuper de lui.

• Votre bébé n'a pas absolument besoin d'un bain complet tous les jours (voir p. 33).

• Donner le sein est un moyen pratique de le nourrir. Ce n'est pas un brevet de « parfaite maman ».

• Accoucher naturellement est une bonne chose. Mais subir une césarienne ou hurler pendant quelques heures et ne pas accoucher conformément à vos plans n'affecte en rien votre aptitude à être une bonne mère. En revanche, en éprouver un sentiment de culpabilité peut vous affecter.

et se retrouve-t-il soudain quasiment relégué dans les coulisses. Observé d'un œil critique s'il veut prendre son enfant dans ses bras, changer sa couche ou le bercer pour l'endormir, sa maladresse éventuellement soulignée par la relative aisance de la mère, il peut même se sentir tenu à l'écart de son bébé et de sa partenaire.

N'essayez pas de jouer les super-mamans *Prenez du temps pour être avec votre bébé et renoncez aux autres tâches tant que vous ne vous sentez pas prête à les assumer. Acceptez qu'on vous aide – patience, votre tour viendra…*

Cela n'est pas grave à court terme, ni même à long terme à condition que chacun se rappelle que tous les personnages de cette pièce complexe doivent intervenir à tour de rôle. Les changements provoqués par l'apparition d'un nouveau-né ne peuvent être intégrés en l'espace de quelques jours. Les parents sont d'abord trop fatigués, trop tendus et trop accaparés par leurs nouvelles responsabilités pour y réfléchir.

ÊTRE D'ASSEZ BONS PARENTS
Bien faire sera toujours un compromis entre ce à quoi vous aspirez et ce que vous pouvez réellement accomplir. Rassurez-vous : la perfection, qui n'existe pas, n'est même pas souhaitable. L'enfant que vous élevez devra faire face à ses propres problèmes et aux travers de tous ceux qu'il côtoiera. Un parcours sans fautes le lui rendrait impossible. Comment, étant imparfait, avoir confiance en soi quand on a eu des parents parfaits ? Vous devez simplement faire de votre mieux et accepter vos éventuelles erreurs tout au long de la croissance de votre enfant.

Pour en savoir plus

Établir un emploi du temps 40-41
Se partager les tâches 52-53
Premiers pas de parents 136-137
Les rapports avec la famille 154-155

OUBLIEZ

• **Les corvées.** Vous vous épuiserez si vous voulez tout faire dans les jours qui suivent la naissance. Prenez le temps de vous organiser et de retrouver une stabilité émotionnelle. Profitez du présent. Accordez-vous une pause.

• **La cuisine.** Prévoyez quelques économies pour des repas précuits ou livrés à domicile.

• **Votre silhouette.** Vous avez le reste de votre vie pour y penser. Compter les calories n'est pas primordial.

• **Le ménage.** Si vous pouvez vous le permettre, payez quelqu'un pour le faire.

Prendre et porter votre bébé

En prenant votre tout petit nouveau-né pour la première fois, vous serez peut-être un peu nerveuse, vous demandant si vous le soutenez convenablement. Pourtant, bien qu'il semble si fragile, il est étonnamment robuste.

Allons-y
Glissez une main sous ses épaules. Soutenez sa tête avec votre bras et glissez l'autre main sous ses fesses.

Du moment que vous lui soutenez bien la tête et le dos, la manière dont vous tenez votre bébé ne lui fera aucun mal, si maladroite qu'elle puisse sembler aux autres ou à vous-même. Et même s'il arrive parfois que sa tête retombe en arrière, inutile de paniquer.

ASSIS ET ÉVEILLÉ

C'est allongé sur le dos qu'un bébé se repose dans la plus grande sécurité. Vous pouvez l'installer dans un transat à bascule ou un siège-auto déplié. Il y sera suffisamment à plat mais pourra aussi vous voir et regarder autour de lui. Vous pouvez même l'allonger sur votre bureau ou votre plan de travail, à condition qu'il reste à portée de main et que vous ne le perdiez pas de vue une seconde. Dès qu'il est capable de faire basculer son transat, il ne sera plus en sécurité qu'au sol.

SOULEVER VOTRE BÉBÉ

Glissez une main sous ses épaules en laissant reposer sa tête sur votre bras et glissez l'autre main sous ses fesses. Penchez-vous vers lui et amenez son corps contre le vôtre. En le soulevant, glissez la main plus avant le long de son dos, calant sa tête et ses jambes dans le creux de chacun de vos bras.

Gros câlins
Appuyez son ventre contre votre poitrine, entourez son cou et ses fesses de vos bras tandis que votre bébé regarde par-dessus votre épaule.

Sur la hanche
Votre bébé vous fait presque face, assis sur votre hanche, le dos soutenu par votre bras.

Face au monde
Bébé est assis sur un de vos bras, maintenu par l'autre, son dos appuyé contre votre poitrine.

PORTER VOTRE BÉBÉ

Vous pouvez porter ainsi votre petit bébé ou le soulever jusqu'à votre épaule : tournez-le vers vous en plaçant une main sous ses fesses et en soutenant son dos et sa tête de l'autre bras. Soulevez-le lentement et laissez sa tête retomber sur votre épaule. Vous pouvez aussi le porter plus à la verticale, en lui maintenant d'une main la tête et le cou, l'autre main soutenant ses fesses.

METTRE VOTRE BÉBÉ DANS SON BERCEAU

Penchez-vous au-dessus du berceau en gardant votre bébé contre vous. Continuez à soutenir ses fesses d'une main et sa tête de l'autre. Écartez-le lentement de votre corps, déposez-le sur le matelas et retirez doucement les mains.

PORTER UN BÉBÉ PLUS ÂGÉ

Quand leur bébé peut soutenir sa tête, certains parents le portent sur le côté. Il chevauche la hanche ou la taille, soutenu dans le creux d'un bras, laissant l'autre main libre.

Pour le portage « face au monde » qui lui permet de regarder autour de lui, faites-le rouler sur le ventre, glissez une main sous ses fesses et l'autre sous sa poitrine, soulevez-le vers vous et appuyez son dos contre votre poitrine.

LES PORTE-BÉBÉS

Un porte-bébé apporte chaleur et sécurité et vous permet de bercer doucement votre enfant tout en accomplissant diverses tâches. S'il a faim, il peut même téter tandis que vous préparez le déjeuner. En Afrique, les femmes portent leurs enfants serrés contre elles dans une longue écharpe en bandoulière, et on les entend rarement pleurer.

Les nombreux types de porte-bébés reposent tous sur le même principe : harnais à larges bretelles renforcées, sangles abdominales, siège et dossier plus ou moins rigides. Le bébé repose sur le siège ou dans le fond du support, le dossier maintenant sa tête et ses épaules.

CHOISIR UN PORTE-BÉBÉ

Il en existe de toutes sortes, de la grande écharpe africaine aux porte-bébés dorsaux, ventraux, modulables, avec assise et appui-tête. Latéraux, ils soulagent le dos en faisant reposer une partie du poids sur la hanche ; ventraux, ils conviennent bien aux tout-petits ; dorsaux, aux bébés plus âgés déjà capables de s'asseoir. Tous doivent bien soutenir le fessier et les cuisses et surtout, le dos et la tête. Leurs bretelles doivent être assez larges pour répartir le poids confortablement. Assurez-vous que vous pouvez en extraire votre bébé sans l'aide d'un tiers. S'il naît en hiver, choisissez-en un qui le protégera bien de la pluie et du froid.

PORTAGE ET RESPIRATION

La position ventrale est chaude et rassurante pour vous et votre bébé. Les nourrissons inspirent lentement et expirent rapidement comme les adultes au pas de course, mais la plupart du temps, nous faisons l'inverse pour pouvoir parler. Les bébés ne peuvent faire cette adaptation avant environ trois mois ; mais votre tout-petit est très sensible à votre respiration et synchronise ses mouvements avec votre voix : tenu près de votre corps, il apprend vite à adopter votre mode respiratoire.

TOUJOURS

• Faites dormir votre bébé sur le dos ou le côté. Ces positions risquent moins de provoquer la mort subite du nourrisson (par étouffement).

• Parlez à votre bébé en vous approchant du berceau pour ne pas l'effrayer en le surprenant.

• Soutenez bien sa tête et son cou lorsque vous le prenez et le portez.

NE JAMAIS

• Laisser votre bébé allongé sans surveillance, surtout sur le ventre. Même un nourrisson roule dans cette position.

• Laisser le sol encombré d'objets : on les voit difficilement avec bébé dans les bras.

• Le couvrir exagérément de vêtements ou de couvertures quand il fait chaud.

• Sortir dans le froid sans qu'il soit bien protégé du vent, de la pluie et du froid.

Votre bébé bien au chaud

Le nourrisson ne peut ni exprimer s'il a froid ou chaud, ni intervenir pour modifier sa température. À nous de nous assurer qu'il est suffisamment protégé du vent et du froid.

Maman tient chaud
Votre corps est une excellente bouillotte. En cas d'urgence, serrez votre bébé contre vous sous votre manteau, ou enveloppez-vous avec lui dans une couverture.

Pour diverses raisons, les bébés ont besoin de notre aide contre le froid et la chaleur : leurs mécanismes de régulation de la température corporelle sont immatures ; leur circulation sanguine étant médiocre, ils ont facilement froid aux mains et aux pieds ; la déperdition de chaleur est plus rapide chez eux que chez les adultes ; enfin, un bébé a un contrôle inadéquat de sa température corporelle, à savoir sauter pour se réchauffer ou se mettre à l'ombre pour se rafraîchir. Votre confort personnel est une base d'évaluation du sien, jusqu'à un certain point : un bébé ne peut générer de chaleur par son activité et il a rarement assez de graisse pour qu'elle le protège efficacement.

AVOIR BIEN CHAUD

Avant de sortir dans le froid, rappelez-vous que votre bébé doit être vêtu comme vous voudriez l'être pour dormir en plein air. C'est un minimum. La déperdition de chaleur est proportionnelle à la surface du corps, et la chaleur fournie par le métabolisme proportionnelle à son volume. Le rapport surface/volume étant défavorable à votre bébé, il se refroidit plus vite qu'un adulte. Sa chevelure peu fournie accentue le problème.

FAIRE FACE AU FROID

- Souvenez-vous qu'un quart de la chaleur est dissipé par la tête. N'attendez pas qu'elle soit vraiment froide pour la couvrir.
- Sa circulation sanguine étant médiocre, votre bébé a besoin que ses mains et ses pieds soient bien couverts à l'extérieur ou dans une pièce non chauffée, même lorsqu'il ne fait pas vraiment froid.
- L'évaporation refroidit son corps. Changez immédiatement des vêtements mouillés – à l'exception des couches imperméables : leur humidité conserve la chaleur plutôt que de la dissiper.
- Si sa chambre n'est pas chauffée, vérifiez qu'il ne se découvre pas ou, s'il le fait, que ses vêtements sont suffisamment chauds.
- La température de la chambre d'un nourrisson devrait être de 20 à 22° pendant la journée et de 15 à 18° la nuit. L'excès de chaleur est aussi dangereux – sinon plus – que le froid.
- Même quand il fait bon, protégez votre bébé du vent et de la pluie en l'enveloppant de votre manteau ou

imperméable ou en déployant la capote du landau.

• L'air est piégé entre deux vêtements. À moins d'un manteau ouatiné, deux vêtements sont plus chauds qu'un seul plus épais.

• Même chaudement vêtu et couvert, votre bébé ne devrait pas rester longtemps dehors lorsqu'il gèle.

CHOISIR LA LAYETTE D'HIVER

Dès qu'ils deviennent actifs, les bébés perdent facilement moufles et chaussons. Les nids d'ange, sacs de couchage, gigoteuses et combinaisons pilote remédient à ce problème. Vous pouvez cumuler leur emploi par grand froid. Les bonnets de laine bien ajustés et couvrant les oreilles sont indispensables. Préférez-les à une ample capuche qui, de plus, empêcherait votre bébé de voir quand il tourne la tête. Par très grand froid, recourez à un bonnet sous la capuche d'une combinaison intégrale, dite « pilote ».

SORTIR EN HIVER

Nourrissez votre bébé avant de sortir par grand froid : il a besoin d'énergie pour conserver sa chaleur corporelle. Les premiers mois, sa circulation est médiocre et au cours des premières semaines, il n'agite pas assez ses membres inférieurs pour les réchauffer. Les chaussons, suffisants quand il est au chaud, ne le sont plus dans une poussette où une combinaison intégrale à moufles et chaussons intégrés le protège davantage.

S'il fait vraiment très froid, protégez son visage en le tenant contre vous, la tête enveloppée d'une couverture ou d'un châle. Mieux encore : ne le sortez qu'en cas de nécessité absolue.

ÉVITER LE GEL

Les doigts et les orteils des bébés gèlent facilement. Le froid les fait rougir, puis bleuir ; en gelant, ils deviennent blancs ou jaunâtres. Si votre bébé semble geler, tenez la partie affectée au plus près de votre corps — c'est le plus sûr des radiateurs. Ouvrez votre manteau, glissez votre bébé sous votre lainage, refermez votre manteau sur lui et rentrez le plus vite possible. L'enfant doit être réchauffé graduellement. Un bain à 38 degrés est sans danger, ce qui n'est pas le cas d'un bain plus chaud, d'une bouillotte, d'une exposition devant un radiateur ou une cheminée. Une heure peut être nécessaire pour que le corps retrouve sa température normale. Couvrez les oreilles qui ne peuvent être immergées avec un lainage doux et chaud. Au besoin, appelez le pédiatre ou emmenez votre bébé aux urgences d'un hôpital.

HYPOTHERMIE : URGENCE

Si votre bébé semble anormalement froid et inerte, il doit être hospitalisé sans délai. Tenezle au contact de votre peau, enveloppez-vous très chaudement et précipitez-vous aux urgences.

Pour en savoir plus

Votre bébé au frais	18-19
Habiller votre bébé	28-29
Voyager avec votre bébé	42-43
La sécurité à l'extérieur	206-207

Bien abrité
Quand vous sortez votre bébé dans une poussette, assurez-vous qu'il a bien chaud. Contrairement à vous, il ne bouge pas et a donc besoin d'un surcroît de protection contre le froid.

Votre bébé bien au frais

On parle beaucoup de protéger les enfants contre le froid. Mais ayant un faible contrôle de leur température corporelle, ils ne peuvent pas davantage lutter contre la chaleur, ce qui est important en été et dans les pays chauds.

Bien à l'abri
Un parasol, des vêtements amples et légers protègent votre enfant sous le grand soleil – et les jouets de couleur sont bien jolis !

Plus souvent que par le passé, nous voyageons ou prenons des vacances sous des climats moins tempérés que les nôtres. Ces changements affectent plus les bébés et les jeunes enfants que les adultes.

RÈGLES DE SÉCURITÉ AU SOLEIL

● N'exposez pas votre bébé au soleil au moment le plus chaud de la journée – entre midi et 15 heures.

● Les fibres naturelles comme le coton et le lin sont plus fraîches que les synthétiques. Votre confort personnel peut vous guider. Si vous pouvez rester dehors en T-shirt, il fait aussi assez chaud pour votre bébé.

● Pas de porte-bébé qui serre trop votre enfant. En plein été, ne le laissez jamais dans une voiture à l'arrêt ou en plein soleil, même pour un court moment.

● Si la chaleur ne peut être évitée, retirez-lui un maximum de vêtements et donnez-lui beaucoup d'eau minérale. Protégez sa tête avec un large chapeau de soleil et son corps avec un pare-soleil ou des vêtements amples et légers.

● Ne le couvrez pas et ne l'habillez pas à l'excès sous prétexte que vous le couchez. S'il fait très, très chaud, laissez-le dormir simplement avec sa couche.

CHOISIR UN PARE-SOLEIL

Beaucoup de poussettes et landaus sont équipés d'un pare-soleil, idéal pour l'été. Pensez à l'ajuster en fonction de la position de votre bébé. Sa peau est plus pâle que lorsqu'il sera adulte et même si elle est mate, elle est plus délicate et très exposée aux brûlures des rayons solaires. Dans le porte-bébé, protégez son visage avec un chapeau ou en utilisant un parasol. Ce dernier est indispensable à la plage et dans le jardin, surtout si vous y passez beaucoup de temps.

LES CRÈMES SOLAIRES

Ne vous en remettez pas à votre propre crème solaire pour protéger la peau de votre bébé. Utilisez toujours une crème spéciale. Couvrez-en toutes les parties du corps exposées – les fesses nues prennent vite les coups de soleil. Renouvelez-en souvent l'application, surtout après qu'il a pataugé dans l'eau.

HUMECTEZ VOTRE BÉBÉ

S'il a trop chaud, votre bébé peut devenir grognon. La meilleure façon de le rafraîchir est de le tamponner avec une éponge imprégnée d'eau tiède ou de le plonger dans un bain tiède. L'eau froide, qui ferait rétracter ses capillaires, limiterait la circulation à la surface de sa peau et réduirait sa transpiration, qui est pourtant le meilleur système de refroidissement. En revanche, le tamponner à l'eau tiède le soulagera instantanément sans modifier sa circulation sanguine.

INSOLATION : URGENCE

L'insolation peut intervenir soudainement : la peau devient chaude et sèche, le bébé fiévreux, léthargique ou agité. Il peut avoir la diarrhée, et même perdre connaissance ou entrer en convulsions. N'attendez pas – réagissez rapidement.

SI VOUS SUSPECTEZ UNE INSOLATION

● Alternativement, plongez votre bébé dans un bain tiède puis épongez-le avec un linge tiède.

● Enveloppez votre bébé dans une serviette ou un drap trempés dans de l'eau tiède.

● Couvrez sa tête avec un linge et aspergez-le d'eau tiède.

● Demandez de l'aide immédiatement.

S'IL PERD CONNAISSANCE

● Enveloppez-le dans un drap ou une serviette trempés dans de l'eau tiède et couvrez-lui la tête avec un linge mouillé.

● Emmenez-le au plus vite à l'hôpital le plus proche.

● Prenez une bouteille d'eau pour continuer à l'asperger pendant le trajet.

Pour en savoir plus

Votre bébé au chaud   16-17
Habiller votre bébé   28-29
La toilette à l'éponge   32-33
Voyager avec votre bébé   12-13

TROP CHAUD EN HIVER

On oublie facilement qu'un bébé peut **aussi** avoir trop chaud en hiver. Enlevez son manteau :

● Quand vous montez dans une voiture, un bus ou un train chauffés, surtout pour un long trajet.

● Quand vous devez passer beaucoup de temps dans un magasin ou un centre commercial.

● Quand vous entrez dans une maison : un petit bonjour à la voisine peut être trop long pour votre bébé.

Un peu de fraîcheur
Rafraîchissez votre bébé avec une éponge imprégnée d'eau tiède. Il sera vite plus heureux et plus détendu.

Le sein ou le biberon ?

Dans les semaines suivant la naissance, vous passerez la majeure partie de votre temps à vous occuper de votre bébé et à vous adapter à vos nouvelles joies et inquiétudes. Ne laissez pas le choix sein ou biberon créer un stress supplémentaire.

Rappelez-vous bien : un sein n'est qu'un sein et nourrir votre bébé n'est qu'une petite partie de votre rôle de mère. Si, pour une raison ou une autre, vous ne pouvez pas l'allaiter, n'en soyez pas déprimée. Personne ne vous dit que vous ne devriez pas allaiter, mais les avantages de l'allaitement sont parfois exagérés. Voyons les arguments en détail.

MIEUX VAUT LE SEIN

Le lait maternel est prévu pour les bébés, le lait de vache pour les veaux, dit-on. Le lait « maternisé » est un lait de vache modifié pour se rapprocher du lait maternel. Il n'est pas parfait mais bien préparé, il est bon et apporte au bébé tous les nutriments dont il a besoin. Contrairement au lait maternel, il ne change pas au fil de la tétée et de la croissance du bébé, mais il n'est pas certain que ce soit nécessaire.

Aujourd'hui, peu de femmes allaitent comme prévu par la nature. Celles des sociétés de chasseurs-cueilleurs allaitent pendant deux ou trois ans, comme le faisaient les Européennes quand l'allaitement était la seule méthode de contraception. La nature n'a pas prévu d'élever les bébés au lait maternisé, mais pas davantage de compléter l'allaitement maternel par des aliments variés dès leur première année – ce qui est pourtant devenu une pratique courante.

LE LAIT MATERNEL EST PLUS FACILE À DIGÉRER

C'est incontestable, comme l'indique la différence d'odeur des selles des bébés nourris au sein ou au biberon, due à la nature de leurs protéines : lactalbumine du lait maternel, caséine des laits en poudre. Les bébés au biberon sont plus fragiles, plus enclins aux coliques, aux flatulences et à la constipation. Ils ne semblent pas plus exposés aux problèmes rénaux que les bébés au sein, bien que le lait maternel, qui contient moins de sodium, soit

Une meilleure santé ?
On dit que le lait maternel développe l'immunité, mais aujourd'hui, le biberon ne présente aucun danger sanitaire.

préférable pour les reins. Les bébés ne sont pratiquement jamais allergiques au lait maternel, alors qu'un nombre limité mais réel de bébés le sont au lait de vache.

ALLAITEMENT ET IMMUNITÉ

On affirme que le lait maternel protège contre la gastro-entérite, la mort subite du nourrisson, le cancer, qu'il favorise l'intelligence et un meilleur métabolisme du cholestérol. Les études comparatives ne sont pas probantes, les conditions de vie des mères qui allaitent ou nourrissent au biberon n'y étant pas toujours équivalentes. Or ces dernières influencent le développement des bébés. Il est donc difficile de discerner les causes exactes des problèmes et de les attribuer au type d'alimentation ou aux conditions de vie.

Il n'est même pas certain que le lait maternel renforce l'immunité, bien qu'il existe de sérieuses raisons de le penser. Le lait de la mère dérive de son sang et contient des anticorps qu'elle transmet à chaque tétée. Le colostrum des premiers jours est riche en anticorps. Par la suite, le lait en contient moins mais leur apport régulier protège le bébé

Les bébés allaités ont plus de contact avec la peau de leur mère, source de « bonnes bactéries » qui transmettent aussi un degré d'immunité.

Ces éléments sont un net avantage dans un environnement insalubre. Mais nous stérilisons nos biberons, ce qui relativise les avantages de l'allaitement.

ALLAITEMENT ET LIEN MÈRE-ENFANT

Il est vrai que le biberon peut être donné par un tiers et que votre bébé peut le boire seul, calé par un coussin.

Ce qui ne signifie pas que le biberon fasse obstacle au lien mère-enfant. La maman ne fixe pas nécessairement son bébé des yeux en permanence pendant qu'elle l'allaite : elle en profite parfois pour lire ou parler à son aîné. Or, on peut aussi parler à son bébé en glissant le biberon entre ses lèvres, tout comme on peut y glisser le mamelon sans dire un mot ; et il est permis de penser que le sein n'est pas le siège unique de l'amour maternel.

L'AMOUR « HORMONAL »

Le rôle des hormones et les rapports inconscients entre notre corps et notre esprit sont plus subtils. L'ocytocine, une hormone associée à la lactation, l'est aussi à l'orgasme. Chez les femmes, l'ovulation ne déclenche pas automatiquement l'excitation sexuelle. Le sentiment amoureux fait partie du plaisir sexuel dont elles font l'apprentissage. Dans ce contexte, les femmes libèrent de l'ocytocine hors de l'allaitement. Il est possible qu'il déclenche une bouffée d'amour maternel, mais cela marche aussi dans l'autre sens : la plupart des femmes découvrent qu'un élan d'amour vers leur partenaire, la vue de leur bébé, un câlin d'un enfant plus âgé peuvent, dans les premières semaines de l'allaitement, déclencher le réflexe de lactation.

Le père peut se sentir écarté de la relation affective profonde établie entre la maman et son bébé au sein. Il s'en sentira sans doute moins exclu si, de temps à autre, il peut donner le biberon à son enfant et ainsi créer, progressivement, ce lien indispensable que tout papa souhaite instaurer avec son fils ou sa fille, dès le plus jeune âge.

LE BIBERON

- Votre bébé peut dormir plus longtemps.
- La maman est plus libre.
- Il est plus pratique quand elle travaille.
- Il est moins gênant en public.
- Les rapports sexuels sont moins problématiques, la libido de la mère revenant plus vite à la normale.
- Le papa peut établir un lien avec son bébé en lui donnant son biberon.

MAMELONS CREVASSÉS

• Exposer les mamelons à l'air libre aide à les endurcir.

• Éviter les coussinets imperméables qui peuvent aggraver les crevasses.

• Assurez-vous que votre bébé prend bien tout le mamelon et une partie de l'aréole dans sa bouche.

• Multipliez des tétées plus courtes, vos crevasses guériront peut-être plus vite.

• Utilisez des protège-seins pour la tétée.

• Lavez-les uniquement à l'eau et employez de la lanoline pure sur les crevasses.

Donner le sein

Allaiter est facile en suivant quelques règles simples : prenez votre bébé, caressez sa joue, il tourne la tête et prend le sein. Le lait commence à couler et vous pouvez continuer à parler avec votre aîné ou regarder la télévision.

Les premières tétées sont parfois laborieuses. Nous en attendons trop et plus nous sommes tendues, moins elles sont faciles. Autant commencer le plus vite possible. En fait, un bébé naît avec un petit stock et peut sans grand dommage attendre quelques jours que la routine des tétées soit au point. Il a besoin d'un liquide, pas nécessairement de lait. D'ailleurs, le sein n'en produit pas pendant les premiers jours.

L'ALLAITEMENT FACILE

S'installer confortablement n'est pas si simple. Faites des essais pour trouver la bonne posture. Allongez-vous sur le côté pour contrôler aisément la position du sein et celle de votre bébé en le glissant le long de votre corps. Ou bien asseyez-vous avec un coussin sur les genoux et votre bébé sur le coussin.

Tenez-le et caressez sa joue : automatiquement, il ouvrira la bouche en tournant la tête vers votre main. Il suffit alors que votre sein soit à la bonne hauteur.

En le soutenant dans le creux de la main, prenez votre sein entre deux doigts, à hauteur et au plus près de la bouche de votre bébé.

Avec votre mamelon, touchez sa joue juste au-dessus de la bouche ou, au besoin, chatouillez alternativement ses lèvres. Un réflexe inné lui fera tourner la tête et ouvrir la bouche. Glissez le mamelon vers le fond de sa gorge plutôt qu'entre ses lèvres. Le réflexe de succion fera le reste. Pour qu'il tète, ses lèvres ne doi-

Un aliment pratique
Le lait maternel est toujours disponible, toujours à la bonne température, toujours prêt quand vous l'êtes et vous pouvez allaiter 24 heures sur 24, où que vous soyez.

vent pas seulement tenir le mamelon mais couvrir en partie l'aréole. Si vous ne sentez pas de succion, votre bébé peut être en train de téter sa langue ou ses lèvres. Éloignez-le et recommencez.

5 Une fois la tétée amorcée, appuyez le dessus du sein pour libérer le nez de votre bébé. Si le lait s'écoule trop vite (c'est possible au début de la tétée), extrayez-en un peu en pressant l'aréole.

DURÉE DES TÉTÉES
Nourrissez votre bébé 5 à 10 minutes de chaque côté en alternant les deux seins. Sans trop vous en inquiéter, essayez de les utiliser également chaque jour.

CONSEILS AUX DÉBUTANTES

• Informez la maternité de votre volonté d'allaiter votre bébé et de le garder près de vous.

• À moins que votre bébé n'épuise votre lait à chaque tétée, vous ne contrôlerez pas votre lactation. Bannissez le biberon tant qu'elle ne sera pas établie, même si vous projetez un régime mixte.

• Quand un bébé prend bien le sein, la partie supérieure de l'aréole est plus visible que sa partie inférieure. Ne bloquez pas l'écoulement du lait en pressant trop votre sein.

• Buvez beaucoup. L'alcool, qui vous détend peut-être, est à proscrire : ce que vous buvez, votre bébé le boit aussi.

• Détendez-vous. La tension n'arrange rien. Si vous avez des difficultés, demandez conseil à votre médecin ou à une amie qui a allaité sans problème.

• D'après mon expérience, un bébé au sein n'a pas besoin de roter car il n'avale pas d'air. La journée, vous pouvez le prendre sur votre épaule et lui caresser le dos pour votre plaisir et le sien, mais vous pouvez vous en dispenser le soir.

Si vous devez interrompre la tétée, glissez un doigt dans la bouche de votre bébé pour arrêter la succion. Cela évite d'irriter le mamelon. Normalement, il devrait épuiser vos deux seins. En prenant de l'appétit, il tétera plus longtemps. Laissez-le faire. Une fois repu, il tétera plus lentement et finira par s'endormir.

Les premières semaines, vous aurez peut-être besoin d'un coussinet pour absorber le lait qui coule de l'autre sein. Vous apprendrez à contrôler ce phénomène.

Au début, allaitez six fois par vingt-quatre heures. La lactation est induite par la tétée : si votre bébé tète peu, vous aurez peu de lait. Si vous n'avez pas assez de lait, il peut cesser de téter. Utiliser un tire-lait pour évacuer un excès de lait ou stimuler la lactation aide à la régulariser.

N'ALLAITEZ PAS SI :
• Vous êtes atteinte de graves maladies du cœur, des reins, de tuberculose, d'une hépatite virale ou du sida.
• Vous êtes pathologiquement maigre.
• Vous devez prendre des médicaments dangereux pour le bébé. Beaucoup sont compatibles avec l'allaitement, mais assurez-vous-en. Le lithium, l'ergot de seigle, les médicaments contre le cancer sont néfastes ; et l'aspirine, les tranquillisants, les antidépresseurs, les neuroleptiques, les sédatifs, les médicaments contre l'hypertension, contre les troubles thyroïdiens sont dangereux.
• Les femmes qui allaitent peuvent être plus exposées à la dépression. Tenez-en compte si vous êtes facilement déprimée, ou encore si vous avez déjà souffert d'une dépression post-natale.

ENGORGEMENT

Fréquent vers le 3e ou le 4e jour. Les seins gonflent, deviennent durs, tendus, douloureux. Cela dure rarement plus de quelques jours mais peut interrompre l'allaitement, le bébé ne pouvant saisir les mamelons aplatis par le gonflement.

• Si l'engorgement est très douloureux, prenez un bain et enveloppez-vous la poitrine d'une serviette trempée dans l'eau chaude : elle soulage en favorisant l'écoulement du lait.

• Évacuez un peu de lait en pressant vos seins pour les assouplir et faciliter la tétée.

• Si vos seins sont toujours engorgés à la fin de la tétée, prenez un léger analgésique (pas d'aspirine !). Utilisez des compresses chaudes pour évacuer du lait et alternez avec des compresses froides pour calmer la douleur.

Donner le biberon

Si leurs parents le sont, les bébés au biberon sont heureux et en bonne santé. Nourrir au biberon est essentiel si vous devez reprendre rapidement le travail et pour le père de votre bébé, c'est l'unique moyen de participer à son alimentation.

TOUJOURS

• Surtout les premiers mois, assurez-vous que tous vos ustensiles sont stérilisés.

• Préparez les biberons au fur et à mesure ou gardez-les au réfrigérateur.

• Rappelez-vous que pour votre bébé, les câlins sont aussi importants que le biberon. Tenez-le dans vos bras pour le nourrir.

• Acceptez l'idée qu'être mère a peu de rapport avec les anticorps ou un rôle de coupable.

Vos seins produiront du lait, que vous ayez ou non l'intention d'allaiter, mais ils ne continueront à le faire que si vous l'extrayez. Si vous nourrissez au biberon dès le début ou cessez rapidement d'allaiter, vos seins seront désagréablement gonflés pendant quelques jours puis la lactation cessera.

IL VOUS FAUDRA

• Quatre à six biberons, suivant le moyen de stérilisation.

• Autant de tétines en silicone ou latex, percées d'un petit trou pour le nouveau-né, d'un plus grand par la suite. Leur forme importe peu, mais certains bébés préfèrent la forme du mamelon.

• Un moyen de stérilisation.

• Un chauffe-biberon (pratique).

Heureux en sécurité
Dans de bonnes conditions de salubrité, vous pouvez bénéficier de la liberté et des avantages qu'offre le biberon.

PRÉPARER UN BIBERON

Ajoutez une dose de lait en poudre à l'eau préalablement bouillie et agitez pour bien mélanger.

1. Toujours avec les mains propres, sortez un biberon du stérilisateur et si ce dernier fonctionne avec un produit chimique, rincez-le à l'eau bouillie ou stérile.

2. Versez-y la quantité d'eau bouillie nécessaire et ajoutez la dose de lait. Agitez pour bien mélanger.

3. Amenez le biberon à température corporelle dans de l'eau chaude ou dans un chauffe-biberon. Mettre le biberon directement dans un micro-ondes n'est pas sans danger.

Si vous le préparez à l'avance, couvrez la tétine avec le capuchon du biberon et gardez-le au réfrigérateur.

STÉRILISER LES BIBERONS

Avant de stériliser : après usage, rincez les biberons avec un goupillon ; nettoyez les tétines en prenant soin de faire filtrer de l'eau savonneuse à travers leur perforation et rincez-les une dernière fois à l'eau chaude.

• **Faites bouillir** le biberon si vous ne l'employez qu'occasionnellement ou hors de chez vous. Plongez biberon et tétines dans une grande casserole d'eau en les maintenant immergés. Faites bouillir au moins dix minutes et utilisez le biberon immédiatement.

• **Le stérilisateur** électrique est plus

pratique et plus rapide. Il existe des modèles pour micro-ondes. Suivez le mode d'emploi.

● **La stérilisation chimique** se fait avec des produits à diluer (selon leur mode d'emploi) dans de l'eau froide. Plongez-y biberons et tétines pour la durée indiquée. Ne les sortez que pour les utiliser, après les avoir rincés à l'eau stérile ou bouillie. Changez la solution stérilisante toutes les vingt-quatre heures.

DONNER LE BIBERON

1 Prenez votre bébé dans vos bras. Inclinez le biberon de façon à emplir la tétine de lait afin qu'il n'avale pas d'air.

2 Chatouillez le coin de ses lèvres ou caressez sa joue pour lui faire tourner la tête et ouvrir la bouche.

3 Glissez-y profondément la tétine. Votre bébé commencera à téter dès que sa bouche l'aura happée tout entière. Vous devrez parfois la retirer car elle s'affaisse avec la succion, ce qui empêche le lait de filtrer.

4 Les bébés nourris au biberon avalent de l'air et ont besoin d'éructer en cours de tétée.

LES BIBERONS DE NUIT

Ils obligent un des parents à se lever, à nourrir le bébé, à lui faire faire son rot pour qu'il se rendorme. Prévoyez tout pour abréger l'épisode.

● Préparez deux biberons pour chaque repas, l'un avec de l'eau bouillie, l'autre avec la dose de lait. Fermez et couvrez-les.

● Quand votre bébé se réveille, ajoutez l'eau au lait, posez une tétine stérilisée (protégée à l'envers dans le capuchon), mélangez et nourrissez.

Pour en savoir plus

Le sein ou le biberon ?   20-21
Donner le sein   22-23
Sevrer le bébé au sein   46-47
Se partager les tâches   52-53

Gaz intestinaux
Tenez votre bébé en laissant sa tête reposer sur votre épaule (couverte d'une serviette) ou allongez-le à plat ventre sur vos genoux, puis caressez doucement son dos.

● N'effectuez pas le mélange eau et lait à l'avance – les biberons froids sont plus longs à réchauffer. Essayez de garder le biberon d'eau au chaud.

REPRENDRE LE TRAVAIL

Dès les premières semaines : Si vous travaillez à plein temps, vous n'aurez pas assez de lait la nuit à moins d'employer un tire-lait pendant la journée (quitte à le jeter) pour préparer la lactation nocturne.

De 3 à 6 mois : Introduisez le biberon dès les premières semaines. Allaitez avant de partir et en rentrant du travail. Si vous n'avez pas assez de lait le soir, complétez avec un biberon.

De 6 à 9 mois : Donnez un biberon ou une sucette dans les premiers mois. Vers neuf mois, votre bébé peut boire à la tasse. Si vous avez encore assez de lait, satisfaites son besoin de succion le soir. Sinon, complétez par une bouillie au lait avant son coucher.

De 9 à 12 mois : Sevrez votre bébé avant de reprendre le travail. Le régime mixte serait trop stressant pour lui.

NE JAMAIS

● Laisser votre bébé boire seul son biberon, calé par un coussin.

● Réemployer un biberon non fini.

● Réchauffer trop longtemps un biberon.

● Préparer des biberons à l'avance pour un voyage, à moins de disposer d'une bonne glacière qui les garde froids au toucher.

● Vous culpabiliser parce que vous n'allaitez pas votre bébé.

Le change des couches

Les premiers changes semblent faciles, mais attendez que votre bébé commence à gigoter ! Pourtant, avec la pratique, vous le changerez n'importe où – sur vos genoux ou sur la banquette arrière de la voiture !

IL FAUDRA

• Une couche propre et une culotte imperméable si vous utilisez des couches en tissu.

• Du coton, de l'eau chaude, une serviette douce, surtout si votre bébé a les fesses irritées ; des lingettes jetables quand il sera plus âgé.

• Des vêtements propres en cas de souillure.

• Une pommade pour les fesses rouges ou irritées.

Vous vous habituerez vite à opérer en toute circonstance ; mais au début, facilitez-vous la tâche en rassemblant tout le nécessaire à portée de main. Les couches jetables limitent le nombre de changes en gardant votre bébé suffisamment au sec pour son confort. En général, il est inutile de le changer la nuit. La journée, attendez la tétée suivante pour le faire à moins que sa couche ne soit réellement souillée.

LA MÉTHODE

1 Pour éviter d'avoir à vous pencher, placez le matelas à langer sur un plan à bonne hauteur.

Langer en sécurité
Vous pouvez vous installer sur n'importe quelle surface stable et souple ou sur votre lit, en le protégeant d'une alèse.

2 Allongez-y votre bébé en lui parlant, défaites ses vêtements et écartez-les.

3 Défaites la couche et au besoin, essuyez les selles avec. Repliez-la et glissez-la sous ses fesses pour les laver. Parlez et souriez – un bébé heureux s'agite moins.

4 Nettoyez les plis autour des organes génitaux (utilisez une lingette propre pour éliminer les selles de la vulve d'une petite fille). Assurez-vous que tous les plis de l'aine sont propres. Nettoyez ses fesses, surtout autour de l'anus et dans les plis des cuisses.

5 Nettoyez d'abord le siège d'un garçon s'il est très souillé. Nettoyez toujours la vulve d'une petite fille d'abord et éloignez-en les lingettes souillées.

6 Jetez la couche sale et dépliez une couche propre sous les fesses. Séchez-les si nécessaire.

7 Surtout si ses fesses sont irritées, laissez-le s'ébattre un moment sur la table à langer (ne le laissez pas seul) ou sur une serviette au sol.

8 Repliez la couche propre et fermez ses attaches. Si vous employez un lait pour bébés, essuyez-vous les mains avant de prendre votre bébé.

9 Mettez-le en sécurité. Videz les selles dans les toilettes. Pliez et fermez la couche sale avec son velcro et jetez-la. Mettez les couches en tissu dans la poubelle spéciale (avec couvercle).

10 Lavez-vous les mains et, au besoin, changez les draps.

L'ASPECT DES SELLES

Du nouveau-né : D'abord collantes et d'un noir verdâtre. Vraies selles après vingt-quatre heures, d'abord assez molles, jaune verdâtre, puis jaune doré, souvent avec du mucus, parfois des traces de sang ; jaune verdâtre, devenant grumeleuses d'un jaune doré ; les traces de sang sont rarement inquiétantes, mais parlez-en au pédiatre. Les selles des bébés au biberon vont du jaune au brun ou même brun verdâtre.

Noires : Généralement dues à la présence de fer dans le lait.

Vertes et fétides : Signe d'infection. Consultez le pédiatre. Si elles sont très molles, faites boire beaucoup d'eau au bébé. Si elles se transforment en diarrhée ou s'il vomit, consultez le pédiatre.

Liquides : C'est fréquent. Surveillez-les : si elles sont plus liquides qu'à l'ordinaire, faites-lui boire de l'eau. Si la diarrhée persiste ou s'aggrave ou si votre bébé commence à vomir, appelez le pédiatre ou l'hôpital.

Avec du sang : Souvent dues à la constipation et pas inquiétantes. Mais à ne pas négliger ; peuvent signaler d'autres problèmes.

Couleur ou aspect bizarres : Surtout liées à l'alimentation. Ce que votre bébé ne digère pas se retrouve dans ses couches.

Pour en savoir plus

Diversifier l'alimentation	48-49
Lui apprendre la propreté	50-51
Les heures de sommeil	58-59
Un partage égal	138-139

LES DIFFÉRENTS TYPES DE COUCHES

Types	Il vous faudra	Avantages	Inconvénients
Jetables. Minces, absorbantes, contenant souvent un gel qui absorbe l'humidité.	Environ 40 par semaine	Pratiques, faciles à mettre et attacher. Peu de fuites, moins de travail. Le bébé est assez au sec.	Coûteuses. On estime à 4000 au minimum le nombre de couches avant la propreté. Contestables sur le plan écologique.
En coton à double tissage ou en éponge. À fermer avec des épingles de nourrice. Ne sont pratiquement plus utilisées aujourd'hui.	Deux ou trois douzaines et des culottes en plastique	Surtout si vous achetez une grande taille dès la naissance, peu coûteuses parce que réutilisables. Satisfaisantes sur le plan écologique.	Plus longues à mettre et à attacher (avec des épingles de nourrice). Exigent une poubelle spéciale couches sales, des lessives et séchages répétés. Moins absorbantes que les jetables. Celles en éponge sont volumineuses.
Triangulaires. À fermer avec des épingles de nourrice. Ne sont pratiquement plus utilisées aujourd'hui.	Deux ou trois douzaines et des culottes en plastique	Pratiques : la pointe est facile à replier. Moins volumineuses que les couches rectangulaires. Peu coûteuses parce que réutilisables. Satisfaisantes sur le plan écologique.	Exigent aussi épingles de nourrice, poubelle spéciale, lessives et séchages répétés.

Habiller votre bébé

En habillant un nouveau-né, on craint parfois de le laisser échapper, de laisser retomber sa tête. Mais vous deviendrez vite de plus en plus adroite, même lorsque votre bébé s'agitera en tous sens.

Vêtir votre bébé sera d'autant plus facile que vous aurez choisi une layette pratique.

• Tout ce qui doit passer par-dessus sa tête doit avoir une encolure bien échancrée ou boutonnée. Étirez-la pour l'élargir avant de la lui passer par-dessus la tête. Ne tirez pas en force, vous le feriez crier. Passez doucement sur ses oreilles.

• Les fermetures dorsales sont peu pratiques.

Habiller en sécurité
Au début, vous trouverez sans doute plus sûr d'habiller votre bébé sur la table à langer. Avec la pratique, vous saurez le faire sur vos genoux et même n'importe où.

• Les tissus extensibles vous permettront de glisser votre main à travers une manche étroite pour y faire passer celle de votre bébé. Froncez une manche sur toute sa longueur pour la passer d'un seul geste sur sa main et son poignet. Tirez doucement sa main puis remontez la manche jusqu'à son épaule.

• Les petites salopettes à bavoirs et bretelles sont adorables ; mais à moins de tissu extensible ou d'entrejambe à pressions, mieux vaut les éviter.

• Changer la couche sera beaucoup plus simple avec des grenouillères à entrejambe à pressions ou des pantalons séparés.

PREMIER TROUSSEAU

Minimum

• Au moins 3 brassières à fermeture pratique (devant, sur le côté ou l'épaule) ; en tissu extensible pour le type pull-over qui a l'avantage d'être net et lisse

• Au moins 3 nids d'anges et/ou gigoteuses qui gardent votre bébé au chaud des pieds jusqu'au cou

• Quelques bavoirs lavables, surtout si votre bébé a tendance à régurgiter après la tétée

Pour l'hiver

• 2 ou 3 gigoteuses en polaire

• 2 à 6 grenouillères extensibles

• 2 ou 3 paires de chaussons et moufles

• Quelques bonnets chauds couvrant les oreilles

• 3 à 5 gilets ou pull-overs

• 1 épaisse combinaison intégrale (pieds et moufles), dite « pilote », pour l'extérieur

Pour l'été

• Barboteuses ou robes légères à manches courtes

• Chapeaux de soleil

• 2 gilets ou pull-overs légers

• Les petits boutons sont peu maniables et les fermetures à glissière accrochent souvent les autres vêtements. Soulevez-les du corps de votre bébé avant de les fermer.

• Limitez les changements de layette grâce aux bavoirs si votre bébé régurgite souvent après la tétée.

• Parlez et « roucoulez » avec lui – l'habillage est un moment de socialisation.

• Si votre bébé a peur quand un vêtement lui passe par-dessus la tête, choisissez-les fermant devant. Un peu plus tard, profitez-en pour jouer à faire coucou.

Pour en savoir plus

Votre bébé au chaud   16-17
Votre bébé au frais   18-19
Le change des couches   26-27
Voyager avec votre bébé   42-43

Coucou la petite main
La layette souple et extensible qui permet d'étirer les vêtements évite de brusquer votre bébé. Parlez-lui et faites de l'habillage une séance de jeu.

ENFILER UNE BRASSIÈRE

Fermée devant : Allongez votre bébé sur la table à langer, glissez un bras en fronçant une manche comme indiqué plus haut, soulevez-le pour la tirer sous son dos, glissez l'autre bras et fermez la brassière.

Style pull-over : Froncez la brassière du bas à l'encolure et étirez celle-ci largement. Glissez la brassière doucement sur la tête et les oreilles et avant de vous occuper du dos, dégagez vite le visage.

Une fois la brassière autour du cou, vous pouvez facilement enfiler les manches : ramenez doucement un bras de votre bébé sur sa poitrine et glissez-le dans la manche. Faites de même avec l'autre bras. Puis tirez la brassière à plat vers le bas.

POUR ENFILER

Un gilet : Froncez toute la manche sur votre poignet et étirez-la pour la passer sur la main de votre bébé. En tenant son poignet, tirez la manche jusqu'à son épaule. Soulevez le bébé pour glisser le gilet sous son dos et enfilez la seconde manche. Fermez le gilet.

Une jaquette : Ce procédé se révèle moins pratique parce que le tissu matelassé est moins maniable. Allongez votre bébé sur le dos, placez la veste ouverte côté intérieur sur son ventre et le col vers ses pieds. Glissez chaque bras dans les manches, soulevez votre bébé, faites passer la veste par-dessus sa tête et descendez-la le long de son dos.

Une combinaison extensible :

1 Allongez votre bébé sur la combinaison ouverte et étalée. Fermez les pressions de l'entrejambe pour la maintenir en place pendant que vous enfilerez les manches.

2 Froncez une manche jusqu'à l'emmanchure et, en élargissant le poignet, glissez-y la main de votre bébé. Tirez doucement son bras puis la manche jusqu'à son épaule. Faites de même avec l'autre bras et fermez la combinaison.

ACCESSOIRES

Bonnets
La chaleur se perd et se regagne rapidement par la tête. Ne sortez jamais bébé dans le froid sans bonnet ni au soleil sans chapeau.

Chaussures
Tant qu'il est incapable de marcher, les chaussettes et les chaussons suffisent. Au cours des premières semaines, le bébé est peu actif et a besoin de chaussettes à l'intérieur comme à l'extérieur, excepté quand il fait chaud.

Pour la nuit
Préférez aux petites gigoteuses extensibles la layette en flanelle douce qui permet aux tout-petits de refermer leurs menottes sur un tissu chaud et douillet.

IL FAUDRA

• Savon pur, sans parfum (utilisez-en peu, surtout sur le visage)

• Shampoing pour bébés

• Huile pour bébés (utile pour les croûtes de lait)

• Pommade pour les fesses irritées

• Compresses de gaze pour les yeux et le cordon ombilical, coton pour les fesses et la toilette rapide (p. 33)

• Lingettes pour les fesses (et pour vos mains)

• Bâtonnets pour l'extérieur des oreilles

Baigner votre bébé

Dès la naissance, une bonne hygiène est indispensable à la santé de votre bébé. Son système immunitaire est immature et toute infection, diarrhée ou vomissement peut être dangereux.

Savoir qu'il faut baigner votre bébé plusieurs fois par semaine est une chose ; lui donner son premier bain en est une autre ! Un nouveau-né qui vous glisse dans les mains au fond d'une baignoire pose un problème. Peut-être pourrez-vous prendre conseil à la maternité ou vous faire aider par un membre de votre famille déjà expérimenté – votre propre maman, par exemple.

De toute façon, rassurez-vous : les nouveau-nés aiment nager sous l'eau et cessent de respirer dès qu'ils sont immergés. Donc, si sa tête vous

échappe et que votre bébé plonge une seconde, pas de panique !

LE BAIN : LA MÉTHODE

1 Pour le premier bain, attendez la chute du cordon ombilical et, en cas de circoncision, que le pénis ait cicatrisé.

2 Préférez un moment où votre bébé ne semble pas avoir besoin de dormir. Le baigner avant la tétée ou le biberon du soir peut le calmer pour la nuit, mais n'attendez pas qu'il ait faim. Vous le baignerez peut-être plus tranquillement pendant que vos autres enfants seront occupés ailleurs.

3 Choisissez la salle de bains ou la cuisine s'il y fait plus chaud – 24 à 27° est une bonne température. Le cas échéant, débranchez climatisation ou ventilateur.

4 Assurez-vous que la baignoire – propre – repose sur une surface plane et stable plutôt que sur un lit – trop mou.

5 Lavez-vous préalablement les mains.

6 Avant de déshabiller votre bébé, rassemblez tout ce dont vous aurez besoin (voir liste ci-contre), couche et layette comprises, et placez le tout à portée de main.

7 Faites couler un peu d'eau froide et ajoutez assez d'eau chaude pour atteindre 10 à 12 centimètres à bonne température. Vérifiez-la avec le coude

Un bébé propre
Un peu de savon et de shampoing pour bébés sur des boules de coton et rincez doucement.

plutôt que la main, qui est moins sensible à la chaleur que le corps de votre bébé.

Déshabillez votre bébé et enveloppez-le d'une serviette pour lui laver la tête et le visage avant de le mettre dans sa baignoire.

Soutenez sa tête au-dessus de la baignoire. Mouillez-lui les cheveux puis frictionnez-les avec une goutte de shampoing. Ajoutez un peu d'eau puis rincez doucement avec un gant imprégné d'eau chaude. Épongez avec la serviette.

Lavez son visage : trempez un coton propre dans une coupe d'eau tiède bouillie et nettoyez chaque œil du coin vers la tempe. Avec un autre coton humide, lavez son visage, ses oreilles et son cou – vous pouvez le faire sans savon.

Prenez votre bébé en soutenant sa tête et ses épaules d'une main, ses fesses de l'autre et posez-le délicatement dans la baignoire en lui parlant doucement. Retirez la main de sous ses fesses et ramenez-la vers sa poitrine pour le tenir en sécurité à demi allongé dans l'eau.

Lavez-le doucement avec un peu de savon sur du coton, toujours des parties les plus propres aux plus souillées. Rincez en l'aspergeant en douceur ou avec un gant imprégné d'eau.

Savonnez un peu vos mains pour laver les siennes et son sexe et rincez.

En lui parlant, retournez votre bébé en lui soutenant la poitrine d'une main. De l'autre main, savonnez et rincez le dos et les fesses. Puis sortez-le du bain et enveloppez-le immédiatement dans une serviette avant de le sécher et de l'habiller.

CHOISIR UNE BAIGNOIRE

Il en existe de toutes sortes, de la plus classique à la baignoire gonflable, pratique à ranger mais qui devra être regonflée à chaque usage. Certaines, munies d'un appui-tête, de poignées, ou d'un fond antidérapant sont plus coûteuses. N'oubliez pas qu'elle ne servira que quelques mois. Pourvu qu'il soit assez grand et que son robinet d'eau chaude ne soit pas accessible aux mains de votre bébé, vous pouvez aussi utiliser l'évier de votre cuisine. Nettoyez-le soigneusement avant et après le bain.

Pour en savoir plus

Prendre et porter votre bébé	14-15
Votre bébé au chaud	16-17
La toilette à l'éponge	32-33
Établir un emploi du temps	40-41

LA TOILETTE

Il vous faudra aussi
• Des ciseaux à ongles à bouts ronds
• Une brosse ou un peigne
• Une cuvette pour la toilette à l'éponge
• Une coupe d'eau bouillie et des compresses de gaze pour les yeux et le nombril
• Une bouteille d'eau minérale

Votre bébé au chaud
Il se refroidit rapidement : enveloppez-le dès la sortie du bain. Le coin capuche garde sa tête au chaud.

LES BAIGNEURS REBELLES

• Si votre bébé n'apprécie guère le bain, lavez-le avec une grosse éponge que vous trouverez dans les grands magasins et les enseignes spécialisées.

• Si cela vous rassure, faites-lui prendre son bain avec vous. Posez-le nu dans une serviette au sol près de la baignoire pendant que vous vous déshabillez. Si votre partenaire n'est pas disponible pour le prendre après le bain, vous pourrez alors facilement le reposer sur la serviette avant de sortir de la baignoire.

• Utilisez un tapis antidérapant dans la baignoire et assurez-vous que l'eau n'est pas trop chaude pour lui. S'il n'aime pas non plus cette solution, la toilette à l'éponge est adéquate.

Le cordon.ombilical, qui est coupé et ligaturé à la naissance, sèche et tombe en quelques jours. À l'hôpital, on vous montrera comment le nettoyer.

Si vous baignez votre bébé avant que tombe le cordon, asséchez bien à l'entour.

Si le cordon commence à couler, à rougir ou semble douloureux, contactez sans tarder votre pédiatre.

Prévenez toute infection en laissant la région exposée à l'air.

La toilette à l'éponge

Votre bébé n'a pas besoin d'un bain complet tous les jours. Une toilette à l'éponge suffit souvent et vous facilite les choses.

Cuisine ou salle de bains, choisissez la pièce la mieux chauffée (24 à 27°) pour une toilette à l'éponge. Fermez la climatisation ou le ventilateur. Posez votre cuvette d'eau sur une surface plane et stable (y compris le sol, qui présente l'inconvénient d'exiger de vous une posture fatigante). Lavez-vous les mains. Prévoyez tout le nécessaire.

IL VOUS FAUDRA :

● Une serviette-éponge à coin capuche, surtout pour un bébé né en hiver.
● Du savon pur, sans parfum.
● Du coton, une éponge ou un gant de toilette moelleux.
● Du shampoing pour bébés.
● Des boules de coton, de l'eau bouillie tiède pour les yeux, surtout s'il y a signe d'infection.
● Une couche et une layette propres.
● Une cuvette d'eau à moins que vous ne soyez assez près du lavabo ou de l'évier.

COMMENT LAVER VOTRE BÉBÉ À L'ÉPONGE

1 Enlevez ses vêtements, sauf sa couche. Allongez votre bébé et enveloppez-le dans la serviette. Si la pièce n'est pas très chaude, ne le déshabillez qu'au fur et à mesure de la toilette et rhabillez-le vite.

2 Lavez son visage – d'abord les yeux, du coin vers la tempe avec un coton imprégné d'eau bouillie tiède. Rincez au fur et à mesure et séchez.

3 Lavez ensuite les oreilles et le cou, sans savon à moins que votre bébé n'ait transpiré. Lavez les plis de la peau et séchez-les.

Plaisir de la toilette
Dialoguez avec votre bébé. Souriez et jouez avec lui.

COUPER LES ONGLES

- Votre bébé sur vos genoux, coupez les ongles dès qu'ils dépassent le bout des doigts, sans couper les coins.
- Tenez sa main fermement, en appuyant sur la chair du bout du doigt pour l'éloigner de l'ongle.
- Si vous craignez de le couper par accident – ce n'est pas grave mais il criera un peu – procédez pendant qu'il dort.
- Coupez les ongles des orteils de la même façon – de préférence en l'allongeant sur le matelas à langer.

4 Mouillez ensuite le torse avec un gant ou du coton, savonnez doucement avec la main, puis rincez avec le gant et séchez.

5 Procédez de la même manière pour les bras, l'un après l'autre, sans oublier les mains et le creux des coudes (au savon quand il fait chaud). Mettez votre bébé sur le ventre puis, de la même façon, lavez et séchez la nuque et le dos.

6 Retournez-le sur le dos et lavez les jambes et les pieds.

7 Enlevez la couche, lavez la région génitale, les fesses et les cuisses – toujours avec du savon, sauf en cas d'érythème fessier.

8 Pour le reste du corps, le savon est optionnel. Vous pouvez alterner

une toilette à l'éponge avec et sans savon. Peut-être devrez-vous changer l'eau en cours de toilette si sa couche était très sale.

9 Pour le shampoing, tenez votre bébé enveloppé d'une serviette au-dessus de la cuvette, le visage vers le haut. Mouillez un peu la tête soutenue d'une main. Puis frictionnez doucement la peau avec une goutte de shampoing. Rincez avec le gant mouillé et séchez.

10 Séchez et habillez vite votre bébé pour qu'il ne prenne pas froid.

TOILETTE RAPIDE

Quand vous ne faites pas une toilette complète dans le bain ou à l'éponge, faites-en une rudimentaire.

1 Rassemblez tous les accessoires : coton, cuvette d'eau tiède, gants ou éponge, serviette et layette propres.

2 Déshabillez votre bébé en laissant couche et brassière. Lavez le visage à l'éponge en commençant par les yeux, puis le nez et autour de la bouche. Pensez aux plis du cou, séchez. Enlevez le cérumen de l'oreille extérieure avec du coton. Essuyez les mains. Puis enlevez la couche et lavez cette région. S'il fait bon, laissez votre bébé gigoter en brassière. Sinon, rhabillez-le.

NETTOYER LES OREILLES

N'introduisez jamais rien dans l'oreille. Le bâtonnet est tentant, mais plutôt que de l'en extraire, il risque d'enfoncer le cérumen dans le conduit auditif ou d'endommager le fragile tympan. Nettoyez l'oreille avec du coton humide et réservez le bâtonnet à sa partie externe la plus visible. Si vous pensez que du cérumen s'y accumule, consultez le pédiatre.

Pour en savoir plus

Prendre et porter votre bébé 14-15
Le change des couches 26-27
Donner le bain 30-31
Se partager les tâches 52-53

CIRCONCISION

Après la circoncision, la plaie recouverte de gaze peut saigner et couler. C'est normal. Une double couche peut empêcher le frottement des cuisses. Changez la gaze en même temps que les couches, en appliquant un peu de vaseline ou de pommade antiseptique sur la plaie.

PETIT PÉNIS

À la naissance, le prépuce adhère encore au gland. Il le protège contre l'infection et l'érythème. Employer la force pour dégager le gland pourrait le déchirer et provoquer une cicatrice. En cas d'irritation, lavez soigneusement et appliquez une crème protectrice et, autant que possible, laissez-le à l'air libre. Si le problème persiste, consultez le pédiatre. N'essayez jamais de laver sous le prépuce. Lavez le pénis non circoncis comme toute autre partie du corps.

Le mobilier de la chambre

En choisissant le lit ou le berceau, les draps adaptés et les jouets, assurez-vous qu'ils conviennent au futur environnement de votre bébé et qu'ils seront pour vous pratiques et faciles à entretenir.

INTERPHONE

Un écoute-bébé est appréciable si la chambre de votre bébé est un peu à l'écart. Il permet une surveillance sonore et même, s'il est équipé d'un système intercom, de lui parler pour le rassurer. Certains modèles numériques affichent aussi la température de la chambre.

Votre bébé et son couffin
Le couffin, peu encombrant, est pratique pour transporter votre bébé endormi d'une pièce à l'autre sans le déranger.

Le choix est vaste pour le premier lit de votre nouveau-né – couffin, berceau, lit d'enfant, nacelle de landau. S'y ajoutent les draps, couvertures ou édredons et, peut-être, un système d'alarme pour la chambre.

BERCEAUX ET COUFFINS

Ils ne sont pas indispensables au confort du bébé mais très pratiques, en particulier si votre chambre est exiguë. Avec un peu de chance, votre bébé sera en mesure de dormir dans sa propre chambre avant qu'ils deviennent trop petits.

Les couffins sont faciles à transporter. À l'intérieur, assurez-vous que leur support est robuste et stable. Les bébés aiment aussi les transats à bascule mais les habituer à être bercés pour s'en-

dormir n'est pas forcément une bonne idée : vous vous préparez sans doute des difficultés.

LIT PORTABLE

Longtemps indispensable, il a été détrôné par la nacelle des poussettes et landaus. Il reste utile parce qu'il peut aisément être déposé sur un lit ou un divan. N'oubliez pas que votre bébé endormi peut avoir trop chaud quand vous le transférez de l'extérieur à l'intérieur. Pensez alors à ouvrir ses vêtements et à surveiller la température de la pièce.

CHOISIR UN LIT D'ENFANT

- Pour coucher et lever votre bébé facilement et vous épargner le mal de dos, choisissez un lit à sommier réglable à deux ou trois niveaux et côté coulissant. Vérifiez que ce dernier pourra être bloqué quand votre bébé sera plus grand.

- Vérifiez que matelas et sommier sont bien exactement de la même taille. Votre bébé pourrait se coincer la tête ou les doigts en cas de différence importante.

- Les barreaux ne doivent pas être espacés de plus de 6 cm.

- Le cas échéant, assurez-vous que les roulettes peuvent être bloquées.

- S'il s'agit d'un lit d'occasion, vérifiez que le bois n'est pas éclaté par endroits et que la peinture n'est pas écaillée.

MOBILES AU-DESSUS DU LIT

À la mode depuis une trentaine d'années, ils ont la faveur de la plupart des parents afin que leur bébé ait quelque chose à regarder et à entendre quand il est seul.

Je ne pense pas que ce soit une bonne idée. Le lit est un lieu du repos, pas un terrain de jeux. Un bébé a besoin de calme pour s'endormir, pas d'être excité par la vue et le son d'un jouet. Plus le sommeil et le jeu seront séparés, plus il s'endormira facilement.

Si vous optez néanmoins pour un mobile :

● Votre bébé le regarde d'en bas. Le mobile doit être clairement visible sous cet angle.

● Le regard de votre bébé converge à 30 à 35 cm. Il ne voit au-delà qu'à partir de 3 ou 4 semaines. Même alors, son champ visuel demeure restreint. Accrochez le mobile pour qu'il le voie clairement.

● Il perçoit mieux les objets en mouvement. Placez-le là où l'air circule.

● Un long fil risque de s'enrouler autour du cou de votre bébé. Accrochez plutôt le mobile à une baguette rigide et les petits jouets aux barreaux du lit avec de courts fils de laine véritable qui casse facilement.

● Les bébés aiment et sont apaisés par une boîte à musique. Mais ne l'accrochez pas au mobile car la musique peut endormir votre bébé, mais le mobile risque de l'éveiller.

● S'il dort dans votre chambre, vous serez sans doute vite lassés d'entendre Dodo, l'enfant do. Soyez donc sûre de pouvoir fermer la boîte à musique !

Jouets d'éveil
N'accrochez pas de mobiles là où ils pourraient surexciter votre tout-petit.

LE LINGE DE VOTRE BÉBÉ

Usage quotidien	Pour le lit	Pour le landau	Pour la poussette
● 1 ou 2 grands langes pour envelopper votre bébé. En coton, ils sont plus faciles à laver et à sécher ● 6 petites serviettes en coton ou en éponge pour vous protéger l'épaule (ou votre divan) quand il régurgite ● Gants de toilette douillets, éponge et boules de coton ● 2-3 serviettes-éponges ● 1 tablier imperméable pour donner le bain ● Quelques culottes pour la nuit ● Couches de la taille adaptée à l'âge de votre bébé	● Un tour de lit matelassé pour protéger votre bébé contre les chocs et les courants d'air ● 2 alèses imperméables pour le matelas ● 2-3 draps-housses ● 2-3 draps de dessus ● 2-3 gigoteuses ou nids d'ange pour la nuit, d'épaisseurs différentes suivant la saison et faciles à laver et à sécher	● 2 alèses imperméables ● 2 draps-housses ● 2 draps de dessus ● 1 petit oreiller et sa taie assortie ● 1 ou 2 couvertures adaptées à la saison ● 1 couvre-pied ou une couette et sa housse	● Chaussons ou chaussures ● Couvertures, couvre-pied ou couette selon la saison ● En hiver, 1 sac de couchage pour passer de l'intérieur à l'extérieur

Votre bébé dort mal

Sans un sommeil ininterrompu suffisant, vous serez bientôt épuisée et nerveuse. Profitez au maximum du sommeil de votre bébé et essayez de vous ménager d'indispensables moments de détente.

Après la naissance, la plupart des parents se plaignent d'être fatigués, même quand leur bébé dort seize heures ou plus. Le problème n'est pas toujours l'impossibilité de dormir, mais celle de profiter des moments où il est possible de le faire. Le temps d'être assez détendus pour nous endormir et notre bébé se réveille à nouveau, il faut se lever, le nourrir et peiner ensuite à se rendormir. C'est un cercle sans fin. Ménager le sommeil de tous est un choix personnel. Si vous êtes constamment fatiguée, si vous reprenez le travail, si vous avez d'autres enfants, une bonne nuit de sommeil est une priorité.

VOTRE BÉBÉ PRÈS DE VOUS

Au début, le meilleur moyen est de garder votre bébé près de vous ou dans votre lit. Tous les enfants deviennent autonomes et dorment dans leur propre lit, qu'ils aient ou non partagé celui de leurs parents. Leur future indépendance dépend plus de la manière dont ils sont traités que de l'endroit où ils dorment. Quand votre bébé dormira toute la nuit, vous pourrez le mettre dans son lit et dans sa chambre.

REPAS DE NUIT FACILES

Votre bébé doit être assez près de vous pour être pris sans que ni vous ni lui vous réveilliez totalement. Vous pouvez ainsi vous rendormir plus vite dès que la tétée est finie – sinon avant. Ce sera un plaisir de retomber dans le sommeil avec votre bébé au sein. N'insistez pas pour qu'il retrouve son lit ou reste dans le vôtre. Soyez souple sur ce point.

Mais inutile d'encourager le partage de votre lit. Le sommeil dans le sien le soir et pendant la journée habitue votre bébé à dormir seul. Dès qu'il n'aura plus besoin de tétée la nuit, il la passera sans doute dans son lit sans problème s'il y a été habitué.

Certains bébés dorment toute la nuit dès un mois, mais la plupart n'en font rien. Qu'il partage votre lit ne présente aucun danger, tel celui de

Tout près de maman
Pour les premières semaines, le couffin de votre bébé à portée de regard soulagera vos inquiétudes : vous le surveillerez facilement sans perdre trop de sommeil.

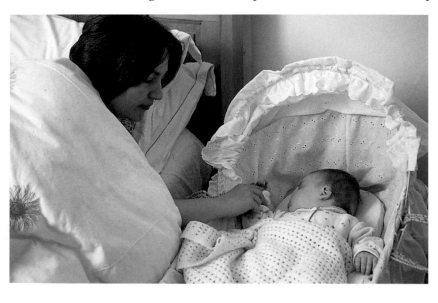

MON BÉBÉ NE DORT PAS

Certaines personnes ont moins besoin de sommeil. Si c'est votre cas et celui de votre mari, votre bébé risque d'être comme vous. Voici d'autres raisons :

• **Il est habitué à dormir peu.** Les parents qui travaillent ont tendance à garder leur bébé éveillé le soir. Le besoin de sommeil est un peu une question d'habitude. Si vous l'habituez à rester éveillé pendant la soirée, il apprendra à dormir moins longtemps.

• **Il est surexcité.** Difficile de s'endormir à moins d'être détendu. Si vous pratiquez des jeux stimulants ou changez sa couche juste avant de le coucher, vous risquez de l'éveiller au moment où il doit s'endormir.

• **Il y a du bruit.** Si vous marchez constamment sur la pointe des pieds, il ne s'habituera jamais au bruit et s'éveillera dès que le niveau sonore monte un peu.

• **Il n'a pas appris à s'endormir.** Si vous le faites toujours dormir au même endroit, il ne s'endormira pas ailleurs ; si vous chantez toujours pour l'endormir, il aura besoin d'une chanson ; s'il s'endort toujours avec une sucette, il aura besoin de sucer pour s'endormir.

• **Il est trop stimulé.** Sa chambre est-elle très éclairée ? Il s'endormira mieux dans une pièce sombre. Distinguez bien le monde de l'éveil et celui moins coloré où il s'endort.

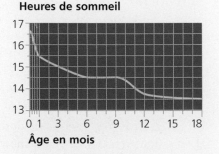

Heures de sommeil

Âge en mois

Plus ou moins de sommeil
Le schéma ci-dessus montre le nombre moyen d'heures de sommeil entre la naissance et 18 mois. Il varie beaucoup d'un sujet à l'autre.

l'étouffer en roulant sur lui – il faudrait être ivre ou drogué pour ne pas s'en apercevoir. Et dormir avec vous ne crée pas forcément une habitude.

Ne vous croyez pas obligés de renoncer aux rapports sexuels. Votre bébé n'en sera pas traumatisé car il ne peut interpréter les sons qu'il entend. Évidemment, il est possible qu'ils le réveillent. Mais ce problème se pose où que dorment les enfants.

OPTIMISEZ VOTRE SOMMEIL

• Ne changez pas sa couche la nuit, à moins qu'elle ne soit trempée ou très souillée. Si vous devez le faire, pas de parlote ni de lumière brillante.

• Ne faites pas faire de rot à votre bébé à moins qu'il ne soit au biberon ou semble mal à l'aise. Faire éructer un bébé exige d'être assis ou debout, et donc totalement éveillé.

• Si votre bébé tarde à se rendormir, laissez votre partenaire prendre le relais.

• Essayez de faire un somme l'après-midi pendant la sieste de votre bébé.

• Laissez-le s'endormir seul dès le début. Il risquera moins de vous tenir éveillés à 3 heures du matin s'il est habitué à s'endormir par lui-même.

Pour en savoir plus

Le sein ou le biberon ?	20-21
Le change des couches	26-27
Siestes et petits matins	56-57
Les heures de sommeil	58-59

Ayez un grand lit
Même si votre bébé ne dort pas toujours avec vous, cela peut arriver. Or un lit en 140 est un peu juste pour trois ou quatre personnes…

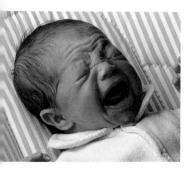

Les coliques
Les gaz intestinaux sont la cause la plus fréquente de coliques. Pourquoi affectent-ils tel bébé plutôt que tel autre, et pourquoi le soir ? Mystère.

Votre bébé crie

Tous les bébés crient, et aucun bébé ne crie sans arrêt. Mais certains crient réellement beaucoup plus que les autres ! Le secret est de comprendre pourquoi afin qu'il s'arrête avant que vous ne craquiez !

CALMER BÉBÉ

• **Sons réguliers.** Celui de l'aspirateur, d'un moteur de voiture, d'une radio en sourdine.

• **Bercer.** Dans un transat à balancelle, un landau, un porte-bébé. Vous pouvez aussi le porter à la verticale.

• **L'air frais.** Faites-lui faire un tour dans sa poussette.

• **L'attention.** Parfois, votre bébé a besoin de compagnie.

• **La succion.** Donnez-lui une sucette.

Il y a toutes sortes de cris, de la petite plainte aux hurlements prolongés. Tous sont pénibles, surtout quand on ne parvient pas à les calmer. Les bébés crient pour toutes sortes de raisons. Vous identifierez la signification de certains cris mais, le plus souvent, vous en ignorerez la cause.

POURQUOI BÉBÉ CRIE-T-IL ?

Il a faim. Sans doute la cause la plus fréquente. La solution est alors évidente. Certains bébés préfèrent manger peu et souvent. Qu'il veuille le sein toutes les deux heures ne signifie pas qu'il est affamé ou que vous n'avez pas assez de lait. Il faut parfois plusieurs semaines aux bébés pour s'adapter au rythme d'un repas toutes les quatre heures.

Il a soif. Par temps chaud, trop couvert, dans une pièce trop chauffée, il transpire et perd beaucoup d'eau. Donnez-lui de l'eau minérale.

Il voudrait téter. Certains bébés adorent téter – et crient même en tétant le lait dont ils ont besoin ! Envisagez la sucette.

Il vient de se réveiller. C'est fréquent. Il cesse de crier dès qu'on le prend ou de lui-même si on attend…

Sa naissance a été pénible : Un accouchement difficile peut provoquer des douleurs chez le bébé, surtout les premières semaines. Il peut être affecté par les médicaments administrés à sa mère ; la naissance au forceps ou la compression momentanée du crâne peuvent provoquer des maux de tête ; si les complications ont été plus sérieuses, il est possible qu'il en souffre. Quelles qu'elles soient, les lésions font mal. Si vous êtes inquiète, parlez-en à votre pédiatre.

Il a mal. La circoncision est douloureuse pendant quelques jours. Les maux d'oreilles sont une autre cause fréquente de cris.

Il est mal en point. Il semble apathique ou nerveux et/ou fiévreux : il peut être malade. Voyez votre médecin.

Il est gêné. Un tissu qui gratte, le froid, la chaleur, sa couche trop serrée – autant de causes possibles. Vérifiez que tout va bien.

Il est inquiet. Un changement soudain dans sa position et il est déstabilisé.

Il se sent seul. Les bébés ont besoin de présence – de plus en plus en grandissant. Certains sont très exigeants, d'autres satisfaits de vous sentir à proximité. Aucun n'aime rester seul pendant des heures – aucun ne devrait l'être.

C'est un petit malin. Il sent déjà que ses cris « marchent ».

LES COLIQUES

Elles sont caractérisées par des épisodes de cris incontrôlables, qui tendent à survenir chaque jour au même moment, le plus souvent le soir. Tant qu'ils durent, il est difficile de consoler le bébé. Tous les bébés crient davantage entre 6 et 12 semaines, plutôt en soirée. Les coliques sont une aggravation de cette tendance. Elles peuvent commencer très tôt pour culminer vers 12 semaines et se calmer progressivement. Elles affectent un bébé sur cinq et on ignore pourquoi celui-ci et pas celui-là. Heureusement, ces bébés semblent ne pas avoir de problèmes par la suite, ni devenir des enfants « difficiles ».

VOTRE BÉBÉ A SANS DOUTE DES COLIQUES SI :

● Il fait souvent des rots, son estomac gargouille, il a souvent des gaz (difficile de les attribuer aux intestins, aux cris qu'il pousse ou à d'autres causes).
● Il recroqueville ses jambes en pleurant comme s'il avait mal au ventre.
● Son ventre est dur et ballonné.
● Par ailleurs, il est en bonne santé. Ni diarrhée, ni fièvre, ni vomissements. S'il présente ces symptômes, donnez-lui de l'eau (bouillie) et consultez le pédiatre.
● La tétée apporte un soulagement passager mais peut aggraver les choses ultérieurement.
● Il crie pendant des heures avant de s'endormir.

LES REMÈDES

● Si vous l'allaitez, pensez à votre alimentation. Supprimer certains aliments – choux, produits à base de lait de vache par exemple – apporte parfois une amélioration, mais pas toujours.
● La fumée peut aggraver la crise. Renoncez au tabac en sa présence.
● Les pédiatres prescrivent parfois des antispasmodiques censés le détendre.
● Donnez-lui une tisane de camomille ou de fenouil.
● Nos grands-mères recouraient aux gouttes de fleur d'oranger après le biberon.
● Mettez-le à plat ventre sur vos genoux et massez doucement son dos.

Consoler votre bébé
S'il crie beaucoup, faites les cent pas en le tenant à la verticale. Essayez de le calmer en lui parlant ou en chantonnant.

Pour en savoir plus

Donner le biberon   24-25
Se partager les tâches   52-53
Est-ce que tout va bien ?   68-69
Problèmes types du bébé   178-179

SI RIEN N'Y FAIT

● Faites un tour avec lui en voiture… si vous êtes calme.
● Faites-vous aider par un parent, une amie. Parlez à d'autres mamans ou au pédiatre.
● Quand vous n'en pouvez plus, couchez-le, fermez la porte et éloignez-vous un moment.
● Ne vous culpabilisez pas. Avoir ou non un bébé qui crie est une question de chance… ou de malchance.
● Assurez-vous qu'il n'a aucun problème de santé : les bébés crient aussi tout simplement quand ils sont malades.
● S'il est en bonne santé et continue à crier au-delà de 3 mois, ne perdez pas patience : les coliques ont toujours une fin. La nervosité risquerait d'aggraver ses cris. Et efforcez-vous de prendre du repos pendant la journée.

Établir un emploi du temps

Au début, un bébé semble accaparer la totalité des journées – et la moitié des nuits. On se demande comment on pourrait s'occuper à la fois d'un nourrisson et d'un jeune enfant. Et pourtant, on y arrive.

Du temps pour vous
Ne soyez pas obsédée par le ménage, par votre silhouette ou votre supposé rôle de super-maman. Acceptez d'être aidée.

Quand naîtra votre second bébé, vous vous demanderez sans doute pourquoi vous avez eu tant de mal avec le premier. Cela est dû en partie à votre crainte qu'il puisse lui arriver quelque chose : quand il dort, vous vérifiez qu'il est bien vivant ; il boit son lait et vous n'êtes pas sûre qu'il en a eu assez. Vous savez qu'aujourd'hui, la grande majorité des bébés survivent et sont assez résistants ; mais vous n'y croyez pas parce que vous savez aussi que vous seriez anéantie s'il lui arrivait quelque chose.

L'HORAIRE DES REPAS

On conseillait naguère aux mamans de nourrir leur bébé à heures fixes ; aujourd'hui, on leur suggère de nourrir à la demande. Il n'y a pas de règle absolue. La bonne règle est celle qui satisfait la maman et son bébé. Inutile d'attendre l'heure de la tétée suivante si vous la passez à arpenter la pièce, ou de céder au moindre appel s'il vous donne le sentiment de ne pas avoir une minute à vous. Trouvez le juste milieu. Si vous avez un autre enfant, votre bébé devra parfois attendre. S'il le fait pendant que vous vous occupez de son aîné, il peut aussi attendre que vous ayez fini de téléphoner. Soyez réaliste. Tous les bébés n'ont pas faim à quatre heures d'intervalle. Cela ne signifie pas que le vôtre doit téter en permanence. Si le besoin de succion le travaille, donnez-lui une sucette. S'il a faim toutes les deux heures, prolongez peu à peu l'intervalle de dix à quinze minutes.

CHANGER VOTRE BÉBÉ

Inutile de le changer avant et après la tétée. Si c'est plus facile quand il somnole après la tétée, faites-le après. Si cela semble le réveiller, faites-le avant. Et limitez au maximum le change de couches pendant la nuit.

LAVER ET HABILLER VOTRE BÉBÉ

Tant que votre bébé ne se traîne pas à quatre pattes, il n'a pas besoin d'un bain quotidien. Une toilette rapide suffit souvent. Si le bain vous pose pro-

---

RITUELS HEBDOMADAIRES PERSONNELS

Tous les jours

• Faites trois bons repas. Buvez beaucoup d'eau et de jus.

• Faites de l'exercice – marchez, dansez, nagez et poussez le landau en haut de quelques côtes.

• Faites de la gymnastique post-natale, des exercices pour retrouver votre tonus musculaire et des étirements.

• Entretenez votre esprit. Essayez de penser à autre chose qu'à votre bébé.

Toutes les semaines

• Sortez, voyez vos amis : votre bébé survivra à quelques heures avec une baby-sitter. Si vous ne pouvez vous permettre la dépense, échangez des gardes avec vos amis.

• Prenez soin de vous, ne serait-ce qu'en mettant quelques bijoux ou en vous faisant les ongles.

• Prenez l'air. Explorez les environs ou un parc que vous ne connaissez pas encore. Faites du jardinage. Couvrez-vous bien et sortez, même s'il fait froid ou s'il pleut.

blème, faites-le un jour où votre partenaire ou un parent peut vous aider. Le change régulier des couches est indispensable, pas celui de la layette. Rien de fâcheux n'arrivera à votre bébé s'il porte la même toute la journée. Un bébé du premier âge vit le jour et la nuit en un quasi continuum. Inutile donc de changer ses vêtements comme nous changeons les nôtres en fonction du moment. Baignez et changez-le à votre convenance.

RITUEL DU COUCHER

Je n'ai jamais couché mon premier enfant sans lui chanter une chanson, sans lui tenir la main et attendre qu'il s'endorme. Il n'a dormi toute la nuit qu'à 2 ans, voulant encore que je reste près de lui. J'étais épuisée.

Puis ma fille est née un mois avant terme. Ayant beaucoup de travail, je l'ai emmenée au bureau dès la première semaine. Comme je travaillais parfois le soir, je la couchais – « Dors bien, mon bébé » – et je quittais la chambre. Dès le début, elle s'est endormie seule. Elle n'a dormi toute la nuit qu'à un an mais cela n'a jamais posé de problème. Elle s'endormait toujours sans moi.

Mon benjamin fut traité de la même manière. Quand je montais le coucher et redescendais en deux minutes, mes amis s'exclamaient : « Déjà ! » Eh oui ! Dans ma famille, les bébés dorment peu. Je dormais peu étant enfant et je continue au rythme de six heures par nuit. Mes sœurs et leurs enfants sont pareils. Si votre histoire familiale ressemble à la mienne, essayez ma méthode.

RITUEL DE L'ÉVEIL

Un bébé qui dort longtemps le jour risque de moins dormir la nuit. Effor-cez-vous de concentrer ses périodes d'éveil dans la journée pour synchroniser sa plus longue période de sommeil avec la vôtre.

Les nourrissons ont tendance à s'endormir quand ils sont allongés et à rester éveillés quand ils sont assis. Ils s'endorment quand ils n'ont pas grand-chose à voir ou entendre et restent éveillés dans le cas contraire. Votre bébé s'endormira dans un transat mais avant il passera plus de temps à regarder autour de lui que s'il était dans son lit ; il sera plus éveillé si vous vous déplacez autour de lui que si vous êtes dans une autre pièce.

Essayez de concentrer son sommeil en trois – et plus tard en deux – périodes principales. Avec le temps, il abandonnera l'un de ses sommes diurnes. Rappelez-vous qu'en morcelant en deux votre temps de sommeil, vous en aurez moins besoin au total : une heure de sommeil durant la journée vaut deux bonnes heures pendant la nuit.

Maman ou papa
Couchez votre bébé à tour de rôle afin qu'il ne dépende pas plus de l'un que de l'autre.

Pour en savoir plus

Le sein ou le biberon ?	20-21
Le change des couches	26-27
Baigner votre bébé	30-31
Les heures de sommeil	58-59

PLANNING

- 6 h. Tétée, change.
- 8 h. Lever et petit déjeuner.
- 9 h-10 h. Toilette rapide, tétée, ménage. Bébé éveillé.
- 12 h-13 h. Tétée, déjeuner, promenade.
- 15 h-16 h. Bébé éveillé.
- 18 h. Tétée, bébé avec l'un des parents pendant que l'autre prépare le dîner.
- 20 h. Change, coucher. Détendez-vous.
- 22 h et 2 h. Tétées. Essayez de vous rendormir.

Voyager avec votre bébé

Vous n'êtes pas obligée de rester chez vous pendant des années parce que vous avez un bébé. Tirez parti des sièges-auto et poussettes-cannes qui rendent les voyages faciles et agréables plutôt que longs et pénibles.

• Certaines lignes aériennes font embarquer les mamans en priorité. Choisissez une des places les plus confortables.

• Les hôtesses réchauffent biberons et petits pots au micro-ondes. Vérifiez la température. Prévoyez les repas en fonction du décollage et de l'atterrissage. Plus que celles des adultes, les oreilles des bébés sont affectées par la pression et soulagées par la déglutition. Ayez une bouteille d'eau minérale si vous allaitez – l'atmosphère de l'avion déshydrate.

• De nombreux hôtels prévoient des lits d'enfant, mais votre bébé sera plus heureux dans son lit portable.

• Les hôtels et restaurants ont souvent des chaises hautes et réchauffent biberons et petits pots. Sinon, allez ailleurs.

Dans notre société mobile, choisir un bon siège-auto est une décision importante. Il en existe maintenant de toutes sortes et pour tous les âges.

• Lors de l'achat, assurez-vous qu'il est conforme aux standards de sécurité (cinq points d'attache).

• Méfiez-vous des occasions, à moins que vous ne connaissiez la provenance du siège.

• N'adaptez pas un siège qui devrait l'être par un professionnel à moins de savoir exactement ce que vous faites.

• Soyez sûre qu'il convient à la taille de votre enfant.

SIÈGES-AUTO

De 0 à 10 mois ou 10 kg : S'adaptent sur la banquette avant (face à l'arrière) ou arrière. N'installez jamais votre bébé à une place équipée d'air-bags. Les attaches de sécurité permettent de sortir le siège sans en retirer le bébé.

De 9 mois à 3 ans ou 9 à 18 kg : Plus larges, prévus en général pour la banquette arrière, face à la route. Recherchez un habillage bien rembourré.

De 4 à 11 ans ou 15 à 35 kg : Sur un rehausseur, l'enfant peut voir la route, attaché par la ceinture pour adultes. Si vous n'avez que deux ceintures à l'arrière et transportez trois enfants, faites adapter un harnais de sécurité supplémentaire.

NOURRIR EN ROUTE

Votre bébé doit manger à intervalles assez réguliers. Arrêtez toujours la voiture pour le nourrir. Lorsqu'il fait chaud, munissez-vous toujours de petites bouteilles d'eau minérale et

D'une seule main
Choisissez une poussette-canne facile à manier. Rappelez-vous que, votre bébé sur l'autre bras, vous devrez sans doute souvent la fermer d'une seule main.

d'un ou deux biberons stérilisés. Une fois ouverte, une bouteille ne reste pas longtemps consommable.

En été, un simple éventail et une éponge humide sont utiles pour le rafraîchir. Ne le laissez jamais dans la voiture en stationnement, même avec des fenêtres entrouvertes. Surveillez-le si vous ne pouvez fuir la chaleur (dans les bouchons, par exemple). Les bébés sont exposés aux coups de chaleur. Au besoin, couvrez-lui la tête avec un linge humide.

CHOISIR UNE POUSSETTE

Notre utilisation quotidienne de la voiture l'a rendue moins utile. Elle reste cependant pratique pour les siestes de la journée ou pour bercer votre bébé quand il crie. Vérifiez le confort de la suspension, la protection apportée par son habillage, l'encombrement (par rapport à la voiture, la porte ou l'ascenseur) et la maniabilité, y compris pour monter marches ou trottoirs. Certaines sont équipées d'une poche ou d'un panier très pratiques. Assurez-vous que le mécanisme de pliage est bloqué quand vous l'utilisez et que les freins bloquent les roues quand vous la garez – en particulier en pente. Dès que votre bébé se tient assis, utilisez toujours le harnais.

LES COMBINÉS LANDAU/POUSSETTE

Préférés de nombreuses familles, ils consistent en un châssis dans lequel s'encastre une nacelle de landau pour les premiers mois, remplaçable ensuite par un siège inclinable. Ils sont plus lourds qu'une poussette-canne, dont vous aurez aussi besoin si vous utilisez les transports en commun.

LA POUSSETTE-CANNE

Elle ne convient aux tout-petits que si le siège peut être déplié à l'horizontale, ce qui signifie que les plus légères sont souvent inadéquates. De plus, les bébés nés en hiver ont besoin d'un habillage très protecteur.

En la choisissant, vérifiez les points suivants : la stabilité, les freins (doubles), la maniabilité, les points d'attache de sécurité. Ceintures et harnais sont évidemment indispensables. Si devez souvent en retirer votre bébé et prenez les transports en commun, pensez au poids de la poussette. Pour les courses, la poche ou le panier est utile. Les grandes roues sont plus pratiques en terrain boueux, les petites préférables si vous devez la stocker dans un espace réduit. Assurez-vous qu'elle est facile à plier, que la hauteur du guidon est réglable et qu'elle comporte un habillage amovible pour été ou hiver.

Pour en savoir plus

Prendre et porter votre bébé 14-15
Le mobilier de la chambre 34-35
Votre bébé bien assis 44-45
La sécurité à l'extérieur 206-207

Longs voyages
Les bébés voyagent remarquablement bien. La plupart du temps, ils somnolent ou s'endorment.

À L'EXTÉRIEUR

• Un siège de table pliant est pratique pour un repas à l'extérieur. Ne l'adaptez jamais à une table sur piédestal, à rallonge repliable, à plateau de verre, sur une nappe ou un set.

• Assurez-vous qu'il est muni d'un bon système d'attache et de blocage.

• N'y placez jamais votre bébé sans harnais et ne l'y laissez jamais seul. Assurez-vous qu'il ne peut pas le faire glisser en prenant appui sur la table.

• Retirez votre bébé avant de décrocher le siège.

Votre bébé bien assis

Dès que votre bébé se tient assis, il commence à mieux percevoir le monde et à s'y intéresser. Il reste plus longtemps éveillé, ce qui augmente vos chances de passer de bonnes nuits.

Pour prolonger son temps d'éveil et concentrer son sommeil à des moments plus ou moins précis, installez votre bébé à demi assis en cours de journée. Il pourra observer son environnement et ce que vous faites.

Sa situation vous permettra à tous deux de converser. On passe facilement près du berceau sans regarder son bébé et sans en être vu. Impossible de l'ignorer en passant près de sa chaise, en particulier quand il vous suit des yeux.

JOUER À PLAT VENTRE

On déconseille aujourd'hui de coucher un bébé sur le ventre pour prévenir la mort par étouffement, qui n'est pourtant pas fréquente et ne se produit jamais quand il est éveillé. Le laisser jouer sur le ventre est donc sans danger. Dans cette position, il lui sera plus facile d'atteindre les jouets, de se regarder dans son miroir ou de mordiller son tapis. S'il s'endort, retournez-le sur le dos ou déposez-le dans son lit dans sa position habituelle.

CHOISIR UN TAPIS D'ÉVEIL

Optez pour un tapis moelleux et texturé avec un arc de jouets à saisir, entendre et manipuler. Les bébés portant tout à la bouche, assurez-vous que le tapis est facile à nettoyer.

MI-TEMPS FESSES À L'AIR

De temps à autre, débarrassez votre bébé de sa couche et laissez-le les fesses nues. La plupart des bébés jubilent en agitant bras et jambes en tous sens. Couvrez votre matelas à langer d'une serviette – en cas d'accident – et laissez-le s'ébattre à son gré.

À TRAVERS LA PIÈCE

Tous les bébés parviennent à rouler plus vite qu'on ne s'y attend. Les lits semblent faciliter cet exercice et votre bébé ne serait pas le premier à en tomber. Ne le laissez jamais seul dans une pièce non sécurisée : vous seriez surpris de voir à quelle vitesse il peut la traverser en roulant ou se traînant sur le ventre.

Tapis de jeu
Les jouets, les tissus et les sons éveillent les sens des bébés et leur apprennent à tirer, à saisir et agripper.

ATTENTION AU RAMPER

Vous pensez peut-être qu'il ne le fera que dans des mois (c'est peut-être vrai); mais en fait, un bébé rampe très vite sur le ventre. Le temps d'aller ouvrir la porte et il peut s'être propulsé en terrain dangereux. Le cas échéant, assurez-vous que rien de tel ne se trouve à sa portée – la litière du chat, un objet pointu – ou qu'il ne puisse tomber – de votre lit, par exemple.

CALEZ VOTRE BÉBÉ AVEC DES COUSSINS

Tous les bébés aiment être assis en famille. Dans un fauteuil ou un coin de sofa, calez-le avec des coussins, à demi assis à 45°, le dos pratiquement à plat. Les coussins doivent soutenir à la fois le dos et le cou, ses fesses doivent s'y enfoncer un peu et les bras du fauteuil ou d'autres coussins doivent l'empêcher de rouler. Surveillez-le – en prenant des forces, il essaiera de se redresser.

SIÈGES À BASCULE

Tant que votre bébé ne soutient ni sa tête (4 à 6 semaines) ni son dos (3 à 4 mois), il ne peut être assis sans support. Trop jeune pour une chaise, il peut s'accommoder d'un transat à bascule ou de la nacelle inclinable du siège-auto ou de la poussette. Ne les placez pas n'importe où : un bébé actif peut les faire avancer à travers la pièce.

PREMIÈRES CHAISES

Tant qu'il ne soutient son dos en position assise, il a besoin d'une chaise à dossier réglable fournissant ce support. Elle fera plus d'usage si elle peut, par la suite, être redressée et équipée d'une tablette.

Mon petit coin
Le coin d'un divan est parfait pour installer votre bébé, calé de tous côtés et les jambes reposant sur l'assise.

Pour en savoir plus

Diversifier l'alimentation	48-49
Premiers jouets et jeux	60-61
Assis et debout	88-89
La sécurité à l'intérieur	204-205

CHAISES HAUTES

Vous nourrirez d'abord votre bébé en le tenant sur vos genoux mais vous aurez finalement besoin d'une chaise haute.

Elle permet de le nourrir en étant assise à table. Si vous n'avez qu'un enfant, un rehausseur de siège peut suffire, mais de jeunes frères et sœurs turbulents pourraient facilement le débloquer et le faire choir.

Choisissez alors une chaise à large base, stable, solide, avec une bonne ceinture de sécurité, une tablette amovible à rebord et facile à laver. La hauteur de la tablette et du repose-pieds devrait être réglable, l'assise et le dossier confortables. Utilisez toujours le harnais – votre bébé essaiera de s'asseoir et de sortir de sa chaise. Si elle est pliable, assurez-vous que le mécanisme de pliage est bien bloqué en position de sécurité.

Bascule et sécurité
Vous pouvez placer le transat sur une table à condition de ne pas le quitter des yeux, même s'il est équipé de patins antidérapants.

Sevrer le bébé au sein

Que vous repreniez le travail ou que vous le jugiez opportun, le moment viendra où vous voudrez sevrer votre bébé. Suivez quelques règles simples et il passera aisément du sein au biberon ou à la tasse.

Une fois établie la routine des tétées, vous constaterez qu'elles se raccourcissent. Votre bébé sait prendre le sein, téter, déglutir. Il sait ce qu'il lui faut et vous « savez » produire le lait dont il a besoin. Votre réflexe de lactation est maintenant conditionné, les hormones qui la provoquent circulent dans votre sang avant même que vous preniez votre bébé. Ses tétées sont plus brèves, mais s'il est satisfait, en bonne santé, s'il grandit normalement, c'est qu'il est suffisamment nourri.

Il est parfois d'humeur à s'éterniser – certains bébés le font constamment. Parfois aussi, il recherchera spontanément le contact du sein pour se rassurer. Beaucoup de bébés prolongent la tétée en soirée. S'il semble en abuser, envisagez de lui donner une sucette.

L'ÂGE DU SEVRAGE

Les jeunes enfants ont besoin de lait et pas nécessairement de celui des vaches. Certaines personnes trouvent indécent d'allaiter un enfant de 3 ans et désapprouvent au motif que la mère allaite pour son propre plaisir, ce qui ne les regarde pas. Mais il est certes plus facile de sevrer un bébé avant un an ; et si vous reprenez votre travail, vous n'aurez sans doute pas le choix.

SEVRER VOTRE BÉBÉ AU SEIN

• Commencez par le distraire à l'heure de la tétée. Faites une promenade en poussette, donnez-lui quelque chose à manger ou à boire à la tasse. Ne supprimez pas plus d'une ou deux tétées en l'espace de quelques jours, ou vos seins gonfleront désagréablement.

• Choisissez une période de détente, surtout si votre bébé est déjà plus âgé.

• Choisissez un jour « normal » : pendant les fêtes ou quand vous rentrez du travail, il a plus besoin d'attentions que de privations.

• Offrez-lui un objet transitionnel (une sucette, une peluche…) avant d'entre-

Papa partenaire
Votre bébé refusera le biberon s'il sent votre lait. S'il est calmé par un biberon avant de s'endormir, votre partenaire peut le lui donner avant de le coucher.

prendre le sevrage. Pour beaucoup de bébés plus âgés, le sein est surtout un réconfort.

● Procédez lentement. Et si vous rencontrez un problème, rappelez-vous que tous les bébés finissent pas s'adapter.

ADOPTER LE BIBERON

Le sevrage doit être progressif. Si vous sevrez votre bébé vers 8 mois, il aura sans doute encore besoin de succion. Il y a deux méthodes :

● Complétez chaque tétée par un petit biberon ; puis raccourcissez peu à peu la tétée et augmentez le contenu du biberon jusqu'à ce qu'il n'ait plus besoin du sein.

● Ou bien remplacez une tétée à la fois par un biberon.

Au mieux, le sevrage prendra environ dix jours. C'est rare : à moins que votre bébé ne soit déjà habitué au contact d'une tétine, il peut d'abord refuser le biberon.

Si vous reprenez le travail avant ses 8 mois, habituez-le à l'avance à la sucette ou à un biberon d'eau minérale (ou de votre lait extrait avec un tire-lait).

● Expérimentez avec des tétines de différentes matières.

● S'il persiste dans son refus du biberon, essayez une tasse classique, ou à bec souple ou dur, à pipette, ou même une cuillère.

Pendant le sevrage, assurez-vous que sa ration de lait est suffisante. Mélangez-en à ses aliments.

LA TASSE

Beaucoup de bébés se promènent avec leur tasse – et renversent son contenu. Les tasses anti-fuites sont pratiques mais vers 8 mois, s'ils ont pu s'y habituer, la plupart des enfants peuvent boire avec une tasse normale.

SEVRAGE DU BIBERON

Si votre bébé au biberon suce la nuit autre chose que de l'eau pure, il risque d'avoir des caries. Avant de devoir supprimer le biberon devenu objet de réconfort, substituez lui un autre objet rassurant.

SEVRAGE APRÈS UN AN

● Supprimez toutes les tétées excepté celle à laquelle il est le plus attaché.

● Limitez l'utilisation du biberon à des moments précis. Le reste du temps, remplacez le sein et le biberon par une tasse.

● Trouvez un objet rassurant – par exemple une peluche en le couchant ou quand il est malheureux. Évitez de proposer le sein ou le biberon pour le consoler.

● Cessez de lui donner le sein ou le biberon à l'heure du coucher. Attendez-vous à quelques soirées de protestations. Ne cédez pas.

● Fuyez les situations et les lieux où il s'attend à être nourri et distrayez-le quand il veut le sein ou le biberon.

● À un enfant beaucoup plus âgé, expliquez ce que vous voulez faire et pourquoi. Faites un peu de chantage et complimentez-le pour sa coopération.

QUE DONNER À BOIRE ?

● **Lait maternel.** La meilleure boisson lors de la première année. Si vous sevrez avant un an, remplacez par un lait maternisé.

● **Lait entier pasteurisé.** Diversifiez son alimentation à partir de 6 mois. Pas de lait écrémé. Les lipides sont nécessaires à la croissance et à la construction des parois cellulaires.

● **Eau pure et jus de fruits dilués.** Tous deux parfaits pour les bébés. Inutile de faire bouillir l'eau à partir de 6 mois.

● **Boissons à éviter.** Tous les sodas et boissons sucrées, le café et le thé.

Pour en savoir plus

Donner le biberon	24-25
Diversifier l'alimentation	48-49
Se partager les tâches	52-53
Tout sur les dents	84-85

Pas de fuites
Les tasses incassables à bec et poignées sont faciles à manipuler. Évitez les tasses en papier et proscrivez le polystyrène.

TOUJOURS

● Si vous devez le confier avant 8 mois, habituez votre bébé à la sucette et, de temps à autre, à un biberon d'eau.

● Introduire les aliments graduellement. Les tout-petits n'en ont pas besoin mais il est bon de les habituer à leur texture et à déglutir sans sucer.

● Éviter les aliments riches en gluten les premiers mois.

AU CHOIX

Diversifier l'alimentation

Avec une alimentation qui se diversifie, votre bébé franchit une étape. Désormais, il partage davantage la vie familiale et facilite la vôtre.

Les petits pots

• Au début, votre bébé n'en prendra qu'une ou deux cuillerées : ouvrir un petit pot est plus facile que préparer une purée de pommes de terre.

• Vous serez moins frustrée s'il recrache une cuillerée venant d'un petit pot…

• Choisissez ceux qui contiennent un seul aliment de base : vous pourrez y mélanger un peu de votre cuisine familiale.

Cuisine maison

• Si vous l'habituez à votre cuisine, les repas de votre bébé seront moins coûteux.

• Vous saurez exactement ce qu'il mange et pourrez l'habituer petit à petit à de nouveaux aliments.

• Si vous cuisinez des produits « bio », ses repas seront moins coûteux qu'avec des petits pots « bio ».

Le lait doit rester l'aliment principal du bébé pendant sa première année. Ne vous précipitez pas sur les aliments « solides » – qui ne sont pas solides, mais à base de lait avec adjonction de riz, de pommes de terre ou de légumes pour ceux du premier âge.

Au début, pas d'excès de variété. Commencez par un aliment de base. Quand votre bébé l'aura accepté, ajoutez-en un autre. Les bébés bénéficient d'un réflexe qui leur fait refuser un aliment inconnu qui pourrait être toxique. Ils le goûtent d'abord (comme les adultes). S'il leur convient, ils en reprennent. En offrant trop tôt trop de variété, vous risquez de favoriser le réflexe de refus et de voir votre bébé recracher tout aliment nouveau et devenir très difficile.

VOTRE BÉBÉ EST-IL PRÊT POUR L'ALIMENTATION DIVERSIFIÉE ?

• A-t-il au moins 4 mois ?
• S'intéresse-t-il aux aliments ?
• Est-il insatisfait après une tétée ?
• Cesse-t-il de prendre du poids ?
• Commence-t-il à saisir des objets ?
• Accepte-t-il une cuillerée de votre assiette de purée ?

Premiers petits pots
Ils doivent être homogènes, faciles à mélanger à du lait, plutôt fades et sans gluten.

ALIMENTATION DIVERSIFIÉE ET PRISE DE POIDS

Si votre bébé ne prend pas le poids attendu, n'en déduisez pas qu'il doit être sevré s'il n'a pas 4 mois. S'il est éveillé et en bonne santé, il mange sans doute assez. Dans le doute, consultez votre médecin. Au cours de la première année, les bébés prennent leur poids par à-coups. Certains grandissent moins vite et l'hérédité peut jouer un rôle. La taille de l'auteur de ce livre – 1,70 mètre – a été très en dessous de la moyenne au cours de ses cinq premières années, tout comme celle de sa fille, étudiante en médecine et adepte de cross-country.

HYGIÈNE ALIMENTAIRE

Inutile de stériliser assiettes, cuillères ou casseroles (excepté les passoires en plastique). Un lavage avec détergent et un bon rinçage suffisent. Mais stériliser tasses et tétines reste utile à cause du lait qui peut s'y accumuler et créer un terrain propice aux bactéries. Beaucoup de parents continuent à stériliser tasses et biberons au-delà de 4 à 6 mois, mais la stérilisation est vaine dès que votre bébé met tout ce qu'il touche dans sa bouche.

CHOISIR LES PREMIERS ALIMENTS

La pomme de terre et le riz sont les bases les plus fréquemment employées. Que vous optiez d'abord pour l'une ou l'autre, ajoutez-y assez de lait pour la rendre crémeuse. Donnez-en une petite cuillerée. Si votre bébé la mange, donnez-en une autre au repas suivant. N'essayez d'autre aliment que lorsqu'il aura bien accepté le premier.

Les purées de légumes et de fruits, souvent suggérées pour le sevrage, viennent ensuite. Dès que votre bébé accepte la purée de pommes de terre, incorporez-y de la purée de carottes (par exemple). Procédez de la même manière avec une base de riz en y ajoutant de la compote de pommes. Puis réduisez la part de la base (pomme de terre ou riz) pour habituer votre bébé à d'autres légumes et fruits. Petit à petit, les éléments habituels de votre alimentation constitueront l'essentiel de la sienne et le prépareront à d'autres saveurs.

LES ALIMENTS DU SEVRAGE ENTRE 6 ET 8 MOIS

Vers 6 mois, votre bébé peut manger les aliments cités et ceux à base de lait entier pasteurisé de vache, chèvre ou brebis. Évitez les œufs à la coque et toutes les noix (risques de salmonellose avec les uns, d'allergies avec les autres). À 8 mois, il peut manger presque tout ce que mangent ses parents. Pelez légumes et fruits et éliminez les pépins, les arêtes du poisson, l'excès de graisse de la viande. Au début écrasez ou passez les aliments, pour parvenir à une consistance plus ferme au fil de la croissance de votre bébé.

LES ALIMENTS DOIVENT-ILS ÊTRE FADES ?

Les petits pots le sont généralement. Mais votre bébé peut s'accoutumer à des aliments moins fades. Introduisez-les dans une purée de base et augmen-

tez-en la part petit à petit. La plupart des bébés s'habituent ainsi aux goûts plus prononcés, bien qu'ils puissent refuser les produits très épicés. Tous les enfants détestent certains aliments : ne vous attendez pas à ce que le vôtre les aime tous.

VOTRE BÉBÉ MANGE TOUT SEUL

● Dès qu'il est nourri dans sa chaise haute, donnez-lui une petite cuillère facile à manier. Il s'y habituera progressivement.

● Plus il essaiera, plus il deviendra adroit – mais gare aux dégâts !

● Coupez des morceaux assez petits pour sa bouche. Les pois, les dés de carottes, de pomme de terre, de viande sont parfaits pour commencer.

● Une tasse anti-fuites à bec l'aidera à boire sans renverser.

Utiliser les couverts
Les petits Japonais maîtrisent les baguettes dès 3 ans et les petits Occidentaux peuvent passer de la cuillère à la fourchette et au couteau avant 5 ans.

Pour en savoir plus

Votre bébé bien assis	44-45
Sevrer le bébé au sein	46-47
Se partager les tâches	52-53
Croissance : la prise de poids	70-71

À ÉVITER

Avant 6 mois :

● Les œufs

● Les produits à base de blé

● Le fromage frais, les yaourts (à moins que vous ne les fassiez vous-mêmes)

● Les agrumes

● Les légumes épicés (oignons, piments)

● Toutes les noix et noisettes

● Les aliments frits

● Les aliments très salés et sucrés

Lui apprendre la propreté

Les bébés sont rarement pressés d'être débarrassés des couches, mais avec quelques encouragements – et quand ils sont prêts – la plupart apprennent à être propres assez vite et sans trop de drames.

Avec un bébé facile à vivre, qui dort toute la nuit et mange régulièrement, il est facile d'anticiper quand il salira sa couche. Ce type de bébé a tendance à être régulier en toutes choses. Avec les autres, le moment des besoins est moins prévisible. Quand votre bébé atteindra 18 mois, vous pourrez sans doute économiser beaucoup de couches en sortant le pot juste au bon moment ; cela dit, s'il compte sur vous pour s'y asseoir, cela signifie sans doute qu'il n'a pas passé le cap de la « propreté ».

Il y a une différence entre prévoir ses besoins et lui apprendre à les contrôler. Impossible avant que son cerveau soit suffisamment développé pour parvenir à la maîtrise de la vessie et du sphincter anal ; ce qui se produit entre 18 et 30 mois environ, les petites filles ayant tendance à être un peu en avance sur les garçons.

IL Y AURA DES ACCIDENTS

Peu d'enfants sont propres jour et nuit avant 30 mois. Certains le deviennent en même temps, d'autres sont propres toute la journée pendant des mois avant de le devenir la nuit : continuez à mettre votre bébé sur le pot avant le coucher, sans renoncer à la couche pour la nuit ni à l'alèse sur le matelas. Protégez le tapis de la chambre avec un plastique. Avec un garçon, une surface lavable autour de son pot présente un intérêt non négligeable, car il lui arrivera longtemps de rater sa cible… en particulier en cas d'urgence. Une salle de bain carrelée à un mètre du sol est alors idéale.

NE JAMAIS

• Laisser votre bébé sur son pot s'il veut se lever.

• Crier, gronder, gifler ou punir de quelque façon.

• Lui donner à penser que refuser le pot est un bon moyen d'attirer votre attention.

• Brouiller le message en lui disant que le caca est sale. Le message doit être clair : le pot, c'est bien.

• Être trop exigeant : il aura des accidents, surtout quand il est occupé à jouer avec d'autres enfants.

• Le comparer à d'autres bébés ni vouloir qu'il suive le même rythme qu'eux.

CHOISIR UN POT

Sa stabilité est le principal critère. Il ne doit basculer ni quand votre bébé s'assied ni quand il se lève. S'il est destiné à un garçon, choisissez un pot avec un pare-jet.

Beaucoup de petits enfants adoptent rapidement les toilettes des adultes quand ils contrôlent leurs besoins. Certains aiment un marchepied (antiglisse) pour se hisser sur le bord du siège ; d'autres préfèrent un réducteur de siège qui s'y encastre et, par la même occasion, rend les dimensions de la cuvette moins impressionnantes. Vous trouverez ces derniers dans les grands magasins et enseignes spécialisées.

Siège adaptable à la cuvette

Pot avec pare-jet

À VOS MARQUES

Avant de l'entreprendre, demandez-vous si votre enfant est prêt pour l'apprentissage de la propreté.

• Est-il assez mature ? Sa marche est-elle assurée ?

• Peut-il s'asseoir et se lever lui-même du pot ?

• Sait-il baisser et remonter seul sa culotte ?

• Sait-il demander son pot ?

Repérez-vous les signes ?

• Sa couche reste-t-elle parfois sèche pendant plusieurs heures ?

• Est-ce clair qu'il sait quand il urine ?

Est-ce le bon moment pour vous deux ?

• Pas de problèmes, de maladie ?

• Êtes-vous en état de prendre un accident à la légère, de rire de la petite flaque, d'un surplus de lessive ? Bref, êtes-vous assez détendue ?

Votre famille est-elle assez détendue ?

• Pas de problèmes tels qu'un autre bébé, une fête, des invités, un déménagement, un problème professionnel ?

• Pas de rupture, de changements, de séparation, de perte d'emploi, de maladie ?

• Pas de problème, si minime soit-il, qui puisse troubler votre relation avec votre enfant ?

PRÊT

Prêchez par l'exemple

• Emmenez-le avec vous quand vous allez aux toilettes.

Dites-lui qu'il peut faire comme vous

• Attirez son attention sur les signes indiquant qu'il va faire ses besoins.

Pauses fesses nues

• Quand il fait chaud, laissez-le courir fesses nues dans le jardin : il verra mieux son pipi quand il lui coulera sur les jambes !

Trouvez le temps

• Choisissez une semaine où vous pourrez lui consacrer votre attention. S'il est prêt, elle devrait suffire.

Guettez les signaux

• Quand le moment semble venu, mettez-le sur le pot pour quelques minutes. Laissez-le se lever, qu'il y ait fait quelque chose ou non.

PARTEZ

Choisissez le moment

• Le plus propice : après un repas ou un biberon d'eau, avant son bain ou son coucher, ou dès son lever.

Complimentez-le

• Qu'il soit seulement assis sur le pot ou qu'il y ait fait ses besoins.

Montrez-lui

• Faites-lui voir ce qu'il a fait. Laissez-le vous aider à vider le pot. Essuyez son derrière et laissez-le tirer la chaîne. Aidez-le à se laver les mains.

S'il demande le pot

• Complimentez-le, même si la requête n'est pas suivie d'effets !

Attendez patiemment

• Si vous n'obtenez aucun résultat en une semaine, attendez un mois ou plus pour recommencer. Votre bébé n'est peut-être pas encore tout à fait prêt.

Le garçon et le pot
Beaucoup de petits garçons veulent « faire pipi comme papa » mais au début de l'apprentissage, le pot est nettement plus pratique et pour lui et pour vous.

Se partager les tâches

Au cours de leurs premiers mois, les bébés s'attachent particulièrement à un petit nombre de personnes – leurs parents, frères et sœurs, grands-parents et amis. Tous peuvent participer aux soins.

Maman et papa ne sont pas les seuls à pouvoir s'occuper de leur bébé. Au cours de ses premiers mois, il ne se rappelle pas les absents qui ne lui manquent donc pas. Pas plus qu'il ne comprend, avant environ 5 mois, qu'il n'a qu'un papa et qu'une maman – les tout-petits nous prennent peut-être pour des nouveaux venus chaque fois qu'ils nous voient. Difficile donc d'affirmer que telle ou telle personne est indispensable au bonheur et à l'équilibre d'un bébé. La sécurité est ce dont il a le plus besoin. Il ne l'éprouvera pas avec un défilé sans fin de nouveaux visages, mais avec un nombre limité de personnes qui lui apportent leurs soins et leur amour.

Amis plus âgés
Si vos parents ou amis ont des enfants à peu près du même âge que le vôtre, assurez-vous qu'il passe du temps avec eux – vous y gagnerez tous les deux.

SE FAIRE AIDER

Dès le début, habituez votre bébé à ne pas être uniquement avec vous, surtout si vous devez travailler avant qu'il fréquente la garderie.

• Faites confiance à votre partenaire dès les premiers jours.

• Autorisez grand-mère à lui donner son bain, à le coucher en chantant une berceuse. Laissez-la faire – elle a plus d'expérience que vous !

• D'autres personnes peuvent le baigner, jouer avec lui, le sortir dans le landau. Profitez-en pour mener votre vie.

CE QUE PAPA PEUT FAIRE

En dehors de le nourrir au sein, les papas peuvent assumer tous les soins. S'ils sont moins compétents que les mamans, c'est en général parce qu'on s'attend à ce qu'il en soit ainsi. Longtemps sans possibilité de congé parental, ils avaient peu de chance de faire leurs classes. L'expérience ne vient « naturellement » ni au père ni à la mère. L'amour et la sensibilité aidant, tous deux peuvent l'acquérir de concert.

LE RÔLE DES GRANDS-PARENTS

La stabilité émotionnelle d'un bébé se développe à travers son attachement aux proches : papa, maman et leur parentèle. En général, les grands-

Pour en savoir plus

Établir un emploi du temps	40-41
Faire garder votre bébé	54-55
Un partage égal	138-139
Un travail d'équipe	140-141

FAITES UNE PAUSE

Si votre rôle de parents vous épuise, vous accapare, vous prive de temps ensemble, de rapports sexuels, le moment est venu de faire une pause.

• Ne confiez votre bébé qu'à une personne de confiance qu'il connaît, ou vous ne pourrez pas vous détendre.

• Si vous l'allaitez, habituez-le au biberon avant vos vacances. Emportez un tire-lait pour entretenir votre lactation.

• Les tout-petits sont plus heureux dans leur cadre familial. Pour un jeune enfant, l'idéal est un séjour chez les grands-parents, surtout s'ils vivent dans un endroit où l'attendent d'intéressantes activités.

• Ne partez pas trop loin : vous serez plus détendue si vous pouvez rentrer rapidement en cas d'urgence.

• Pas de voyage organisé, surtout pour votre première escapade : vous la gâcherez si vous ne pouvez pas rentrer quand vous le souhaitez.

Grands-parents en visite
Quand ils ne voient pas souvent leurs petits-enfants, ils aiment souvent compenser pas un surcroît de cadeaux ou en se montrant plus indulgents que les parents.

parents ont une bonne expérience des enfants et constituent un atout incontestable dans une famille. Ils peuvent aider financièrement ou s'occuper des enfants mais, par-dessus tout, ils adorent leurs petits-enfants. S'ils sont éloignés, un désaccord sur la façon de les élever peut provoquer quelques frictions lors de leurs visites. Modérez-vous – tout rentrera dans l'ordre après leur départ.

Les frictions peuvent être aggravées par la proximité. Vous devez pouvoir discuter de la manière dont vous voulez élever vos enfants. Dites bien aux grands-parents à quel point vous appréciez leur aide et l'amour qu'ils leur portent. Et s'ils ont bien élevé vous-même ou votre partenaire, demandez-vous pourquoi leurs principes ne vaudraient pas les vôtres.

GARDE GRATUITE

Souvent, la mère ne peut travailler qu'en faisant garder son enfant gratuitement. Si son salaire est indispensable, la garde bénévole peut se sentir dans l'impossibilité de « démissionner » même quand elle le voudrait. Ne considérez jamais ces arrangements comme acquis. Parlez-en régulièrement. Il y a une grande différence entre garder un bébé ou un jeune enfant très actif.

ARRANGEMENTS ENTRE AMIS

Beaucoup d'amis gardent leurs enfants à tour de rôle. En Grande-Bretagne, par exemple, certains organisent un cercle de parents avec un système de points – une heure de garde, un point. Plus le cercle d'amis est large, plus il permet d'accumuler des points à échanger contre des heures de liberté. Une idée plutôt astucieuse !

LES PROFESSIONNELS

Quand les mamans reprennent leur travail, elles passent le relais aux baby-sitters, nounous ou membres de la famille. Les liens avec d'autres personnes favorisent la socialisation d'un enfant. La garderie jouera le même rôle.

BABY-SITTER

La (le) baby-sitter doit accepter :

• D'arriver à l'heure et de rester jusqu'à votre retour.

• Vos règles en matière de tabagisme.

• De ne pas confier le bébé à quelqu'un d'autre sauf en cas d'urgence.

• De ne pas inviter d'amis sans votre permission.

• De se consacrer aux enfants, s'amuser avec eux, jeter un coup d'œil sur eux et tendre l'oreille quand ils dorment. Ils doivent prendre le pas sur son travail, si elle (il) en apporte.

• De ne pas utiliser votre téléphone pour appeler ses amis au bout du monde ni leur demander de l'appeler.

• De ne pas fouiller vos tiroirs, inspecter la maison ou lire votre courrier.

Faire garder votre bébé

Vous ne pouvez attendre de qui que ce soit les mêmes sentiments que ceux que vous portez à vos enfants ; mais vous pouvez exiger des personnes à qui vous les confiez qu'elles les traitent avec douceur, respect et affection.

Entre « nounou », jeune fille au pair, assistante maternelle, crèches, halte-garderie et baby-sitter, choisir la meilleure solution pour faire garder un jeune enfant peut sembler une véritable science.

CHOISIR UNE NOUNOU

La « nounou » est une employée salariée au domicile des parents. Elle apporte une continuité dans les soins, se consacre à votre bébé et peut vous remplacer généralement à tout moment. Son travail est important et exige des compétences. Son salaire peut donc être élevé et, de plus, vous pouvez répugner à partager votre maison et le contrôle total de vos enfants.

Même si elle est présentée par une agence spécialisée :

Heureux ensemble
Assurez-vous que lorsque la baby-sitter s'occupe de vos enfants, elle est toute à eux. Si elle est distraite et distante, elle ne vous convient pas.

- Interrogez toujours une nounou et vérifiez ses références, en particulier celles de son dernier employeur.
- Choisissez une personne calme et chaleureuse.
- Mettez-vous bien d'accord sur quelques principes de base (nourriture, sommeil, sorties, etc.).
- Mettez au point les conditions du poste : période d'essai, durée du travail, salaire, heures supplémentaires

REPRENDRE LE TRAVAIL

- Il vous faudra du temps pour vous organiser. À moins d'avoir trouvé un mode de garde satisfaisant, ne reprenez pas votre travail avant la fin de votre congé de maternité. Si vous devez travailler, il est pratiquement impossible de le nourrir exclusivement au sein.

- Entre 8 et 10 mois, les bébés commencent à comprendre que nous existons même quand nous sommes loin d'eux. Ils s'accrochent alors souvent à nos basques quand nous devons partir parce que nous allons leur manquer. Ils se calment rapidement, mais laisser un bébé qui hurle n'est pas la façon idéale de commencer la journée.

- Les enfants de 2 ans sont délicieux mais peuvent aussi être exaspérants. Difficile de quitter la maison quand ils sont en pleine crise mais rassurez-vous, elle ne durera pas. S'il ne veut pas être habillé pour aller à la halte-garderie, mettez ses vêtements dans un sac et embarquez-le en pyjama : il comprendra vite que sa crise de nerfs ne sert à rien.

éventuelles, congés payés, licenciement, préavis, etc.

• Établissez un contrat et tenez-vous en à ses termes.

Les auxiliaires de puériculture sont des employées diplômées, agréées par la PMI (Protection maternelle et infantile). Elles peuvent remplir le même type de fonctions au domicile des parents à la journée ou de façon régulière.

Les assistantes maternelles sont en général des mères de famille. Elles bénéficient d'une formation agréée de 60 heures et accueillent chez elles un ou plusieurs enfants.

LES CRÈCHES

Collectives, elles accueillent les enfants jusqu'à 3 ans à la journée, dans des établissements spécialement équipés avec un personnel qualifié. Dans les crèches dites familiales, les enfants sont accueillis au domicile d'assistantes maternelles agréées. Les crèches parentales sont des associations gérées par les parents et obligatoirement agréées par la Direction des affaires sanitaires et sociales. Certaines compagnies proposent à leurs salariés une crèche d'entreprise, qui ne se situe pas toujours sur le lieu même du travail. Elle est intéressante sur le plan financier. Un inconvénient : vous devrez vous déplacer avec votre enfant aux heures de pointe.

Les haltes-garderies accueillent les enfants de moins de 6 ans de façon intermittente et pour de courtes durées.

Les jardins d'enfants reçoivent à la journée les enfants de 3 à 6 ans.

CRITÈRES DE CHOIX

• Êtes-vous bien accueillie ? Les enfants ont-ils l'air heureux ? Une personne de référence s'occupera-t-elle plus particulièrement de votre enfant ?

• La responsable répond-elle à vos questions ? Vous interroge-t-elle sur les habitudes de votre enfant, sur ce qui le calme, sur ses jeux favoris ?

• Chaque enfant bénéficie-t-il d'une attention particulière ?

• Le lieu d'accueil est-il propre, spacieux, bien équipé en matière de jouets, d'activités ?

• Les horaires vous conviennent-ils ? Les premiers jours, pourrez-vous ou non participer à l'adaptation de votre enfant dans ce nouveau milieu ?

• De part et d'autre, quels préavis en cas de changement de dispositions ? Quelles conditions de paiement lorsque votre enfant reste parfois chez vous ?

AU PAIR

Les employées au pair sont des étudiantes étrangères. Elles assurent la garde des enfants et un brin de ménage en échange de leur hébergement et, suivant leurs compétences, d'argent de poche ou d'un petit salaire. Parlant plus ou moins français, elles ne sont pas toujours préparées à assumer la responsabilité totale d'un bébé ou d'un jeune enfant. L'inconvénient est que vous n'avez pas toujours la possibilité de les choisir avant leur arrivée.

PRÉCAUTIONS

• Si vous employez une personne étrangère, vérifiez son titre de séjour et son permis de travail. Dans tous les cas, assurez-vous que la personne est immatriculée à la Sécurité sociale.

• Renseignez-vous sur les réductions d'impôt, déduction de frais ou aides possibles en fonction de vos revenus. Les organismes compétents pour vous informer sont la mairie de votre domicile, la Caisse d'allocations familiales et/ou l'URSSAF.

Pour en savoir plus

Sevrer le bébé au sein	46-47
Se partager les tâches	52-53
Les inquiétudes des parents	142-143
Les 2 ans et plus	182-183

ACCORDS

• Précisez à votre garde le nombre d'heures pour le salaire convenu et payez-la régulièrement.

• Mettez-vous d'accord sur les services attendus.

• Les enfants ont besoin de cohérence. Mettez-vous d'accord sur certains points (horaires, sevrage, apprentissage de la propreté, etc.).

• Une nounou à domicile doit avoir sa propre chambre et accès à la cuisine. Décidez si vous dînerez ou non ensemble, passerez ou non la soirée ensemble et si elle peut recevoir son partenaire pour la nuit.

• Si elle ne vous donne vraiment pas satisfaction, payez son préavis et demandez-lui de partir sans délai.

• Vous devrez être au courant de son emploi du temps pour pouvoir la contacter au besoin et savoir à tout moment où se trouvent vos enfants.

Siestes et petits matins

Les visites matinales d'un petit enfant sont l'une des plus grandes joies des parents – à moins qu'elles n'aient lieu avant l'aube quand ils profitent de leurs précieux derniers instants de sommeil.

Papa, tu es réveillé ?
Dès que l'enfant peut sortir de son lit, il le fait et se dirige vers le vôtre; et avant de pouvoir, il vous appellera sans doute pour que vous vous dirigiez vers le sien.

Vous n'y couperez pas – sitôt réveillé, votre bébé vous le fera savoir haut et fort, et cela n'est pas toujours une joie. Vous ne pouvez le laisser livré à lui-même et si vous mettez une barrière à la porte de sa chambre, il criera sans doute jusqu'à ce que vous veniez le prendre.

LES SIESTES

Un nouveau-né dort après chaque repas. Son sommeil est donc divisé en six à huit périodes. Petit à petit, il en arrivera à trois périodes principales. À partir de 6 ou 7 mois, la plupart des bébés dorment surtout la nuit et font une ou deux siestes dans la journée. Ce schéma peut se maintenir durant la seconde année mais l'une des siestes diurnes finira par disparaître. La recherche sur le sommeil des adultes indique que plus il est morcelé, plus la durée de sommeil cumulée nécessaire diminue. De même, l'enfant qui dort deux fois par jour dormira moins longtemps au total et sa nuit sera plus courte. Prolongez-la en limitant son sommeil diurne ; ou, s'il se réveille tôt et s'endort tard le soir, tirez parti de sa longue sieste de l'après-midi pour faire vous-même un somme récupérateur : une heure dans la journée vaut deux bonnes heures la nuit, sans doute parce que le sommeil de la première heure est le plus profond.

L'ENFANT DE PARENTS QUI TRAVAILLENT

Si vous travaillez toute la journée, vous voudrez passer du temps avec votre enfant le soir et (peut-être) le matin. Mais si vous êtes stressée au travail, vous aurez besoin de moments de détente ou de soirées sans votre enfant. L'emploi du temps d'un petit enfant est rarement flexible, même quand il semble anarchique. Il veut être avec vous – vous l'y avez habitué. Plus vous l'éloignerez, plus il en aura besoin. Le seul moyen est de mettre en place des horaires précis pour le lever et le coucher même si, à l'occasion, il doit aller au lit avant le retour des parents ou se lever après le départ de l'un d'eux. Il est plus facile de s'organiser avec une journée bien structurée. Et de la régularité naît le sentiment de sécurité.

SUPPRIMER LES SIESTES

Pour supprimer une des siestes diurnes de votre bébé, recourez à une activité qui le tienne en éveil. Mettez un disque et dansez avec lui ; installez-le devant le lavabo et laissez-le jouer avec l'eau ou faites une petite promenade. Évitez les activités sédatives jusqu'à l'heure où il se réveillerait après une sieste. Passé ce moment, son horloge interne le gardera probablement éveillé jusqu'au coucher. Mettez-le au lit un peu plus tôt qu'auparavant et levez-le à la même heure – ou vice-versa.

LA CHAMBRE EST POUR DORMIR

Un bébé s'ennuie facilement et quand il s'ennuie, il s'endort. En voiture, ce n'est pas seulement son mouvement qui l'endort ; la vue du dossier du siège avant et l'absence d'activité jouent leur rôle. Vous voulez que votre enfant s'endorme ? Rendez son environnement monotone. Vous voulez le garder éveillé ? Rendez-le aussi stimulant que possible.

Depuis quelques années, nous tendons à décorer la chambre de bébé comme une salle de jeux : tableaux, jouets exposés, mobiles, montagnes de peluches, veilleuse, boîtes à musique, cassettes de contes… Et nous plaçons l'enfant dans ce cadre stimulant non pour jouer mais pour dormir, et nous nous étonnons qu'il ne s'endorme pas ! Le matin, il n'émerge pas dans le calme comme nous le faisons : la vue de tous ces jouets le stimule immédiatement et la première chose qu'il veut voir, c'est vous. Si la pièce était sombre, les jouets dans un placard, les mobiles accrochés ailleurs ; bref, s'il n'avait rien d'autre à faire que dormir, il retomberait souvent dans le sommeil – et vous pourriez en faire autant.

COMMENT PROLONGER SON SOMMEIL

● S'il a besoin de neuf heures de sommeil, organisez sa journée et la vôtre en fonction de cette donnée.

● Pas de veilleuse. S'il a été habitué à l'obscurité, si la maison est calme et qu'il ne voit rien, il se rendormira sans doute,

● Il se rendormira plus facilement dans une chambre dépouillée, alors que la vue de ses jouets stimulera son envie de compagnie. Au milieu d'eux, il ne se détendra pas ou ne jouera pas longtemps seul.

● Remportez-le dans son propre lit chaque fois qu'il vient dans le vôtre. Éteignez la lumière et fermez la porte. Si vous le faites régulièrement, le message finira par passer. Ce moyen ne fonctionne que s'il est habitué à l'obscurité. Sinon, il aura trop peur dans le noir pour se rendormir.

● Prévoyez dans sa chambre ou la vôtre un seul jouet qu'il n'a pas utilisé la veille et qui l'occupera – un jeu d'assemblage (cubes, Lego) par exemple. Il attirera son attention à son réveil. Même si votre enfant vous empêche de dormir, vous pourrez vous détendre agréablement dans votre lit en l'entendant jouer.

● Ayez un grand lit. Si vous ne pouvez échapper aux visites matinales, vous y serez moins bousculés.

Cachez les jouets
Dans un placard dans des casiers empilables, faciles à transporter et à sortir à tour de rôle pour changer les jeux quand l'enfant cesse de s'y intéresser.

RANGEMENT

Pratiques :

● Le coffre à roulettes.

● Les éléments de cuisine bas font un bon plan de travail. Quand votre bébé grandira, vous pourrez les accrocher en hauteur.

● Les placards à étagères réglables, les filets, les casiers en fil plastifié.

● Les boîtes de rangement pour grands tiroirs sous les lits.

Les heures de sommeil

Beaucoup de parents se plaignent d'un manque de sommeil. C'est la répartition de celui de votre bébé qu'il faut examiner si ses nuits vous posent un problème.

Enfin endormi
Quand votre bébé a l'âge de dormir toute la nuit, apprenez-lui à s'endormir par lui-même.

La plupart des bébés ne dorment toute la nuit qu'à partir d'environ 6 mois. Avant cet âge, leurs réveils nocturnes sont parfaitement normaux. Les problèmes qu'ils constituent pour les parents sont de trois types:
● Le bébé ne s'endort pas.
● Il se réveille trop souvent.
● Il se réveille très tôt.
Quel que soit celui de votre bébé, vous souffrez probablement plus que lui de son rythme de sommeil. Il sera peut-être grincheux si sa nuit a été trop courte, mais il se rattrapera sans doute pendant la journée – ce que les parents peuvent rarement faire.

LA CROISSANCE EST DOULOUREUSE

Un enfant grandit surtout la nuit, parfois à un rythme surprenant. Pas étonnant qu'il crie! En période de croissance, il peut être irritable et s'éveiller souvent. Nous pensons alors aux dents – qui poussent en effet dans ces moments-là – mais elles ne sont pas seules en cause. Ses os s'allongent, ses muscles et son cerveau se développent, il est perturbé par ces changements rapides. À la naissance, son cerveau n'est pas « fini ». Le bébé ne peut contrôler son corps, ne comprend pas ce qu'il voit ou entend, a peu d'aptitude à la pensée, à la mémoire et il ne maîtrise pas encore le langage.
À 2 ans, il est mobile, éveillé, capable

d'exprimer ses pensées, ses sentiments, de se rappeler ce qu'il a fait la veille. Il est plus proche de l'adulte qu'il sera que du bébé qu'il était à la naissance. Les crises de croissance, souvent suivies d'un calme relatif, se produisent entre 6 et 12 semaines (c'est souvent alors qu'apparaissent les coliques); vers 7 à 8 mois environ, quand il commence à avoir peur des étrangers et qu'on attribue les cris à la poussée des dents; vers 9 à 10 mois et vers 2 ans.

PRÉPARER LE COUCHER

Les enfants ont besoin de se calmer avant le coucher. Malheureusement, c'est souvent le moment où ils sont le plus agités.

Excitation: S'il est surexcité – c'est fréquent – vous pouvez attendre que survienne la fatigue, ou l'accélérer par un jeu actif – poursuite, cache-cache ou mettez-le dans la poussette et faites un tour en plein air.

Prélude: Rangez les jouets au son d'un disque apaisant et faites-en un élément de la routine du coucher. Votre enfant s'y attendra chaque jour et trouvera cela agréable.

Amorcez la détente: Il est temps de se calmer. Bain chaud, boisson chaude et câlins – dans cet ordre.

Bonne nuit! À tout et à tout le monde. Ne le forcez pas à embrasser un étranger s'il n'en a pas envie.

Au lit!: Couchez-le, couvrez-le bien,

embrassez-le, éteignez la lumière et quittez la chambre.

Conte du soir : Quand il saura éteindre la lampe, il pourra écouter une cassette ou lire un livre avant de s'endormir. C'est une excellente habitude pour un enfant plus âgé.

APPRENEZ-LUI À S'ENDORMIR

Un enfant doit apprendre à s'endormir par lui-même. S'il a besoin que vous l'endormiez, il réclamera toujours votre présence. Ne favorisez pas ce besoin qui l'empêchera d'apprendre à s'endormir seul. Si élaboré que soit votre méthode d'apaisement avant le coucher, ne la prolongez pas dans sa chambre. Un baiser et un Bonne nuit ! affectueux suffisent.

Nous nous éveillons tous la nuit mais nous retombons dans le sommeil. Préoccupés par des soucis, nous ne nous réveillons pas plus souvent mais nous avons plus de mal à nous rendormir. L'enfant qui se réveille et ne sait pas s'endormir seul aura toujours besoin de vous pour y parvenir.

QUE FAIRE S'IL PROTESTE ?

Si vous avez instauré un rituel, il ne protestera pas ; mais s'il sait que vous vous précipitez dès qu'il hurle, pourquoi ne le ferait-il pas ? S'il crie alors qu'il s'endort d'ordinaire sans problème, accordez-lui votre attention. Mais s'il crie tous les soirs, ignorez-le. Vérifiez une fois que tout va bien et sortez.

S'il persiste, choisissez entre fermeté ou faiblesse. Si vous restez ferme, il cessera de crier – à regret – en quelques jours et s'adaptera au nouveau régime. En attendant, bouchez-vous les oreilles, fermez les portes et ne cédez pas. Sachez dire : Non, non et non !

RÊVE-T-IL ?

Au premier stade du sommeil, notre esprit s'apaise et notre corps se détend. Au bout d'une heure, il est inerte alors que le cerveau s'active comme en témoignent les mouvements des globes oculaires : nous rêvons. En 15 minutes environ, notre cerveau retrouve le calme. Ce cycle se répète environ six fois en une nuit, le rêve occupant environ 10 % du temps. Plus les enfants sont jeunes, plus ils rêvent et plus encore les prématurés. Quels sont leurs rêves ? Nous l'ignorons. Peut-être des sons ou de simples flashes. En dehors des périodes de rêve, les adultes font parfois des cauchemars – qui sont plus fréquents chez les préscolaires. Après un cauchemar, ils se réveillent effrayés et en larmes.

Pour en savoir plus

Votre bébé dort mal	36-37
Siestes et petits matins	56-57
Problèmes types du bébé	178-179
Entre 1 et 2 ans	180-181

Conte du soir
Lisez une histoire ou chantez une comptine – mais en dehors de la chambre. Ainsi il ne s'attendra pas à ce que vous restiez avec lui près de son lit.

Premiers jouets et jeux

Les enfants d'aujourd'hui se voient offrir des monceaux de jouets dès la naissance. Lesquels sont favorables à leur développement pendant les premiers mois et, idéalement, en quelle quantité ?

Il faut trouver le juste milieu entre l'absence et l'excès de stimulation. Tous deux nuisent au développement du bébé. L'idéal se situe à mi-chemin, quand les parents créent un environnement qui suscite l'intérêt de l'enfant et développe sa créativité.

TROP OU TROP PEU ?

Abandonné sans stimulation, un bébé s'endort. Si vous l'ignorez quand il se réveille et crie, il continuera à crier puis se rendormira. Petit à petit, il s'attendra à cet abandon, demandera de moins en moins d'attention et, évidemment, n'en obtiendra aucune. Au contraire, s'il est habitué à un excès d'attention et doit soudain faire face à l'abandon, il réagira violemment, puis se repliera dans la dépression et cessera de s'intéresser au monde extérieur.

À l'autre extrémité, le bébé est surexcité s'il est confronté à un excès de jouets. Il en voit un, mais avant de l'avoir examiné, un autre attire son regard. Il saute de l'un à l'autre sans jamais aller plus loin que son apparence. Il est excité mais insatisfait, stimulé sans être encouragé à la créativité.

Le juste milieu entre ces deux extrêmes offre à l'enfant des possibilités égales : s'appliquer ou se reposer, penser ou jouer, écouter ou parler, marcher ou courir, se détendre calmement ou être excité de plaisir.

LE CALME POUR DORMIR

Il existe une telle variété de jouets pour le berceau qu'il peut sembler bizarre de se demander s'ils sont ou non nécessaires. Si les bébés passaient la majeure partie de leur temps dans leur lit, ils le seraient en effet. Mais dès qu'ils se réveillent, nous nous précipitons pour les transférer ailleurs – tapis de jeux, parc, siège à bascule ou autre.

Alors, à quoi bon ? Quand nous voulons que notre enfant dorme, un mobile qui s'agite au-dessus de son berceau est-il une bonne idée ? S'il s'y habitue, il faudra le mettre en branle chaque fois qu'il se réveille la nuit. Achetez un mobile, mais accrochez-le ailleurs – pas là où il doit s'endormir.

UNE ANNÉE EN DEUX PARTIES

Au fil des six premiers mois, votre bébé regarde, essaie d'atteindre, de toucher, de manipuler. Dès qu'il peut tenir un objet, il l'agite, s'il peut le porter à sa bouche, il le mâchouille. Il l'utilise de façons multiples.

Dans les six mois suivants, il commence à traiter chaque objet de façon particulière : Je connais celui-ci, je sais ce qu'il fait. Cette acquisition est comparable à celle du langage. En fait, il utilise les gestes comme des mots.

LES DIX MEILLEURS JOUETS

De 0 à 6 mois

Mobiles
La plupart des mobiles s'accrochent au lit, quelques-uns aux côtés de la chaise. Un petit bébé ne voit qu'à 30 à 35 cm, il voit mieux les objets en mouvement, les plus foncés mieux que les plus clairs lorsqu'ils se détachent sur un fond blanc.

Boîtes à musique
Les bébés aiment les notes aiguës des boîtes à musique. Méfiez-vous de celles qui se déclenchent au moindre son.

Hochets
Les premiers doivent être légers et bien équilibrés, comme ceux en forme d'haltère.

Hochet-bracelet
Il ne peut lui échapper et lui laisse la main libre.

Miroir
Là où il peut se voir ainsi que le reflet de tout ce qui l'entoure.

Arche
Donne au bébé quelque chose à observer et, plus tard, à essayer de saisir.

Jouets à atteindre
Un ourson, un pompon, petits objets au bout d'un fil.

Jouets à saisir
Hochets, anneaux, mini-peluches sur le tapis de jeux.

Jouets à tenir et mordiller
De différentes textures, avec creux et bosses à explorer avec la langue et les lèvres.

Doudous à palper
Un tissu ou un jouet au toucher douillet.

De 7 à 12 mois

Diable à ressort
Un jouet « surprise » : quelque chose se cache et réapparaît.

Corbeille d'activité
Pleine de choses à explorer pour développer l'habilité manuelle : appuyer, tourner, tordre, etc.

Jouet moelleux
À serrer, lancer et, plus tard peut-être, à mettre en pièces…

Boîte
Pour cacher et trouver, apprendre à mettre à l'intérieur.

Cubes souples
Souples et assez grands, plus faciles à prendre pour deux petites mains malhabiles.

Voiture
Pour faire vroum vroum…

Livres
Pour regarder, entendre des mots nouveaux, montrer du doigt ce qu'il voit ou entend, imiter ce que font les personnages.

Tasses et casseroles
Pour jouer à remplir et vider dans la baignoire.

Ballon
À pousser et faire rouler.

Tapis d'éveil
Et des jouets de différentes textures à manipuler, tâter, pincer, saisir et tirailler.

De 1 à 2 ans

Jouet-aspirateur
Ou un balai pour les traîner dans la maison et vous imiter quand vous faites le ménage.

Dînette
Avec tous les ustensiles, en plastique, pour imiter la cuisine et les repas.

Tricycle
Ou un cheval à roulettes à pousser ou tirer pour améliorer la mobilité.

Simple puzzle
Pour l'encourager à faire pivoter sa main et insérer des formes.

Jeu de construction élémentaire
Pour le premier, des blocs simples dont l'assemblage n'exige pas une grande précision.

Crayons
En cire ou un pochoir et des couleurs lavables et beaucoup de papier pour les jeunes artistes.

Camion
Ou un autre véhicule dans lequel il peut installer des figurines.

Jouets empilables
Blocs ou anneaux à empiler.

Blocs à emboîter
Dans un socle pour apprendre à reconnaître les formes.

Livres
Avec des images d'objets familiers que l'enfant peut essayer de nommer.

Croissance et développement

À la naissance, les os tendres du bébé et ses muscles sans tonus rendent le mouvement difficile et son contrôle impossible. Il ne peut se souvenir d'événements antérieurs, penser ou raisonner. La plupart des bébés évoluent de la même manière, mais ils franchissent les étapes à leur propre rythme. Tous, cependant, acquièrent le contrôle de leurs bras avant celui des jambes et communiquent par l'action avant de parler. C'est l'observation de leur progression vers la marche, la parole et la compréhension qui rend le rôle de parents si passionnant.

LA TAILLE

La taille et le poids moyens d'un nouveau-né sont d'environ 52 cm et 3 à 4 kg. Ses membres sont courts et grêles et sa tête, relativement grosse, représente un quart de sa taille. Il est encore incurvé dans la position fœtale et la conservera quelques semaines.

Il est petit, mais c'est le mien
Vous serez peut-être surprise en le voyant – voilà ce que j'ai porté pendant neuf mois ? Il est si petit et pourtant étrangement adulte. Il vous deviendra vite précieux.

Votre nouveau-né

C'est un petit miracle – il est tellement minuscule. On en est sidéré. Le ventre de la maman semblait promettre quelque chose de plus impressionnant. Au fil de ses premières semaines, il va continuer à grandir presque au même rythme que dans la matrice.

En règle générale, le rythme de croissance du nouveau-né se multiplie par deux au fil du temps. Il pousse autant pendant son premier mois qu'il le fera au cours des deux suivants, autant au cours des trois premiers que des six suivants ; autant en un an que dans les deux qui suivent, etc. C'est-à-dire que le nouveau-né est remarquablement petit par rapport à la taille d'un adulte.

PREMIÈRES IMPRESSIONS

Les bébés commencent souvent à respirer avant d'être complètement expulsés, la plupart respirant dans les 2 à 3 minutes. Le nouveau-né doit parfois être stimulé par une claque et son premier cri peut n'être qu'une sorte de crachotement. Son pharynx doit parfois être dégagé. Son état est évalué de 0 à 10 sur l'échelle d'Apgar – coloration, respiration, tonicité, battements cardiaques et cri. Chaque critère est noté de 0 à 2. Un total inférieur à 6 implique la nécessité de soins intensifs en néo-natologie, inférieur à 4, d'une réanimation cardio-respiratoire. Cinq minutes après la naissance, un total égal ou supérieur à 7 est satisfaisant ; s'il est inférieur à 7, des problèmes peuvent ou non survenir ultérieurement.

PREMIERS REGARDS

La plupart des nouveau-nés ont les yeux grands ouverts et gonflés, le visage rougeaud et l'air sérieux. On dit que la beauté est dans les yeux de celui qui regarde. Tant mieux, car il est rare qu'un nouveau-né soit vraiment joli. Sa tête est plutôt grosse, déformée, allongée ou asymétrique, en particulier quand elle se présente par la face, son nez aplati, son menton inexistant. Les yeux peuvent être injectés de sang. Le corps est petit, la peau est pâle, même chez les enfants noirs, les veines visibles.

L'accouchement au forceps peut laisser quelques marques. Le torse est parfois couvert d'un fin duvet et, ici et là, d'une sorte de cire. Ces petites imperfections disparaissent vite, de même que les « seins » gonflés (chez les filles et les garçons) et les pertes muqueuses (parfois mêlée d'un peu de sang) chez les filles.

LE PLUS BEAU BÉBÉ DU MONDE

Bien sûr, votre bébé est le plus beau du monde. Vous tendez la main vers lui, vous le caressez en souriant, en murmurant des mots tendres. Entre-temps, vous portez votre regard émerveillé sur votre partenaire ou vos visiteurs. Comme dans toutes les grandes occasions, les mots manquent pour exprimer vos sentiments les plus profonds. Si on ne vous a pas administré trop de médicaments pendant votre accouchement, vous pouvez donner le sein à votre bébé. S'il est éveillé, il est possible qu'il commence immédiatement à téter. Au début, sa respiration est si légère qu'elle semble inexistante. Il peut être si pâle et silencieux en dormant que vous craindrez pour sa vie et vérifierez souvent qu'il respire! Circulation et respiration évoluent vite. Il faudra encore plus de temps avant qu'il contrôle tout seul sa température et que vous dormiez dans la certitude que ce pâle bébé est en bonne santé.

COMMENT ÉVOLUENT-ILS ?

La peau
La peau des bébés fonce peu à peu. Les métis sont beaucoup plus pâles à la naissance qu'ils ne le seront un an plus tard.

Les yeux
Les bébés blancs ont souvent des yeux bleus dont la couleur fonce et change ensuite. Les bébés à peau plus foncée naissent avec des yeux marron.

Les cheveux
La texture et la couleur des premiers cheveux changent souvent par la suite. Ils tombent au cours des premiers mois. Il faut parfois deux ans pour qu'ils repoussent, plus épais, sans qu'il existe un lien entre le temps nécessaire et leur épaisseur.

Le nez
Souvent proéminent à la naissance, il donne au bébé un air bizarrement adulte. Il se modèle au fur et à mesure que la succion développe les muscles des joues et le visage prend alors son aspect typiquement « bébé ».

Mon précieux bébé
La naissance d'un bébé est un événement tellement crucial qu'elle vous laissera peut-être sans voix. Vous découvrirez sans tarder son contact, son odeur, et vous en tomberez immanquablement amoureuse.

Les premiers réflexes

Vous avez mis au monde votre petite merveille et la voilà, tout emmitouflée. Vous pensez peut-être qu'à ce stade votre bébé ne peut que dormir et manger. En réalité, de nombreux réflexes sont déjà programmés dans son petit corps.

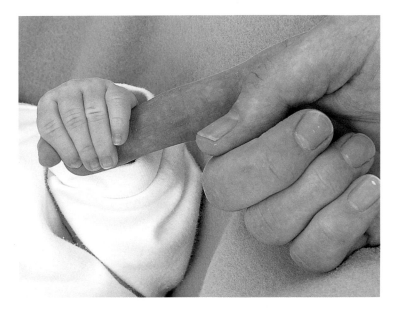

Tiens ma main
Le réflexe de préhension est l'un des premiers que vous remarquerez – avec quel bonheur ! Votre bébé semblera serrer votre doigt avec tant d'amour et une telle force qu'on pourrait l'accrocher à la corde à linge !

Une bonne partie de ce que peut faire un bébé tient à des réflexes – les mêmes chez tous les bébés du monde. Les nouveau-nés n'ont pas le choix : à tel stimulus, ils réagissent d'une façon innée. Et cette réaction est identique chez tous les bébés. Certains réflexes se maintiennent toute la vie, d'autres disparaissent au fil de la croissance.

LES RÉFLEXES DU NOUVEAU-NÉ
Les suivants existent chez presque tous les nouveau-nés. Ils seront testés à la maternité, mais vous en remarquerez certains vous-même.
Le clignement : Un rai de lumière ou un souffle sur son visage et il cligne des yeux.

La rotation : Touchez son visage, il se tourne vers votre main, ouvre la bouche et essaie de téter.
La succion : Dès qu'il a quelque chose dans la bouche, il abaisse la langue et commence à téter.
La déglutition : Au réflexe de succion succède celui de la déglutition. Le bébé doit apprendre à le coordonner avec sa respiration. Avant de le maîtriser, il lui arrivera de crachoter et de toussoter. Ce problème de coordination survient parce que, respirant quand il a besoin d'oxygène, il doit apprendre à respirer avant de déglutir et expirer lentement ensuite.

Signe de Babinski : Une caresse le long de la plante du pied lui fait étendre le gros orteil et écarter les autres.
Réflexe de Babkin : Une pression sur les deux paumes du bébé (sur le dos) lui fait fermer les yeux et ramener la tête au centre.
Réflexe de préhension : Il serre automatiquement les doigts sur tout ce qui touche sa paume. C'est un des réflexes vérifiés par le médecin : il tend deux doigts au bébé et le soulève. Si on lui touche la plante du pied, ses orteils s'écartent d'abord mais si l'on maintient la pression, ils se replient sur le doigt. Le réflexe des orteils disparaît vers 3 mois, celui des doigts vers 7 mois.
Réflexe de marche automatique : Tenez-le debout en laissant ses pieds

Pour en savoir plus

Lorsque l'enfant paraît	12-13
Votre nouveau-né	64-65
Est-ce que tout va bien ?	68-69
C'est dans ses gènes !	114-115

Comme un canard
Si incroyable que cela paraisse, votre petit bébé nage peut-être mieux que vous. Le réflexe du nageur lui permet de retenir un instant sa respiration et de nager quand il est sous l'eau.

toucher le sol et il « marche ». Il peut cesser (beaucoup de bébés continuent) quand ses jambes deviennent potelées. Ces mouvements entretiennent la souplesse des articulations, comme les coups de pied qui relèvent du même réflexe.

Réflexe du ramper : Placez votre bébé sur l'estomac et il recroqueville ses jambes sous lui comme pour ramper.

Réflexe de Moro : Surpris, il écarte bras, jambes et doigts et cambre son dos. Puis il s'incurve, serre doigts et orteils, replie les bras sur sa poitrine, remonte les genoux dans la position protectrice du fœtus et crie.

Réflexe du nageur : Si son visage est soudain éclaboussé d'eau, son rythme cardiaque ralentit et le sang fuit la surface de la peau. Sous l'eau, il cesse de respirer.

Réflexe rotulien : Il nous est familier parce qu'il persiste chez les adultes : un choc sur le tendon, sous le genou, provoque la projection de la jambe.

Réflexe de colère : Si vous serrez un peu les mains de part et d'autre de sa tête et si vous bloquez à la fois son mouvement et sa bouche, il crie et se débat.

AUTRES CHOSES QU'IL PEUT OU NON ÊTRE CAPABLE DE FAIRE...

• Se tourner vaguement en direction de votre voix, surtout si elle parvient à son oreille gauche, et même tendre un bras.

• Bouger au rythme de vos paroles, mais si peu que vous ne le verrez que sur une cassette vidéo.

... ET QU'IL FERA PEUT-ÊTRE DANS DEUX OU TROIS SEMAINES

• Copier vos mimiques. Par exemple, tirer la langue si vous le faites. Placez-vous face à lui, à quelque 25 cm, pour déclencher cette réaction.

• Remuer les lèvres comme s'il répondait quand vous lui parlez. Là aussi, placez-vous tout près de lui.

• Reconnaître votre odeur.

TRACAS

• Doigts ou orteils en surnombre, parfois simples pans de peau, sont facilement excisés.

• Torsions mineures des membres se corrigent quand l'enfant devient actif.

• Hanche subluxée. À surveiller par le pédiatre et un orthopédiste. Un plâtre peut aider.

• Hernie ombilicale. Poche intestinale visible sous la paroi ventrale. La chirurgie est parfois nécessaire.

• Hernie du scrotum. Bloque l'accès du sang. Exige une intervention.

Bébé en couveuse
Même placé dans un incubateur, votre bébé sera certainement tout à fait normal.

Est-ce que tout va bien?

Si votre bébé semble avoir un problème, les médecins effectueront les examens appropriés. Mais vous avez passé plus de temps que quiconque à le regarder et vous serez la première à remarquer les changements qui risquent de vous préoccuper.

Si sa naissance a été difficile ou s'il naît avec un problème grave, votre bébé sera placé dans une couveuse et, s'il est prématuré, dans une unité néonatale. Dans les deux cas, évitez de vous angoisser : la plupart des bébés sont viables et résistants. Cela dit, s'inquiéter est une chose toute naturelle. Vous examinez votre bébé et, immanquablement, vous remarquez un détail qui ne vous semble pas normal. Il l'est pourtant. Votre bébé vient d'être poussé à grand peine à travers un très étroit canal : pas étonnant qu'il en garde les traces. Mais elles auront disparu dans quelques jours.

LA TÊTE ET LE VISAGE

La forme : La tête a été comprimée par le travail et l'expulsion. Ses os n'étant pas encore soudés, le crâne peut prendre une forme surprenante, surtout en cas de présentation par la face. Ne vous tourmentez pas : les os sont comprimés pour faciliter le passage à travers le bassin sans infliger de dommage au cerveau, protégé par le mouvement. Le crâne se remodèlera en une semaine environ. Et votre bébé aura l'air tout à fait normal.

Un travail difficile peut laisser quelques plaies qui ne doivent pas non plus vous alarmer. L'œdème à l'arrière du crâne, dû au franchissement du col de l'utérus, disparaît en quelques jours, de même que les marques laissées par le forceps.

Les yeux : La plupart des nouveau-nés ont les yeux gonflés, parfois injectés de sang, parfois un léger strabisme qui doit être examiné s'il persiste plus de dix semaines. Les yeux qui pleurent sont dus à un blocage des canaux lacrymaux. Tout épanchement doit être porté à l'attention du médecin.

La bouche : Sur la langue, les points qui s'essuient facilement ne sont que du lait caillé ; sinon, il peut s'agir du muguet. La langue, petite, s'étire peu, comme retenue par une membrane (c'est rarement le cas). En cas de doute, consultez votre pédiatre.

Les oreilles : Souvent déformées par l'accouchement, en général elles reprennent vite une forme normale.

La fontanelle : Cette membrane qui palpite au sommet du crâne est la sur-

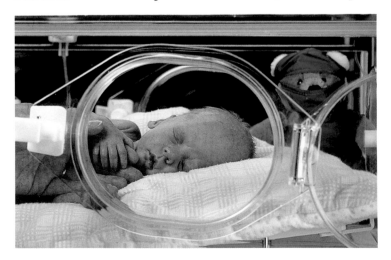

face du cerveau. Ne craignez pas de la toucher. Si elle semble trop tendue ou commence à faire saillie (en cas d'infection ou de dommages cérébraux), ou au contraire semble déprimée (par un rétrécissement du cerveau dû à une déshydratation), emmenez votre bébé à l'hôpital sans délai.

LA PEAU

Cireuse : Dans la matrice, elle est enduite d'une sorte de cire jaunâtre. À la naissance, surtout chez les prématurés, il en reste des traces qui protègent le bébé contre les infections. Laissez-les disparaître d'elles-mêmes.

Squameuse : Fréquente sur les mains et les pieds quand le bébé s'est fait attendre, elle prendra vite un aspect normal.

Jaunâtre : Due à l'ictère du nouveau-né. Dit « simple », il régresse rapidement. Si le bébé semble atone, anémique, avec des selles décolorées, les causes peuvent être plus sérieuses. Consultez le pédiatre sans tarder.

Très pâle : Visage pâle, corps rouge et membres bleus sont courants car le système de contrôle de la température et de la circulation est immature.

Poilue : Un fin duvet ou « lanugo » couvre le corps du bébé dans la matrice. Présent à la naissance, surtout sur les épaules et les oreilles, il disparaîtra, de même que la peau fripée.

Granuleuse : Les macules de « l'érythème neonatorum » sont bénignes et disparaissent spontanément en 2 ou 3 jours ; les « grains de milium » causés par le blocage des glandes sudoripares en quelques semaines. L'acné du nouveau-né, due à la transmission par le placenta des hormones maternelles, disparaît avec leur élimination du sang du bébé.

MARQUES DE NAISSANCE

À peu près la moitié des bébés ont des marques de naissance. Dues surtout à des malformations de vaisseaux sanguins, elles sont de trois types. Les deux plus fréquents s'effacent en général avant l'âge scolaire, le troisième type est permanent.

Aigrette : Chez environ 50 % des bébés, petits points roses au front et à la nuque, plus foncés quand ils crient. Ils s'estompent au fil des premières années.

Taches de fraise : D'un rouge brillant, ne surviennent parfois que quelques semaines plus tard. Elles sont plus visibles et gênantes parce qu'elles tendent à s'élargir au cours des premiers mois, avant de s'éclaircir jusqu'au rose et de disparaître, le plus souvent avant six ans, en laissant parfois une marque ridée. Elles peuvent être supprimées par la chirurgie.

Taches de vin : Dues à une malformation d'un vaisseau sanguin. Les capillaires adjacents dilatés donnent une teinte vineuse à la région. Certaines peuvent être traitées par laser ou chirurgie plastique, et beaucoup peuvent être dissimulées par les cosmétiques. Elles peuvent, très rarement, être associées à d'autres malformations vasculaires dans le cerveau.

Nævi bleus : Larges nappes bleutées évoquant un hématome sur le dos et les fesses, surtout chez les bébés asiatiques et afro-caribéens. S'effacent spontanément en quelques mois ou années.

Grains de beauté : Ou nævi, petites taches brunes parfois présentes à la naissance. Rarement malignes, elles apparaissent surtout au cours de la deuxième année. Tout nævus qui change de couleur ou de taille, qui saigne ou démange doit être signalé à un médecin.

Pour en savoir plus

Lorsque l'enfant paraît 12-13
Votre nouveau-né 64-65
Les premiers réflexes 66-67
C'est dans ses gènes ! 114-115

AUTRES TRACAS

• **Testicules non descendus.** L'un (ou les deux) n'est pas sorti du scrotum. Plus fréquent chez les prématurés. En l'absence d'intervention, peut induire la stérilité et augmenter le risque d'évolution maligne.

Les problèmes suivants peuvent être dus aux hormones maternelles transmises par le placenta. Ils disparaissent quand elles sont éliminées du sang du bébé :

• **Organes génitaux hypertrophiés.** Les femmes sécrètent des hormones sexuelles féminines et mâles, un surdéveloppement peut donc se produire chez les garçons et les filles.

• **Écoulement vaginal de sang.** Il ressemble (il est en fait) à de légères règles.

• **Seins gonflés.** Chez les filles et les garçons. Certains bébés, filles et garçons, ont du lait à la naissance.

Croissance : la prise de poids

Votre bébé sera plus ou moins grand pour diverses raisons. Les comprendre vous permettra de surveiller sa croissance en vue d'une bonne santé à long terme.

La plupart des bébés pèsent entre 2,5 et 4 kg à la naissance. Leur rapide croissance fait évoluer leur poids à un rythme soutenu. Votre bébé le doublera en l'espace de 4 à 5 mois et l'aura triplé lors de son premier anniversaire.

COURBES DE CROISSANCE DU POIDS

Les grilles ci-après illustrent la prise de poids moyenne des filles et garçons pendant leur première année. Vous pouvez situer celle de votre bébé en repérant son âge (en bas) et son poids (à gauche) En le faisant chaque mois, vous obtiendrez sa courbe de croissance. Si elle se situe en dessous de la courbe des 10 % (à droite), elle indique que 90 % des bébés du même âge sont plus lourds. Pour 82 % des bébés, elle se situe entre 9 et 91 %. Les bébés poussent par à-coups : il est donc improbable qu'elle soit aussi régulière que les exemples imprimés.

LES GROS BÉBÉS DEVIENNENT-ILS DE GROS ENFANTS ?

Environ un gros bébé sur cinq devient un adulte obèse. La croyance répandue était que les cellules adipeuses se forment principalement dans l'enfance ; que les cellules en excès persistent à l'âge adulte, s'emplissent facilement de graisse et entraînent l'obésité et que ce risque est minimisé si le bébé ne développe pas de cellules adipeuses excédentaires.

C'est une idée plutôt pratique. Mais la recherche récente suggère que des cellules adipeuses peuvent se former à tout âge et peuvent aussi réapparaître après liposuccion. C'est leur localisation qui change avec l'âge.

La proportion et la localisation de la

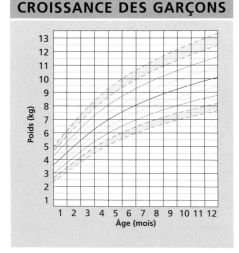

CROISSANCE DES GARÇONS

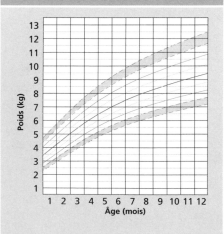

CROISSANCE DES FILLES

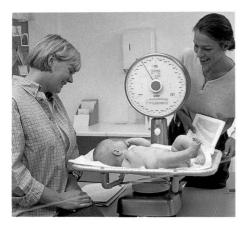

Jambes et poignets potelés
Votre bébé pousse très vite – jusqu'à 12 mm en 24 heures ! Surveillez sa croissance. Les balances électroniques donnent les indications les plus précises.

graisse correspond à une tendance familiale. L'obésité comporte un puissant facteur génétique. L'enfant de deux parents obèses risque à 80 % de le devenir après avoir été un bébé rondelet. Le risque est divisé par deux pour l'enfant d'un seul parent obèse. Il est possible, sinon facile, de contrarier cette tendance familiale et important d'essayer : plus un enfant reste longtemps trop gras, plus il risque de devenir un adulte obèse.

SURVEILLER UN ENFANT TROP GROS

Les gros enfants sont exposés aux moqueries, les derniers invités à partager les jeux et ils ont souvent moins d'amis. Ils en souffrent et se réconfortent en général en mangeant. Jouant moins, ils sont de plus en plus inactifs. S'installe un cercle vicieux d'excès de nourriture et d'inactivité qui accroît leur poids et leur impopularité.

Pour sortir de ce cercle, l'enfant a besoin de savoir qu'il est aimé pour lui-même, d'acquérir une estime de lui-même, de prendre conscience de ses atouts et aptitudes et, par-dessus tout, de sa propre valeur. Ce qui est difficile à accomplir si on lui rappelle sans cesse qu'il est gros – c'est-à-dire, laid. Être mis au régime, privé de glace ou de desserts signifie pour lui : On m'aimerait davantage si j'étais mince. Cela risque aussi d'induire une obsession des interdits qui pousse à engloutir en hâte, en excès et en cachette.

Un enfant obèse a besoin d'une alimentation équilibrée, de sport, d'activité, de ne manger ni trop ni entre les repas. La tâche est ardue, ne la compliquez pas. Ne l'appelez jamais « Bouboule », même pour plaisanter. Cela pourrait lui faire trop mal et avoir de graves conséquences dans l'avenir.

Jeux actifs
Le partage de jeux actifs a une excellente influence sur les plans physique et social. La natation est le meilleur exercice pour ceux qui ont du poids à perdre.

BÉBÉS MENUS

• Le premier bébé a tendance à être le plus petit. il a à peu près le poids qu'avait sa mère à sa naissance. Si son père est grand, il poussera plus vite.

• Une fille a tendance à être plus petite qu'un garçon.

• Les jumeaux tendent à être plus petits que les bébés uniques ; l'un peut être beaucoup plus petit que l'autre.

• Une femme petite tend à avoir des bébés petits, une plus forte des bébés plus gros.

• La mère était mal nourrie, fumait, buvait ou se droguait pendant sa grossesse.

• La pauvreté affecte la taille de l'enfant.

• Les ancêtres sont originaires de climats humides et chauds (Inde, Asie du Sud-Est).

• La mère a été victime d'hypertension artérielle. (Atteinte d'un diabète non traité, elle aura un gros bébé.)

Croissance : la taille

Un bébé n'est pas une version miniature d'un adulte : sa morphologie est très différente. Au fil de sa croissance, les diverses parties de son corps grandissent à des rythmes spécifiques, modifiant peu à peu ses proportions jusqu'à l'âge adulte.

À la naissance, sa tête représente un quart de sa longueur et son front occupe une plus grande partie de son visage que par la suite. Peu à peu son corps et ses membres grandiront plus vite que sa tête, à l'inverse de la première phase de croissance. Le cerveau du nouveau-né a un tiers de sa taille adulte, qu'il aura presque atteinte à deux ans. Sa tête doit donc beaucoup grandir au cours des deux premières années.

CROISSANCE ET CHANGEMENT

Votre nouveau-né tient tout entier entre votre coude et le bout de vos doigts. En un an, il atteint la hauteur de la table. Ses muscles s'affermissent et perdent leur texture aqueuse. D'abord flexibles, ses os durcissent. Son cœur se renforce, devient plus efficient et sa tension artérielle baisse. Il peut digérer des aliments variés, son système immunitaire s'améliore et il apprend à contrôler sa respiration à la manière des adultes.

COURBES DE CROISSANCE

Les grilles ci-contre qui illustrent la croissance des enfants jusqu'à 12 mois, permettent de comparer la taille de votre bébé à celle des bébés du même âge.

1 Tracez une verticale à partir de son âge (en bas) et une horizontale à partir de sa taille (à gauche).

2 Marquez leur point d'intersection. Selon qu'il se situe au-dessus ou en dessous de la courbe de 50 % (voir à droite), votre bébé est plus grand ou plus petit que la moyenne. La moitié des enfants dépassent la taille moyenne, la moitié se situent en dessous.

Si la taille de votre enfant se situe à 91 %, seuls 9 % des enfants du même âge sont plus grands ; si elle se situe à 9 %, 91 % des enfants du même âge sont plus grands.

La taille semble influencée par l'hérédité. Surtout s'ils le sont tous les deux, les parents grands tendent à avoir des enfants grands, les parents petits des enfants petits.

Regarde comme je suis grand !
Les enfants – et leurs parents – sont fiers de suivre la progression de leur taille. Pourtant, leur rythme de croissance est beaucoup moins rapide qu'avant leur naissance.

UNE CROISSANCE PHÉNOMÉNALE

Quand l'ovule fertilisé traverse la trompe de Fallope et se loge sur la paroi de l'utérus, il pèse 0,00000057 gramme. Neuf mois plus tard, il atteint de 3 à 4 kg. Si le rythme de croissance des trois premiers mois de la grossesse se maintenait jusqu'à l'âge de 21 ans, cet humain pèserait beaucoup plus que le soleil et toutes les planètes du système solaire réunis.

CROISSANCE DES GARÇONS

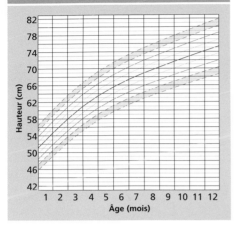

CROISSANCE DES FILLES

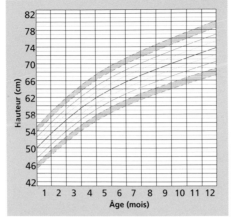

Pour en savoir plus

Croissance : la prise de poids 70-71
Le développement sensoriel 78-79
Le contrôle du corps 82-83
La motricité 92-93

Taille comparée
Ces courbes vous permettent de suivre la croissance de votre bébé et de la comparer à la croissance moyenne à âge égal (explications page précédente).

COMMENT LES BÉBÉS CHANGENT EN GRANDISSANT

Digestion

Bébés maladifs
Souvent malades, ils digèrent rarement tout ce qu'ils mangent (c'est visible dans les selles).

Buveurs de lait
Leur système digestif est immature pendant deux ans. Ce qui indique que jusqu'à cet âge, ils sont censés vivre de lait plutôt que de l'alimentation diversifiée qu'on leur donne aujourd'hui.

Bactéries amicales
Elles favorisent la digestion en s'installant dans les intestins du bébé dès les premières semaines. Votre bébé les « attrape » au contact de votre peau, qui est donc très important pour lui.

Maman, j'ai chaud !
Les bébés plus âgés transpirent – c'est le mécanisme le plus simple par lequel le corps se rafraîchit.

Température

Transpiration
Elle abaisse la température de la peau. Quand il fait chaud, le sang afflue dans les capillaires proches de la peau (ce qui nous fait rougir). En s'évaporant, la transpiration rafraîchit le sang. Le froid provoque le phénomène inverse.

Niveaux d'activité
Nous frissonnons et nous activons parce que l'activité musculaire nous réchauffe. La chaleur se dissipant en proportion de la surface exposée, nous la réduisons en nous recroquevillant quand il fait froid et nous l'augmentons en nous découvrant quand il fait chaud.

Immaturité du système de contrôle
Les bébés contrôlent mal leur température corporelle et leurs parents doivent s'assurer qu'ils n'ont ni froid ni trop chaud.

Respiration

Inspiration
Il existe une différence évidente entre la respiration d'un bébé et celle d'un adulte : le bébé respire en mobilisant ses muscles stomacaux, l'adulte utilise son thorax et son diaphragme. L'autre différence est plus subtile. Les bébés plus âgés, les enfants et les adultes disposent de deux mécanismes de respiration.

Respiration automatique
Le mécanisme le plus élémentaire contrôle les gaz dans les poumons (oxygène et gaz carbonique). Quand le taux d'oxygène faiblit, nous inspirons automatiquement – jusqu'à la fin de notre vie. Au cours des premières semaines, c'est le seul mécanisme.

Respiration volontaire
Entre 6 et 12 semaines, un mécanisme volontaire se développe : celui qui nous permet d'inspirer profondément pour gonfler un ballon, de contrôler notre respiration pour parler. C'est lui qui synchronise respiration et mouvements, et respiration et parole. Nous l'utilisons en permanence.

Voir le monde

Notre aptitude à voir et comprendre le monde qui nous entoure est réellement remarquable. Sur ce plan, les bébés sont mal équipés à la naissance, mais leur cerveau se développe très vite et les aide à interpréter ce que leurs yeux perçoivent.

Heureux de vous voir
En parlant à notre bébé, nous avons tendance à nous en approcher et à le hausser jusqu'à notre regard parce que son champ visuel est restreint, et il aime cette proximité.

L'œil ne « voit » que quand le cerveau déchiffre l'image et, chez le nouveau-né, l'œil et le cerveau sont encore immatures. L'adulte perçoit les couleurs avec une vision de 20/20, le nouveau-né des tons de gris avec une vision de 20/800. Il ne distingue qu'à environ 6 mètres un objet que nous pouvons voir à 245 mètres.

Le problème du bébé n'est pas la focalisation (qui existe aussi) : tout simplement, il n'est pas correctement « équipé ». La partie centrale de l'œil qui permet de voir couleurs et détails n'est que partiellement développée. Le bébé dépend des parties extérieures de l'œil, adaptées à la pénombre et au mouvement. Pour avoir une idée de ce qu'il perçoit, tirez les rideaux et allumez une bougie. L'aspect de la pièce correspond probablement à celui qu'elle a pour lui. Il voit des formes, les choses larges plutôt que les petites, les gris, très peu de couleur, et le chat uniquement s'il se déplace. Si vous lui parlez de près, il vous voit et réagit. Quand il ne vous voit pas, il ne réagit pas à vos paroles : vous le constaterez très vite.

La vision du bébé s'améliore rapidement. À six mois, ses yeux seront aussi efficients que les vôtres, mais il ne percevra pas encore le monde comme vous le faites.

ÉVOLUTION DE LA VISION

Naissance	4 semaines	6-12 semaines	12-20 semaines	20-28 semaines	28-52 semaines
La pupille s'adapte à la lumière. Le bébé cligne, détecte le mouvement, est sensible aux changements d'intensité lumineuse. Son regard converge. Ses yeux suivent quand il tourne la tête. Il veut regarder, mais son acuité visuelle est faible.	Le bébé s'intéresse aux visages, reconnaît celui de sa mère et peut pleurer de vraies larmes.	Le bébé peut voir du coin de l'œil. Ses mouvements d'yeux sont coordonnés. Il s'intéresse aux bords, aux coins, aux courbes.	Il sait maintenant que telle chose lui est familière – il examine ses mains, les regarde bouger, se concentre sur sa réflexion dans un miroir bien qu'il ne s'y reconnaisse qu'environ 15 mois plus tard.	À 4 mois, il préfère regarder des choses complexes. Il voit 800 fois mieux que pendant sa première semaine. Il peut prêter attention à de très petits objets et sa vue approche de celle des adultes.	Au cours de cette période, sa vue s'améliore tellement qu'il voit presque aussi clairement qu'un adulte bien qu'il reste légèrement myope. Il peut alors suivre des objets se déplaçant rapidement.

NOTION DE PERMANENCE

Notre vision du monde est statique et stable. Les bébés doivent apprendre à voir au cours de leurs premiers mois.

Permanence de la taille : Notre voiture ne rétrécit pas quand nous nous éloignons bien qu'elle semble alors plus petite. Les bébés découvrent cette permanence vers 22 à 28 semaines.

Permanence de la forme : Sur la rétine, une porte fermée forme un rectangle. Quand elle s'ouvre, son côté le plus proche semble plus grand – sa forme devient un trapèze. Nous le savons mais quand la porte s'ouvre, nous ne voyons qu'une porte. Vers 12 semaines, les bébés comprennent que les formes ne changent pas, même quand elles bougent.

Permanence de la position : Quand nous nous déplaçons, la position relative des objets change bien qu'ils soient immobiles. C'est une autre notion de permanence que le bébé acquiert en devenant plus mobile. Il en donne des signes, parfois à partir de 6 mois mais le plus souvent, entre 10 et 15 mois.

NOTION DE PROFONDEUR

Nous percevons le monde en trois dimensions – longueur, largeur, profondeur. La rétine n'en enregistre que deux, mais notre cerveau reconstruit la troisième qui nous indique à quelle distance les choses se situent. Nous utilisons aussi d'autres indices – le fait que la régularité semble rapetisser les motifs (le parallélisme, par exemple) ou que les objets proches en cachent partiellement d'autres plus éloignés. Le bébé doit maîtriser cet ensemble complexe de données. Un test confirme cette acquisition du sens de la profondeur entre 12 à 30 semaines. Placés d'un côté d'un grand trou recouvert d'une plaque transparente, la plupart des bébés de moins de 7 mois traversent à quatre pattes sans hésiter si leur mère les appelle de l'autre côté. Plus âgés, ils s'arrêtent. Même les tout-petits semblent avoir le sens de la profondeur : leur rythme cardiaque s'accélère au bord du trou.

Pour en savoir plus

Miroir, miroir…
Vers 4 à 5 mois, votre bébé touchera sa propre image dans le miroir. Il ne s'y reconnaît pas encore, mais il modifie sa position pour mieux voir.

ÉVOLUTION DE LA PERCEPTION VISUELLE

0-20 semaines	20-26 semaines	26-32 semaines
Un bébé ignore que les choses et les gens existent quand il ne les voit pas. Il ne cherche pas un objet qui tombe. Et il ne réalise pas que vous êtes sa seule maman.	Si vous cachez un jouet, le bébé s'attend à trouver quelque chose à sa place, mais il ne sait pas quoi. Si vous dissimulez une peluche derrière un écran, puis déplacez l'écran pour révéler un ballon, il n'a pas l'air surpris. Il sait qu'il doit y avoir quelque chose derrière l'écran, mais il ne se rappelle pas quoi.	La plupart des bébés cherchent les objets qu'ils font tomber. Ils sont aussi capables de chercher un objet partiellement caché.
Il sera très heureux si vous l'asseyez devant un miroir ajusté pour qu'il y voie sa réflexion et la vôtre. Les choses commencent à changer vers 20 semaines. Il peut être troublé par des réflexions multiples de sa mère, il peut même chercher un objet qu'il a fait tomber mais la plupart des bébés ne le font que plus tard.	Il vous regardera faire rouler un train derrière un fauteuil et s'attendra à le voir réapparaître. Il sait qu'un objet qui se déplace dans telle direction continue quand il n'est plus visible, mais ne sait pas quel est cet objet.	

INGÉNIEUX BÉBÉS

Écouter le monde

Au cours de leurs douze premières semaines, l'ouïe des bébés est plus développée que leur vision. Les canaux auditifs, d'abord emplis de fluide, se dégagent rapidement et leur ouïe est aussi fine que celle de leurs parents.

Les parents affirment depuis toujours qu'au cri de leur bébé, ils savent s'il a faim, peur ou envie d'être pris dans les bras. Les psychologues le niaient, mais des études très pointues ont prouvé que les parents avaient raison. Les bébés expriment des choses différentes par leurs cris et les parents en reconnaissent la signification.

Une maman qui écoute son bébé a tendance à répéter ce qu'il « dit » et son bébé réagit lui-même par la répétition. Ce jeu continue tant que la mère répète. Dès qu'elle cesse, le bébé cesse lui aussi de répéter.

Au cours de ces conversations, le bébé copie les expressions faciales de l'adulte, en particulier les mouvements de ses lèvres.

Des tests ont indiqué que bien qu'atténuée par le fluide, l'ouïe des bébés est assez fine dès la naissance. Ils peuvent, par exemple, distinguer des sons de durées, d'intensités et de tonalités différentes.

Dès le premier jour, l'oreille de votre bébé est presque aussi sensible que la vôtre, un contraste avec sa médiocre vision. Il est capable de percevoir des sons très faibles de basses ou hautes fréquences, mais il préfère ces dernières. Il entend des sons qui échappent à la plupart des adultes, tels que le sifflement suraigu d'un poste de télévision. Les nouveau-nés préfèrent la voix humaine à tout autre son, avec une prédilection pour les voyelles (a, é, è, i, o, u, ou…) que nous employons spontanément avec eux. Qui n'a pas murmuré : Oh! joli bébé… à un petit enfant! Les bébés bougent au rythme de notre voix et semblent intéressés dès que nous commençons à parler.

Votre tout-petit peut localiser votre voix dans l'espace, uniquement quand elle est émise directement face à lui. Très tôt, il associe entendre et voir et cherche d'où vient tel ou tel son, ou qui est en train de parler. Mais à moins que vous ne soyez en face de lui, il peut ne pas parvenir à vous situer. Vers 8 semaines, il regardera approximativement dans la bonne direction et à 16 semaines, il vous localisera souvent exactement.

LES FONDATIONS DU LANGAGE

Les bébés ont une affinité particulière pour les sons du langage. Si vous donnez une sucette à votre bébé, il aura plaisir à la téter en entendant une nouvelle sonorité. La succion est un signe : il continue à sucer tant qu'il est intéressé. Si vous dites Pa, il commence à sucer ; si vous le répétez trop souvent, il perdra intérêt et cessera. Si vous modifiez le son Pa par une nouvelle intonation ou en le prolongeant,

ÉVOLUTION DE LA PERCEPTION DES SONS

Naissance	4-5 semaines	8-12 semaines	12-16 semaines	16-24 semaines
Un bruit le fait sursauter : il se tourne vers une voix et bouge au rythme des paroles. Il est calmé par les sons graves et rythmés.	Capable de distinguer les sons P et T, il préfère les sons complexes et aime écouter des histoires, bien qu'il ne les comprenne pas.	Il tourne la tête en direction de la voix, mais ne localise pas nécessairement la personne qui parle.	Il localise à peu près la provenance d'un son et la vérifie en se tournant dans sa direction.	Il lève la tête si un son est produit au-dessus de lui. Il distingue des sons complexes, reconnaît des chansons et individualise les voix.

il ne recommencera pas à sucer. Mais si vous passez de Pa à Ta, il recommencera immédiatement. Comme les adultes, il réagit déjà en ignorant l'intonation et le débit en faveur des petits sons qui forment les mots.

QUE FAIRE POUR L'AIDER ?

Ce que nous faisons toutes spontanément : prononcer son nom, attendre qu'il nous regarde, puis le répéter. C'est naturel et tout indiqué. Dans les tout premiers mois, son plus gros problème est d'apprendre à localiser précisément les sons dans l'espace.

Jouez avec un hochet de la même manière : agitez-le, attendez, agitez-le à nouveau. En dehors de ces jeux, qui sont excellents, il suffit de lui parler, de lui donner des occasions de réagir à votre voix. Plus tard, regarder la chose que vous nommez l'aidera à associer le mot et l'objet. La plupart des mamans le font instinctivement. À partir de 6 mois, le bébé commence à regarder dans la même direction que nous lorsque nous lui parlons, ce qui l'aide à apprendre les noms des objets mentionnés.

LES SONS ATTENDUS

Vers 3 mois, votre bébé s'attendra à certains sons. Son canard fait Couac ;

si vous prétendez qu'il fait Ouah ouah, votre bébé peut se mettre à crier. Vers 4 mois, il peut avoir la même réaction en entendant un enregistrement de votre voix d'un côté de la pièce alors que vous êtes à l'autre extrémité.

À 6 mois, il associe telle voix à tel visage et se rappelle les sons. À 7 mois, les gestes lui tiennent lieu de mots. Son problème n'est pas de comprendre les sons et les mots, mais de savoir comment les former. C'est l'âge où un bébé sourd – ou non – peut apprendre le langage par signes. En général, il en utilise déjà quand il désire que sa mère le prenne ou pour dire Non.

Pour en savoir plus

Sourires et babillage	86-87
L'apprentissage du langage	96-97
La progression du langage	100-101
Parler aux enfants	150-151

PROBLÈMES

Environ 85 % des bébés sourds ont des parents entendants. Tous les bébés ignorent les sons à l'occasion ; mais un enfant qui, régulièrement, ne réagit pas aux bruits, en ignore certains ou ceux qui parviennent à l'une ou l'autre de ses oreilles doit être examiné. Effectuez vous-même ces quelques tests :

• Appelez-le de différents points de la pièce. Réagit-il ? S'il vous localise, l'a-t-il fait par la vue ou vous a-t-il entendue ?

• Comment réagit-il si vous agitez une clochette ou un objet au son plus grave ?

• Même s'il réagit, restez vigilant. S'il ne semble pas le faire normalement, faites effectuer un test d'audition.

Le test du hochet
Agitez un hochet à sa gauche, à sa droite, au-dessus de sa tête et en dessous. Réagit-il de façon appropriée ? Cette observation ne remplace pas un test d'audition mais peut être rassurante.

24-32 semaines	32-52 semaines
Il réagit à son nom lorsqu'on l'appelle.	Il réagit à des injonctions simples telles que Montre-moi, Non, ainsi qu'au nom des objets familiers et des membres de la famille.

Le développement sensoriel

Rien de plus fascinant que de suivre la progression d'un bébé de son univers d'images et de sons flous vers celui plus précis des adultes. Voici les grandes étapes de cette évolution au cours des premiers mois.

Petites larmes
Certains bébés commencent à pleurer de vraies larmes à un mois, mais la plupart à 6 mois seulement.

Petits pois
La plupart des bébés prêtent attention à un objet aussi petit qu'un petit pois vers 4 mois et essaie de l'atteindre vers 6 mois.

Au début, votre petit bébé regarde les objets en se concentrant sur un point puis il passe à un autre. Il en observe les bords et les coins sans s'intéresser au centre. Dans votre visage, il regarde vos yeux, la ligne de vos cheveux et vous l'intéressez particulièrement si vous avez les cheveux noirs ou portez des lunettes.

En l'espace de deux mois, il s'intéresse au rapport entre les différentes parties d'un objet. Son regard va de vos yeux à vos cheveux, de vos cheveux à vos yeux, de vos yeux à votre bouche et inversement, comme pour construire une image. Cette progression conduit certains à suggérer qu'au début, le bébé ne perçoit pas d'images mais seulement des éléments épars.

À l'âge de deux mois, il a une préférence certaine pour les visages, il aime que les yeux soient ouverts, que vous soyez face à lui, vos yeux dans les siens. À cinq mois, il différencie les visages connus ou inconnus. Sa perception de ce qui est « joli » correspond à celle de ses parents et en général, il préfère les « jolis » visages.

Premières notions de couleur
Vers 5 mois, votre bébé appréciera les couleurs primaires vives et les objets brillants. Bientôt, il préférera le rouge au bleu.

QU'EST-CE QUE VOTRE BÉBÉ AIME ENTENDRE ?

Il aime par-dessus tout la voix humaine, et les voix féminines et enfantines aiguës plus que les voix masculines plus graves. Nous réagissons spontanément à cette préférence – même les enfants usent d'une voix plus aiguë en s'adressant à un bébé. Éveillé, il préfère les sons doux et harmonieux. Il apprend leur signification et devient plus attentif aux bruits familiers tels que les pas, l'eau qui coule pour son bain, le ventilateur ou l'aspirateur. Il est calmé par les sons lents et rythmés, surtout s'il a envie de dormir. Vous pouvez y recourir pour faire passer ses rythmes respiratoire et cardiaque du mode de l'éveil à un mode plus proche de celui du sommeil.

PROGRESSION DE LA PERCEPTION CHEZ LES BÉBÉS

Mois	Presque tous les bébés	La plupart des bébés	Certains bébés
1	Un bruit soudain les fait sursauter. S'intéressent aux voix. Se concentrent sur le visage, d'abord pour un instant. Regardent en direction d'une voix face à eux. Réagissent au son d'une clochette.	Suivent un objet en mouvement jusqu'au milieu d'un arc au-dessus de leur visage. Réagissent à un son aigu.	Suivent au-delà du centre un objet se déplaçant selon un arc. Orientent leurs yeux vers la lumière. Sont très intéressés par les visages.
2	Suivent un objet jusqu'au milieu de sa trajectoire en arc au-dessus de leur visage. Réagissent à un son aigu. S'intéressent aux visages.	Suivent un objet en mouvement au-delà du milieu d'un arc au-dessus de leur visage. Reconnaissent nettement leur mère.	Coordonnent les deux yeux. Se concentrent sur les bords et les coins des objets. Tournent la tête vers un son à hauteur de leur oreille.
3	Tournent la tête pour suivre un objet partant d'un peu à droite ou à gauche du milieu d'un arc au-dessus de leur visage et continuent au-delà du milieu de la trajectoire.	Tournent la tête pour suivre de droite à gauche et vice-versa un objet parcourant un arc de 180°.	Coordonnent les deux yeux. Concentrent le regard sur les bords et les coins d'un objet proche. Tournent la tête à droite ou à gauche en direction d'un son. Reconnaissent leur mère par la vue.
4	Tournent la tête pour suivre un objet qui parcourt les 180° d'un arc, de gauche à droite et vice-versa. Reconnaissent leur mère.	Prêtent attention à un petit objet.	Se tournent en direction d'une voix venant de 45° à gauche ou à droite, surtout si c'est une voix familière. Réagissent aux personnes et aux objets familiers. Allongé sur le dos, ils regardent leurs mains.
5	Prêtent attention à de petits objets. Se tournent en direction d'une voix à 45° à gauche ou à droite, surtout une voix familière.	Regardent leurs propres mains. Se concentrent sur leur visage dans un miroir. Regardent leurs mains allant vers un objet.	Se tournent face à la personne qui parle. Cherchent à situer la provenance d'une voix.
6	Assis ou allongé, ils regardent leurs mains. Regardent leurs mains allant vers un objet.	Cherchent un objet qu'ils ont laissé tomber. Tournent la tête pour faire face à une personne qui parle.	Se tournent en direction d'une voix, sauf si elle vient de derrière. Préfèrent regarder des objets réels plutôt que des images. Guident leur main par le regard. Cherchent d'où vient un son au-dessus ou en dessous d'eux. Commencent à réagir à leur nom. Touchent le miroir et leur reflet.

Comment apprennent-ils ?

Les bébés ne pensent pas et ne se rappellent pas les mêmes choses que nous. Dans les premiers mois, leur capacité d'attention est minime. Ils entendent un son et leur attention se maintient tant qu'il se prolonge ; mais dès qu'il cesse, ils l'oublient.

Le voilà !
Dans la boîte du diable, un petit bébé s'attend à trouver quelque chose – pas forcément le diable.

LE CHEF !

• Si vous prenez votre bébé au moindre cri, il comprend qu'il est aimé et s'attendra à être pris dès qu'il crie. Faites en sorte de le prendre souvent avant qu'il crie et, parfois, laissez-le attendre.

• Si vous chantez toujours pour l'endormir, il aura aussi besoin d'une chanson pour s'endormir à 3 heures du matin…

• Si vous faites une scène quand il vous mord le sein, il en sera amusé. Pour obtenir votre attention, il mordra à nouveau. Si vous ignorez la morsure ou lui donnez une petite tape sur le nez, il évitera de recommencer.

Les bébés ne sont pas des petits adultes et ne pensent pas comme eux. Ils n'ont pas de notion de continuité – quand un jouet tombe hors de leur regard, il est également évacué de leur esprit. Pour qu'un bébé établisse un lien entre deux événements, il faut qu'ils se succèdent à un très bref intervalle. Au cours de ses premiers mois, un enfant apprend trois choses : à ignorer une chose toujours présente ; à prévoir qu'une chose va se produire ; et à provoquer quelque chose.

PREMIERS APPRENTISSAGES

Apprendre à ignorer : Détourner notre attention de ce qui est permanent nous permet de remarquer ce qui est nouveau et ce qui change. Cela signifie par exemple qu'un bébé n'a pas besoin d'un silence total pour dormir – il s'adapte au bruit – mais aussi qu'il finit par ne plus voir les jouets qui sont toujours au même endroit.

Apprendre à prévoir : Quand vous entendez l'indicatif d'une émission de radio, vous savez qu'elle va commencer. Dans son berceau, votre bébé apprend à prévoir qu'un visage va apparaître quand il reconnaît votre voix et votre odeur. Il s'attendra à être nourri quand vous le tiendrez d'une certaine façon. Au cours de sa première année, il apprend à anticiper l'heure de son bain, de son repas, de votre retour et le fonctionnement de certains jouets.

Apprendre à provoquer quelque chose : Un tout-petit « provoque » bien peu de choses, mais le mécanisme du cri est inné. Il peut crier, et vous accourez ; il peut sourire, manger, et vous réagissez. C'est ainsi qu'il apprend à interagir avec vous ; bientôt, il apprendra à faire tomber les objets avec ses bras et ses jambes.

APPRENDRE QU'IL PEUT APPRENDRE

Le plus important pour un petit bébé n'est pas tant d'apprendre telle ou telle chose que d'apprendre qu'il peut provoquer les événements. Tant qu'il l'ignore, il ne peut influencer son environnement. Son contrôle corporel est d'abord si médiocre que sa faculté d'apprentissage est très limitée. À partir de

Regarde Maman !
Le premier progrès que vous remarquerez est l'interaction entre votre bébé et vous – il sourit quand êtes près de lui et imite vos expressions faciales.

12 semaines environ, il apprendra presque tout par la répétition.

FAIRE ATTENTION

• **Les adultes.** Évaluons notre capacité d'attention à 6 ou 7. Elle permet de mémoriser un numéro de téléphone mais pas celui à 16 chiffres d'une carte bancaire. Nous nous rappelons le passé et établissons un lien entre lui et le présent. Cela suffit au quotidien.

• **Les enfants de 7 ans.** Évaluons leur capacité d'attention à 5 : ils ont besoin de supports qui les aident à mémoriser.

• **Vers 2 ans.** L'attention correspond à 3. Difficile pour le bébé d'établir un lien entre ce qu'il voit ou pense (c'est la même chose) et les notions plus complexes déjà emmagasinées.

• **Petits bébés.** Leur attention correspond à 1. Ils ne peuvent penser qu'à ce qu'ils voient au moment précis où ils le voient.

MÉMOIRE PREMIÈRE ET PENSÉE

Votre tout-petit ne se rappelle pas les faits, seulement qu'il a vu telle chose auparavant. Vers 10 mois, il se rappelle

Contes du soir
Vers 10 mois, votre bébé se rappellera ce qui s'est produit à tel endroit ou dans tel contexte – par exemple où vous lui avez lu une histoire la veille.

un fait dans un lieu ou un contexte donné mais ne peut « le penser » allongé dans son lit. Quand il saura que vous existez même hors de son regard, il s'accrochera à vous quand vous voudrez partir. Quand il comprendra que vous êtes sa seule maman, il sera troublé de voir une réflexion multiple de votre visage dans un miroir.

Sa mémoire évolue rapidement : il quitte son jouet des yeux, vous regarde et retourne à son jouet. Parfois, il cherche une chose qu'il a fait tomber : il commence à se rappeler les faits antérieurs proches.

AIDE-MÉMOIRE

• Les jouets à action répétitive aident un bébé à se rappeler leur fonction. Si sa peluche lui fait une bise, il s'attendra à la bise.

• Les comptines appelant des gestes typiques lui apprennent à en prévoir la suite. Chantez-les face à lui et faites toujours les mêmes gestes.

• Faites les mêmes choses aux mêmes endroits pour l'aider à mémoriser : chantez devant son parc, lisez sur le divan, cherchez le chat dans le jardin.

ÉVOLUTION DE LA PENSÉE

1-4 mois	5-8 mois	8-12 mois	12-18 mois.	18-24 mois
Son corps produit des « effets ». Il cherche un objet à sa place antérieure. Ne cherche pas un objet qu'il a fait tomber. Ne crie pas si vous le laissez avec quelqu'un d'autre.	Joue avec ses jouets, les saisit, porte à sa bouche, mâchouille, fait tomber. Les regarde disparaître derrière un écran. Est surpris de ne rien voir quand on ôte l'écran, mais n'est pas surpris d'y voir un autre objet. Regarde s'il fait tomber un objet. Cherche un objet à demi caché.	A un but. Rampe pour atteindre un jouet. Imite autrui. Découvre un objet caché. Déplace un jouet pour trouver celui qu'il cachait. Joue à faire tomber. Cherche un objet à sa place habituelle et non là où il vous a vu le poser. À 12 mois, le cherche où il l'a vu la dernière fois.	Apprend par essais et erreurs. Envisage maintenant plusieurs solutions à un problème. Les essaie une par une. Imite. Soulève un couvercle pour trouver un objet caché, en soulève d'autres s'il ne l'a pas trouvé.	Peut réfléchir, trouve des solutions, des combinaisons nouvelles. Pense encore en images et actions. Ne pratique pas l'abstraction, n'utilise pas encore le langage pour dénouer un problème. Peut imiter après un délai : il lavera sa dînette après vous avoir observée.

Le contrôle du corps

Le corps d'un petit bébé est flasque, ses muscles sont faibles et aqueux. Il bouge mais ne contrôle pas ses mouvements. Quand il est stimulé, il agite bras et jambes, mais il serait bien incapable de toucher un point particulier de votre nez avec sa main.

Son développement n'est ni une course ni un test d'intelligence. « Moyenne » signifie milieu. Le développement de 50 % des bébés se situe au-dessus de la moyenne, celui des autres en dessous. Dans 60 à 70 % des cas, il est proche de la moyenne. Seuls les bébés dont le développement se situe tout en bas du tableau (parfois aussi tout en haut) peuvent avoir un problème.

LES PRÉMATURÉS

Un bébé né avant terme a besoin d'un certain temps pour rattraper son retard. Pour établir sa courbe de développement, utilisez sa date de naissance prévue et non sa date de naissance réelle. S'il semble lent à franchir les étapes du développement moyen, utilisez sa vraie date de naissance. Son retard est normal. Les grands prématurés atteignent rarement les étapes « à temps » avant trois ans. Dans le doute, faites vérifier les progrès de votre bébé par le pédiatre.

Un bébé qui a subi des dommages à la naissance progresse d'abord lentement. Mieux que son âge, c'est le rythme de sa progression qui donne des indices de son développement ultérieur. Rappelez-vous que certains handicaps peuvent avoir des conséquences au cours des premiers mois ou années. Un bébé aveugle, par exemple, apprend plus lentement à marcher et parler : il est moins tenté – et plus effrayé – par le monde extérieur.

LES ANOMALIES DU DÉVELOPPEMENT

D'origine génétique	Anomalies chimiques	Migration cellulaire	Infections	Croissance
Certaines indiquent un développement incorrect du cerveau, l'absence d'une partie, ou des connections défectueuses. Elles peuvent produire des défauts relativement mineurs, comme la dyslexie, ou plus graves, comme l'arriération mentale.	Parfois, à la suite d'un déséquilibre chimique (souvent une enzyme défectueuse), des poisons s'accumulent dans les cellules, y compris dans le cerveau. À la longue, ils peuvent endommager les cellules nerveuses.	Les cellules nerveuses migrent vers les organes où elles sont indispensables. Parfois détournées vers un point où elles n'ont aucun rôle à jouer, elles en évacuent alors les cellules *ad hoc*. Mieux vaut, pendant la grossesse, éviter l'alcool qui peut affecter la migration des cellules.	Les maladies infectieuses, dont la rubéole est la plus connue, peuvent interrompre le développement du cerveau et provoquer la cécité et/ou la surdité.	Elle peut être anormale pour des diverses raisons : maladie ou mauvaise alimentation de la mère ; parfois aussi, le placenta ne fournit pas au fœtus les nutriments indispensables, ce qui affecte le développement du cerveau.

LA CALCIFICATION DES OS

En dehors de quelques os des chevilles et poignets, la plupart sont présents à la naissance. Composés surtout de cartilage, ils sont tendres et flexibles. Dès avant la naissance et jusqu'à l'adolescence, le calcium et autres oligo-éléments s'y concentrent pour les durcir, plus rapidement chez les filles que chez les garçons et chez les enfants africains plus vite que chez les européens.

LE DÉVELOPPEMENT DES MUSCLES

Les muscles, immatures à la naissance, et les nerfs qui les contrôlent se développent dans le même ordre : tête, cou, épaules ; dos, hanches ; épaules, bras ; hanches, pieds. Le contrôle des bras s'établit avant celui des jambes, et celui des jambes avant celui des pieds.

L'ÉVOLUTION DU CERVEAU

À la naissance, certaines parties du cerveau sont absentes et les connexions nerveuses rudimentaires, pour une raison évidente : pour accoucher d'un bébé au cerveau et à la tête complètement développés, une femme devrait avoir un bassin d'un mètre de diamètre qui l'empêcherait de marcher.

Le cerveau se développe à partir de la moelle épinière vers la tête et du centre vers l'extérieur. À la naissance, la partie inférieure du cerveau (qui contrôle les fonctions involontaires telles que respiration, digestion, etc.) est en place, de même que les régions qui contrôlent les sens et les réflexes. Celles qui contrôlent les fonctions volontaires, la mémoire et la pensée sont embryonnaires.

Le nouveau-né est totalement dépendant d'autrui et le reste longtemps. Au fil de ses besoins, son cerveau évolue pour lui permettre de maîtriser son corps et d'exercer son esprit. Le contrôle volontaire commence par la bouche, s'étend au reste du visage puis au corps. Les régions du cerveau qui contrôlent les épaules sont complètement développées avant celles qui contrôlent les mains, et ces dernières avant celles qui contrôlent les doigts.

Pour en savoir plus

Comment apprennent-ils ? 80-81
Assis et debout 88-89
Ramper et marcher 90-91
Atteindre et saisir 94-95

Prêt à marcher ?
Votre bébé ne peut marcher avant que ses os se soient consolidés, ses muscles développés et avant que son cerveau puisse les commander et contrôler son équilibre.

Oxygène	Prématurité
Un mauvais apport d'oxygène au cerveau peut causer des dommages permanents. Lors de l'accouchement, le déficit d'oxygène peut provoquer une paralysie par encéphalopathie, l'hydrocéphalie des dommages par excès de pression sur le cerveau.	Les prématurés ne respirant pas toujours de façon correcte, leur cerveau peut subir un déficit d'oxygène. Les grands prématurés peuvent avoir un problème de circulation ou une hémorragie cérébrale entraînant une paralysie par encéphalopathie.

Tout sur les dents

L'apparition de la première dent de votre bébé est une étape marquante de son développement. Chez certains enfants, elle ne perce que vers le premier anniversaire mais chez la plupart, entre le cinquième et le septième mois.

Quenottes
Une fois que les premières dents de lait de votre bébé sont sorties, il peut s'écouler un certain temps avant l'émergence des suivantes. Mais elles viendront toutes rapidement !

TOUJOURS

Prévoir
Les dents du bébé se forment pendant la grossesse – leur santé dépend de votre alimentation. Dites au docteur que vous êtes enceinte s'il vous prescrit un médicament. Et surtout, évitez les tétracyclines.

Dents propres
Dès leur sortie, les dents se recouvrent de la plaque dentaire à l'origine des caries. Donnez de bonnes habitudes à votre bébé dès 20 mois. Laissez-le se brosser les dents, puis recommencez après lui : il ne saura pas que vous faites l'essentiel du nettoyage !

Les adultes ont 32 dents, mais les dents de lait ne sont qu'au nombre de 20, les trois dents inférieures et supérieures du fond manquant à la première dentition. La tendance à une apparition précoce ou tardive est héréditaire. Si vos dents ou celles de votre partenaire ont percé assez tard, ne soyez pas surpris que ce soit le cas de votre enfant. Les dents de devant ont tendance à sortir rapidement à la suite de la première. Elles sont d'abord visibles dans les gencives sous forme de petites nappes blanches, puis de pâles petites bosses avant de sortir effectivement.

L'APPARITION DES DENTS

De très rares bébés – environ 1 sur 5000 – naissent avec une dent, mais l'âge habituel pour la première se situe entre 5 et 7 mois. En général apparaissent d'abord les incisives centrales inférieures, suivie des incisives centrales supérieures. Viennent ensuite les incisives latérales inférieures puis supérieures. Avant 2 ans commence la poussée des premières prémolaires inférieures puis supérieures. Apparaissent ensuite les canines inférieures et supérieures et enfin, les deuxièmes prémolaires. La poussée, parfois très rapide, peut se faire dans un ordre légèrement différent. Vers 2 ans et demi, votre bébé aura sa dentition « de lait » au grand complet.

SOIGNER LES DENTS

● Assurez à votre bébé un apport suffisant de calcium – lait et, à partir de 6 mois, fromage et yaourts. Le lait maternel ou en poudre en seront d'abord la source principale.

● Un apport important de vitamine D est indispensable (jaune des œufs durs, poissons gras, produits laitiers). N'employez que des suppléments vitaminiques pour bébés et n'en donnez jamais plus que la dose prescrite.

● Préférez les pommes et oranges à leur jus.

● Préférez les jus dilués aux fruits écrasés.

● Quand il a soif, l'eau est la meilleure boisson (et elle nettoie aussi ses dents).

● Méfiez-vous des sucres cachés. Miel, glucose, fructose sont des sucres : les dents ne font pas la différence.

• Limitez sucreries, glaces et sodas. Après consommation, essuyer ses dents avec un linge doux est le plus facile avec un petit enfant.

• Donnez du chocolat ou des gâteaux (faits à la maison) plutôt que des barres industrielles, des caramels, du miel ou des sodas sucrés qui stagnent plus sur les dents.

• Ne sucrez ni les boissons ni les céréales. Au pire, préférez les céréales pré-sucrées – elles en contiennent moins que votre enfant ne risque d'en ajouter à des céréales nature.

• Ne trempez jamais la sucette dans le miel ou la confiture.

• N'interdisez pas toutes les sucreries, votre enfant pourrait en consommer à votre insu quand vous ne pouvez assurer son hygiène dentaire.

• Peu importe comment ses dents sont nettoyées, pourvu qu'elles le soient. Un peu de dentifrice sur un coton-tige est plus facile avec un petit. En grandissant, il voudra sa brosse à dents. S'il n'est pas très efficace, recommencez après lui. La dernière chose à faire est de le décourager de se brosser les dents lui-même.

• Attention au fluor : en petite quantité, il protège les dents mais en excès, il peut les décolorer. Votre bébé n'a pas besoin d'un dentifrice au fluor et d'eau fluorée et de comprimés de fluor. Un seul de ces produits suffit.

• Ne le laissez pas s'endormir avec un biberon de lait ou de jus de fruits (et si cela arrive, retirez-le de sa bouche) : des gouttes de liquide stagneront autour de ses dents et les bactéries de la plaque dentaire auront toute la nuit pour agir et se multiplier. L'acide qui en résulte peut commencer à attaquer l'émail avant même que toutes ses dents aient percé.

LA BOUCHE POUR EXPLORER

Nous disons : Il fait ses dents quand un bébé porte tous ses jouets à la bouche. Ce n'est pas toujours la raison. Les bébés explorent le monde avec la bouche parce qu'ils parviennent a contrôler leur langue et leurs lèvres avant leurs mains et leurs doigts. Vers 4 à 7 mois, ils peuvent tenir des objets mais ne sont pas capables de les manipuler correctement.

Même plus tard, les bébés aiment tout porter à la bouche, en particulier après avoir été sevrés. S'ils avaient le choix, ils seraient satisfaits d'être nourris uniquement au sein ou au biberon pendant un an ou plus. Comme ce sont les adultes qui décident, cela leur arrive rarement !

Des jouets goûteux
Langue et gencives permettent à votre enfant d'explorer le goût, la consistance et la forme de ses jouets.

Pour en savoir plus

Votre bébé crie	38-39
Diversifier l'alimentation	48-49
Atteindre et saisir	94-95
Soigner un enfant malade	208-209

TOM POUCE

Si votre bébé suce son pouce, ne vous inquiétez pas trop. Les dentistes ne croient plus que cela déformera sa dentition : les biberons de boissons sucrées sont bien plus dangereux pour la santé de ses dents.

NE JAMAIS

Dire : C'est juste ses dents. Chez un bébé, la maladie peut évoluer très vite. Ne négligez jamais une poussée de fièvre.

Faire ses dents peut lui faire rougir le visage, provoquer fièvre, convulsions ou diarrhée. La température d'un bébé peut monter rapidement, la déshydratation peut entraîner une baisse de tension, une défaillance cardiaque. Consultez toujours le médecin en cas de fièvre, de diarrhée, de convulsions ou autre symptôme.

Sourires de bonheur
Certains bébés naissent plus heureux que d'autres mais tous apprennent à utiliser sourires et rires – ou cris et larmes – pour arriver à leurs fins.

Bébés et langues
Vers 30 semaines, le babil évoque déjà le langage des adultes. Les sons commencent à se différencier selon la langue que les bébés entendent autour d'eux.

Sourires et babillage

Très tôt, les bébés ont besoin de communiquer. Ils ne disposent que de deux moyens pour le faire : les cris, ou le sourire et le babil. Ils les utilisent tous les deux – les uns crient plus, les autres sourient davantage.

Les bébés commencent à sourire peu après la naissance et les filles sourient souvent plus que les garçons. Ce sont d'abord de petits demi-sourires quand le bébé passe du sommeil léger au sommeil profond ou l'inverse. En une semaine environ, également pendant son sommeil, il passe à un autre type de sourires provoqués par la perception d'un son (voix aiguë, sonnerie). Les vrais sourires apparaissent entre 3 à 8 semaines. Les bébés « tardifs » sourient tôt, les prématurés plus tard. Les tout-petits sourient d'abord quand nous élevons un peu la voix et bougeons un peu la tête. Puis ils préfèrent un visage fixe et ensuite, un visage familier. Leur sourire ne concerne d'abord que la bouche et, par la suite, il illumine tout le visage. Les lèvres s'ouvrent largement : il nous invite au jeu – comme les chatons. Le bébé veut interagir avec nous, nous copie, nous cherche, nous « répond ». Si vous riez, le bébé refera ce qui vous a fait rire. Ne sous-estimez pas ces échanges, ils sont à la base de son sentiment de sécurité.

DES SOURIRES AU RIRE ET AU BABIL

Nous employons pour des raisons différentes deux types de sourires : un léger demi-sourire bouche fermée, qui signifie : Gardez vos distances ; et un sourire franc, bouche ouverte qui signifie : Viens jouer, une expression commune à beaucoup de jeunes animaux. Chez le bébé, elle fait le délice des parents. Nous y réagissons en nous approchant, en le chatouillant et, plus tard, en le poursuivant, provoquant excitation, cris de plaisir et éclats de rire.

Durant les premières semaines, il s'exprime par des cris, mais en un mois, il découvre la lallation. Le deuxième mois, il produit son propre babil pour « parler » à qui veut l'entendre.

CROISSANCE ET DÉVELOPPEMENT

Mois	Presque tous les bébés	La plupart des bébés	Certains bébés
1		Forment d'autres sons que les cris.	Vous sourient. Répondent à leur tour dans une « conversation ». Commencent à « roucouler ». Utilisent des cris différents pour divers besoins élémentaires.
2	Vous sourient. Émettent des sons autres que les cris.	Babillent. Utilisent des cris différents selon leurs besoins.	Participent à leur tour à une « conversation ». Produisent des sons de gorge.
3	Participent à la « conversation ». « Roucoulent » et vocalisent (a, aa).	Produisent des sons de gorge. « Parlent » aux familiers.	Utilisent les sons p, t, m. Rient, poussent des cris de plaisir.
4	Rient. Émettent des sons plus gutturaux.	Poussent des cris de plaisir.	Modulent la tonalité du babil. « Parlent » aux objets et aux visages. Utilisent les sons p, t, k, b, d, g, m, n… Leur souffle déplace une framboise.
5	Crient de plaisir.	Modulent la tonalité du babil. « Parlent » aux objets et aux visages. Utilisent les consonnes p, t, k, b, d, g, m, n… Leur souffle déplace une framboise.	Prononcent les voyelles et la plupart des consonnes. Essaient d'imiter certains bruits.
6	Produisent les sons p, t, k, b, d, g, m, n…	Combinent voyelles et consonnes. Commencent à varier la tonalité et le débit des sons.	Combinent consonnes et voyelles. Varient la tonalité et le débit de leurs « paroles ». « Parlent » aux jouets et aux reflets du miroir, gazouillent en associant voyelles et consonnes.
7	Modulent tonalité, volume du babil selon leur humeur. « Parlent » aux objets et aux visages. Leur souffle déplace une framboise.	« Gazouillent » en associant voyelles et consonnes en un flot continu.	Répètent des sons : aaa-e, aa-gue, papapa, diadia, etc. Participent et « parlent » avec des intonations d'adultes quand d'autres personnes parlent.
8	Gazouillent. Répètent des syllabes : aaa-e, aa-gue, papapa, diadia, etc.	Répètent des sons : aaa-e, aa-gue, papapa, diadia, etc. Participent et « parlent » avec des intonations d'adultes quand d'autres personnes parlent.	Crient pour attirer l'attention, manifestent leur émotion dans leur « discours ». Répondent à Non et Au revoir. Attribuent un son à un objet.

Assis et debout

Vous allez surveiller les progrès de votre bébé avec passion, en particulier si c'est votre premier enfant. Il vous semblera toujours sur le point de faire une chose ou une autre. Va-t-il s'asseoir ? Est-il prêt à ramper ? Examinons son développement moteur.

Même s'il tient tout juste assis sur son derrière, vous le verrez se pencher en avant et se préparer à ramper. Il rampera à peine qu'un beau jour, il lâchera un seconde la chaise à laquelle il se tenait. Et le lendemain, il pourrait bien se mettre à marcher.

Il est tellement facile de devancer l'appel ! Nous le faisons tous : ce n'est qu'avec mon troisième bébé que j'ai appris à totalement apprécier chaque jour, un après l'autre.

Suivre les étapes des progrès de notre bébé nous rassure. En partie parce que nous ne sommes jamais sûrs de nous.

C'est rigolo
Plus il voit de choses, plus il s'excite. Tout lui semble intéressant – c'est ainsi qu'il va apprendre.

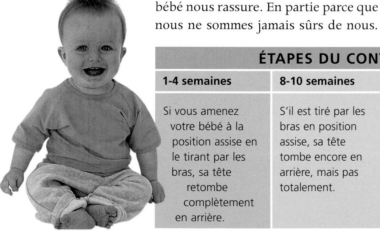

Nous redoutons toujours un incident de parcours : inquiets avant la naissance, il est bien normal que nous le soyons plus encore après. Tous les parents sont conscients des risques d'avoir le cœur brisé et veulent désespérément que leur enfant soit heureux.

DÉVELOPPEMENT ET INTELLIGENCE

Ne confondez pas développement physique et développement mental. Un bébé qui marche à 8 mois n'est pas plus destiné à recevoir un prix Nobel qu'un bébé qui marche à 18 mois. Même en

ÉTAPES DU CONTRÔLE DE LA TÊTE

1-4 semaines	8-10 semaines	16-20 semaines	24-28 semaines
Si vous amenez votre bébé à la position assise en le tirant par les bras, sa tête retombe complètement en arrière.	S'il est tiré par les bras en position assise, sa tête tombe encore en arrière, mais pas totalement.	Quand il est tenu, il peut tourner la tête dans toutes les directions. Elle ne retombe que très peu en arrière s'il est tiré par les bras en position assise.	Il peut maintenant lever la tête par lui-même en calant son menton contre sa poitrine.

ÉTAPES VERS LA POSITION ASSISE

1-4 semaines	5-7 semaines	8-15 semaines	16-20 semaines	21-24 semaines
Son dos est arrondi quand on le maintient en position assise. Il n'a aucun contrôle de sa tête.	Son dos reste arrondi quand il est soutenu en position assise, mais il lève la tête de temps à autre.	Assis, il a encore le dos rond mais il peut lever la tête et fléchir les genoux. Calé par des coussins, il peut rester assis 10 à 15 minutes.	Son dos se redresse et il tient bien sa tête. Calé par des coussins, il peut rester assis 30 minutes.	Il peut se soulever en position assise et la maintenir avec un peu d'aide. Attaché dans sa chaise, il garde son équilibre.

ÉTAPES VERS LA STATION DEBOUT

1-15 semaines	16-24 semaines	36-44 semaines	48-52 semaines
Votre bébé est encore assez passif et ne « coopère » pas si le soulevez dans la position debout en le tenant par les mains.	Il commence à se soulever en soulevant d'abord son derrière mais ne parvient pas à conserver sa position sans aide extérieure.	Quand vous le soulevez, il allonge ses jambes pour trouver le sol et s'y appuyer. Soutenu sous les bras, il se tient de plus en plus droit.	Il se tient droit quand il s'accroche. À un an, la plupart des bébés se tiennent debout pendant quelques instants; à peu près la moitié se tiennent bien debout et certains marchent.

Pour en savoir plus

Le contrôle du corps	82-83
Ramper et marcher	90-91
La motricité	92-93
La sécurité à l'intérieur	204-205

matière de langage, le progrès n'est pas un indice des capacités intellectuelles ultérieures : tous les témoins ont rapporté qu'Einstein n'a parlé qu'à 2 ans.

C'EST DANS SES GÈNES

Notre développement est en partie préprogrammé. L'absence de stimulation peut le retarder mais on peut faire peu de chose pour l'accélérer.

Les vrais jumeaux ont tendance à marcher à quelques jours d'intervalle et les enfants d'une même famille tendent à marcher tous à peu près au même âge. Suivant que vous venez d'une famille à « programme » lent ou rapide, les progrès de votre bébé seront sans doute lents ou rapides, qu'il s'agisse d'habileté manuelle, de ramper ou bien de marcher. Les filles tendent à progresser plus vite que les garçons et les

bébés occidentaux moins vite que les bébés africains. Les modes de progression sont très variés. Certains bébés ne rampent jamais. Un champion du ramper, qui n'a pas besoin de marcher, peut le faire plus tard qu'un bébé qui n'a jamais rampé.

Certains se déplacent sur les fesses : non seulement mobiles, ils ont les mains libres pour tenir leurs jouets et sont encore moins motivés pour apprendre à marcher. Souvent, ils ne découvrent leurs pieds que très tard.

BIEN ASSIS

C'est assis qu'un bébé peut au mieux voir le monde et en être vu. On passe rarement près d'un bébé dans une chaise haute sans lui prêter attention. S'il est assis dans un chariot au supermarché, chaque client qui attend à la caisse lui rend son sourire. Assis, votre bébé peut tout découvrir; allongé sur le dos, il a une belle vue du ciel ou du plafond, mais celle-ci est rarement passionnante. Or, les bébés qui s'ennuient s'endorment et leur développement s'en trouve retardé.

25-28 semaines	29-32 semaines
Il se tient bien assis pour de courtes périodes. Il peut sans aide se pousser en position assise.	Il s'assied seul, se penche en avant et bouge sans perdre son équilibre.

Debout !
Bientôt, votre bébé sera frustré d'être restreint à sa chaise et prendra appui pour se mettre debout – une autre étape sera alors franchie.

Ramper et marcher

La mobilité change tout. Impossible désormais de laisser votre bébé jouer sur son tapis et d'aller vaquer à vos occupations. En une seconde, il est sorti de sa chambre et se dirige vers la cuisine – un terrain potentiellement dangereux.

Bébé rockeur
Vers 20 à 26 semaines, sur le ventre, votre bébé commence à ramener ses jambes sous lui, se met à quatre pattes et se balance un peu d'avant en arrière.

Les livres sortent des rayons, l'assiette du chat est renversée – et son contenu goûté – bref, on ne peut plus quitter des yeux un bébé qui se déplace. Cela le rend beaucoup plus éveillé : tout l'intéresse, il acquiert sociabilité et aptitudes. En se déplaçant, il franchit… un grand pas. À ce stade, un test de QI situe les bébés mobiles en avance par rapport aux autres du même âge. Mais les différences s'estompent vers 2 ans quand ils le sont pratiquement tous.

La mobilité excite les enfants et les enfants stimulés apprennent plus vite. Nous ne les quittons plus des yeux. Les surveillant constamment, nous leur parlons davantage et l'interaction entre

DÉVELOPPEMENT DE LA MOTRICITÉ : RAMPER ET MARCHER

1-14 semaines	15-20 semaines	20-26 semaines	27-33 semaines	34-38 semaines	38-52 semaines
Ramper Sur le ventre, ébauche les mouvements en prenant appui sur le bras et en fléchissant la jambe du même côté. Ne sait pas faire demi-tour.	**Ramper** Sur le ventre, prend appui sur les bras et plie les genoux. Roule sur le dos. Porté, commence à se redresser. Si vous le déséquilibrez, retrouve son équilibre en écartant les bras.	**Ramper** Tourne la tête sur le côté et vers l'arrière, soulève ses épaules et arrondit son dos. En général, réussit à rouler du dos sur le ventre. Sur le ventre, se soulève en prenant appui sur ses bras.	**Ramper** Roule d'un côté du ventre sur l'autre et avance. Peut commencer à ramper sur les mains et les genoux.	**Ramper** Combine rouler, ramper et pivoter pour se propulser, même sans ramper à proprement parler. S'il rampe déjà, le fait de mieux en mieux.	**Ramper** Roule sur le côté pour s'asseoir puis ramper. Se rassied quand il atteint son but. Se tourne avant d'essayer de marcher, mais rampe pour monter l'escalier.
Marcher Tenu sous les bras, il n'a pas de tonus mais si ses pieds touchent le sol, il « marche » en levant les genoux. Allongé sur le dos, il lance pieds et jambes quand il crie ou s'excite.	**Marcher** Debout sur vos genoux et tenu sous les bras, commence à soutenir son poids.	**Marcher** Tenu sous les bras, soutient pratiquement son poids et « marche » ou pousse sur ses pieds.	**Marcher** Sa posture s'améliore. Debout sur vos genoux, il bouge les pieds. Peut commencer à évoluer autour de points d'appui.	**Marcher** Tenu pour marcher, adapte son équilibre à chaque pas. S'accroche d'abord des deux mains puis en libère une pour explorer autour de lui.	**Marcher** Marche de mieux en mieux. Peut lâcher la main, ramasser un jouet en se tenant. Se met debout et le reste seul. Marche en tenant votre main. Debout, se tient sur un pied.

eux et nous se développe. Petit à petit, nous redoutons moins qu'ils se blessent et commençons à nous détendre au moment même où l'excitation de la nouveauté se calme et permet à l'enfant d'améliorer ses performances.

ATTENTION AU BÉBÉ À QUATRE PATTES

Vous ne le croyez pas prêt à ramper, mais un bébé est capable de se déplacer sur le ventre. Le temps que vous alliez ouvrir la porte et le voilà qui se propulse en terrain miné, à moins que vous ne lui ayez organisé un périmètre de sécurité. Si vous le mettez sur le ventre, assurez-vous qu'il ne croisera rien de dangereux sur sa trajectoire – un coin de table pointu ou une marche, par exemple.

ENCOURAGEZ-LE À RAMPER

• Un bébé rampe quand il est prêt. Mais s'il n'est jamais mis sur le ventre, il n'essaiera peut-être pas. Certains parents redoutent la mort par étouffement dans cette position. Elle n'est pourtant pas dangereuse pour le bébé éveillé sur son tapis de jeux.

• Une surface souple est recommandée : s'il se fait mal aux genoux, il n'aura pas envie de ramper.

• Un bébé qui rampe adore être poursuivi et jouer à cache-cache derrière les meubles.

ENCOURAGEZ-LE À MARCHER

• Marcher pieds nus renforce les pieds, les chevilles et les mollets.

• Votre bébé peut apprendre à marcher en s'appuyant le long d'une table basse ou d'un canapé. Placez-y des jouets (ou tenez-le par la main) pour qu'il s'entraîne le long du meuble.

• Élargissez son champ d'action et faites-lui découvrir la pièce. Alignez quelques meubles bas pour qu'il puisse s'y appuyer.

PROGRÈS AU-DELÀ DE LA PREMIÈRE ANNÉE

12-14 mois : Il avance en tenant votre main. Bientôt, il marchera seul mais un arrêt brusque et il perdra l'équilibre.

18 mois : Monte et descend l'escalier sans aide en soulevant un pied – l'autre est entraîné ensuite.

24 mois : Court, marche à reculons, ramasse les objets sans se déséquilibrer.

30 mois : S'équilibre sur la pointe d'un pied et sautille à pieds joints.

3 ans : Sautille et court les pieds plats. Ne peut changer de direction en courant ni sauter à cloche-pied.

4 ans : Adore monter et descendre l'escalier en posant un pied puis l'autre sur la même marche. Dans quelques mois, commencera à monter par pas alternés. Contrôle la course, peut démarrer, s'arrêter et tourner soudain mais peut encore devoir s'arrêter pour changer de vitesse. À 4 ans, peut sautiller environ huit fois de suite, grimper et descendre d'un portique. Peut faire huit pas alternés en marchant sur un muret. Tous ces savoir-faire vont s'améliorer en cours d'année. Peut sauter un obstacle.

5 ans : Saute à cloche-pied en alternant les pieds. Court en partant sur un pied ou l'autre, contourne, change de direction et de vitesse. Sautille dix fois ou plus. Beaucoup grimpent à la corde, sautent en s'élançant avec un bras et se reçoivent accroupis.

Pour en savoir plus

Cache-cache
Les enfants adorent ramper dans un tunnel et réapparaître à l'autre bout. Il en existe de pliables ou vous pouvez en fabriquer un avec les cartons du supermarché.

La motricité

Les enfants ne franchissent pas tous au même moment les diverses étapes de la motricité – allongé, assis, rampant et enfin debout. Certains « sautent » un ou plusieurs stades. Le tableau ci-après donne une bonne idée de la progression des enfants.

APTITUDES MOTRICES MOIS PAR MOIS

Mois	Presque tous les bébés	La plupart des bébés	Certains bébés
1	Sur le ventre, lèvent brièvement la tête.	Sur le ventre, lèvent la tête à 45°.	Sur le ventre, lèvent la tête à 90°. Bougent un peu sur l'estomac.
2	Leur rachis commence à se redresser. Sur le ventre, lèvent et soutiennent brièvement la tête.	Sur le ventre, lèvent et tiennent un instant la tête à 45°.	Tenus debout, soutiennent leur tête. Sur le dos, ils la lèvent. Roulent du ventre sur le dos.
3	Lèvent la tête à 45°. S'étirent à plat sur le dos ou le ventre, bras pliés vers la tête. Se traînent un peu sur jambes et bras.	Lèvent la tête à 90°. Allongés sur le dos, la lèvent un peu. Roulent du dos sur le ventre.	Tenus debout, soutiennent la tête. Sur le ventre, la lèvent en appui sur les bras. Avancent un peu sur le ventre.
4	Sur le ventre, lèvent la tête à 90° et avancent, la tête levée à 45°. Sur le dos, lèvent la tête.	Debout, soutiennent bien la tête. Sur le ventre, s'appuient sur les bras pour lever la tête. Roulent d'un côté sur l'autre.	Tiennent la tête droite quand on les assied. Pèsent un peu sur leurs jambes. Roulent du dos sur le ventre.
5	Tenus debout, soutiennent bien la tête. Sur le ventre, la lèvent en s'appuyant sur les mains. Roulent du dos sur le ventre.	Pèsent un peu sur leurs jambes. Avancent un peu sur le ventre, épaules soulevées. Assis, tiennent la tête droite.	Assis sans soutien. Se soulèvent bras et jambes tendus. Roulent sur le dos ou le ventre. Rampent avec un mouvement de brasse.
6	Tiennent la tête droite quand on les assied. Rampent sur genoux et cuisses.	Pèsent sur leurs jambes. Restent assis sans soutien. Se soulèvent en poussant sur bras et jambes.	Se mettent debout, tenus ou se tenant. Se soulèvent pour s'asseoir. Se mettent à 4 pattes.
7	Restent assis sans soutien. Roulent facilement dans toutes les directions.	Rampent en remontant genoux et cuisses. Se balancent dans cette position.	Se mettent debout, tenus ou s'appuyant. Se redressent pour s'asseoir.
8	Pèsent sur leurs jambes. S'appuient sur leurs bras tendus. Rampent avec un mouvement de brasse.	Tiennent debout s'ils s'appuient ou sont tenus. Rampent et se balancent à quatre pattes.	Rampent (le cas échéant). Se lèvent et marchent en se tenant aux meubles.

En devenant de plus en plus mobile, votre bébé aura plaisir à découvrir de votre domicile : assis, il aura une vision nouvelle de son environnement ; plus adroit, il pourra manipuler et examiner les objets. Et enfin, marcher lui ouvrira d'autres horizons : les diverses pièces de la maison, le jardin, le monde extérieur. Pas étonnant donc que son intellect évolue aussi à grands pas.

Profitez avec lui de cette période d'exploration, mais ayez aussi conscience des problèmes qui l'accompagnent : votre bébé a maintenant accès à des objets et des lieux dangereux.

Pour en savoir plus

Le contrôle du corps	82-83
Assis et debout	88-89
Ramper et marcher	90-91
La sécurité à l'intérieur	204-205

APTITUDES MOTRICES MOIS PAR MOIS

Mois	Presque tous les bébés	La plupart des bébés	Certains bébés
9	Se balancent en position de ramper. Se soulèvent jambes tendues.	Tiennent debout, tenus ou s'appuyant. Sur le ventre, passent à la position assise, et d'assis à debout.	Font quelques pas en se tenant aux meubles.
10	Tiennent debout en s'appuyant. Passent d'assis à debout. Rampent sur mains et genoux.	Du ventre, passent à la position assise. Commencent à marcher en se tenant aux meubles.	Tiennent debout seuls un instant. Se baissent pour ramasser en se tenant. Font quelques pas avec un peu de soutien.
11	Passent du ventre à la position assise.	Marchent en s'appuyant. Tiennent debout seuls un instant.	Marchent seuls jambes écartées. Se lèvent seuls.
12	Naviguent autour des meubles. Saisissent un objet en se tenant de l'autre main.	Peuvent ramasser un jouet en se tenant.	Font quelques pas entre les meubles.
13	Un peu soutenus, font quelques pas. Restent debout un instant.	Font quelques pas en lâchant les meubles.	Marchent à différentes vitesses. Changent facilement de direction.
14	Debout sans aide.	Marchent à différentes vitesses. Tournent.	Saisissent un jouet. Le tiennent en marchant.
15	Marchent seuls.	Saisissent et portent leurs jouets.	Courent en ligne droite. S'arrêtent pour tourner.
18	Saisissent un jouet. Le tiennent en marchant.	Courent en droite ligne. S'arrêtent pour tourner.	Montent les marches, les deux pieds sur une même marche.
21	Courent en ligne droite. S'arrêtent pour tourner.	Montent des marches (les deux pieds sur une même marche).	Courent et changent de direction.
24	Montent des marches (les deux pieds sur une même marche).	Courent et changent de direction.	Sautillent sur place. Marchent sur la pointe des pieds.
30	Courent et changent de direction. Montent et descendent les escaliers seuls.	Marchent sur la pointe des pieds.	S'équilibrent une seconde sur un pied.
36	Marchent sur la pointe des pieds.	S'équilibrent une seconde sur un pied. Sautent un pas.	S'équilibrent deux secondes sur un pied.

**GESTES
DE LA MAIN**

À la volée.
Pendez des jouets
pour encourager
votre bébé à les faire
balancer à la volée.
Des petites peluches
accrochées au côté
du lit ou une arche
au-dessus de lui sont
parfaits.

Pour attraper.
Des jouets posés
pour qu'il puisse
atteindre et prendre.

Pour palper.
Des jouets de
différentes textures
agréables au toucher.

Pour pincer.
Il met tout dans sa
bouche : améliorez sa
« pince » avec des
aliments en petits
morceaux (petits
pois, dés de carottes,
tranches de banane).

Atteindre et saisir

Les mains d'un nourrisson sont d'abord fermées et sa vision est trop faible pour qu'il perçoive les détails. Même s'il voyait ses mains, le stade d'évolution de son système nerveux et musculaire ne lui permettrait pas de contrôler ses mouvements.

À un an, votre bébé sera capable de saisir, de manipuler, de faire passer un jouet d'une main dans l'autre ; de prendre un petit pois, de lâcher sa tasse, de manger un biscuit, de gribouiller et même de tourner les pages de son livre en carton. Il a beaucoup appris. Nouveau-né, il ne contrôlait pas ses mains. Un réflexe lui faisait recroqueviller les doigts au moindre contact avec sa paume. La plupart du temps, ses mains restaient fermées. Elles commencent à s'ouvrir quand ce réflexe s'affaiblit, mais le bébé ne contrôle pas encore ses doigts. Jusqu'à 8 ou 9 mois, il saisira les objets grâce au réflexe de préhension palmaire.

LA DÉCOUVERTE DES MAINS
Au cours de ses premières semaines, le bébé se détend de la position fœtale à la position allongée. Peu après, il commence à agiter bras et jambes à la moindre stimulation. Il est excité par la vue de ses mains mais il ignore que ce sont les siennes. Les voyant bouger, il découvre petit à petit la sensation du mouvement. Vers 16 semaines, il aime les examiner tandis qu'il est allongé sur le dos.

ACQUÉRIR LE CONTRÔLE
Le bébé acquiert d'abord le contrôle de sa bouche et de sa langue. Avec le développement de son cerveau commence le contrôle nerveux et musculaire : d'abord dans le cou, puis les épaules, le haut du dos, les bras. Ses premiers gestes volontaires partiront des épaules, puis concerneront les poignets ; finalement, il animera ses doigts séparément et à volonté.

Donne-moi !
Vers 6 mois, quand votre bébé pourra s'asseoir, il visera et saisira tout jouet à sa portée.

Miam, miam !
Au début, votre bébé porte tous ses jouets à la bouche. Il les explore avec les lèvres et la langue tant que ses mains ne sont pas assez agiles.

SAISIR

La préhension palmaire se fait avec la main à plat, les doigts se posant dans un ordre prédéterminé (3-2-1-4), le pouce touchant l'index. C'est suffisant pour tenir, insuffisant pour manipuler. La préhension palmaire sera remplacée par la « pince » et le « râteau ». Par la pince, le bébé saisit en deux temps : d'abord entre le pouce et l'index – comme avec une pince à épiler – puis il les recourbe pour en utiliser le bout.

En râteau, il incurve simplement sa main autour d'un objet en opposant le pouce aux quatre autres doigts. Capable maintenant d'animer chaque doigt séparément, il peut ajuster sa main à la taille de l'objet, le tenir et l'explorer avec l'autre main.

ATTEINDRE

Atteindre est un geste complexe. Pour le réaliser, un adulte juge d'abord s'il doit utiliser une ou deux mains, évalue le degré d'ouverture de sa main et l'angle nécessaire au contact. Il le fait automatiquement, mais cet automatisme a été acquis.

Les premières semaines, le bébé atteint remarquablement bien, mais il le fait par réflexe. Il ne guide pas ses mains par la vue, il les lance pour saisir ce qui attire son attention – même quand il s'agit d'un bruit. Ce réflexe disparaît au profit du contrôle des mains par la vue. C'est un long processus, au cours duquel les mains apprennent à commander aux doigts pour prendre, tenir et poser ce que les yeux perçoivent.

Un bébé commence à maîtriser ses gestes en « balayant » à la volée à partir de l'épaule. Un jour, par hasard, en agitant bras et jambes, il touche son orteil. À partir de ce hasard qui se reproduit,

il apprend à « viser » plus précisément, à toucher avec sa main, puis à saisir, tandis que les gestes réflexes disparaissent.

APPRENEZ-LUI À SAISIR

Tenez un hochet afin que votre bébé le voie bien. Il essaiera de l'atteindre en portant son regard entre le jouet et sa main. Celle-ci lui étant familière, il oubliera souvent le jouet pour la regarder. Attirez son attention par le son du hochet. Petit à petit, il l'intéressera plus que sa main et d'ailleurs, au début, quand sa main sera assez près du jouet, il le prendra en fermant les yeux.

LÂCHER PRISE

Les petits bébés ne lâchent pas prise volontairement. Voyant un nouveau jouet, ils ouvrent simplement la main pour le prendre, laissant tomber le premier. C'est entre 8 et 10 mois qu'ils le lâchent volontairement pour en saisir un autre : ils apprennent à desserrer les doigts et à retourner la main avant de lâcher ; puis ils font et refont le geste sans se lasser.

Pour en savoir plus

Premiers jouets et jeux	60-61
Les premiers réflexes	66-67
L'habileté manuelle	98-99
La sécurité à l'intérieur	204-205

Bang, bang !
Avec le contrôle de ses mains, au-delà de 6 mois, le bébé passe des coups indifférenciés à l'exploration systématique des objets – et des sons qu'ils produisent.

NE JAMAIS

• Donner trop de jouets. Atteindre et saisir sont des gestes importants, de même qu'explorer. Un excès de jouets disperse l'attention d'un bébé. Au lieu d'explorer un jouet, il ne fera que l'atteindre et passer à un autre.

• Accrocher les jouets avec des fils trop longs qui pourraient s'enrouler autour de son cou.

• Le laisser jouer avec un objet assez petit pour être avalé.

• Lui donner un objet qu'il pourrait s'enfoncer dans la gorge ou les yeux en le portant à la bouche.

L'apprentissage du langage

Les premiers « mots » d'un bébé ne sont pas des mots mais des signes indiquant ce qu'il veut ou ce qu'il sait. La plupart des enfants progressent rapidement des signes au babillage, puis aux mots et aux phrases.

Jouet égale canard
Un bébé emploie d'abord le même mot pour tous ses jouets. C'est par vous qu'il apprendra que chacun d'eux a son propre nom.

Si vous demandez à votre bébé : Tu es grand comment ?, il répondra peut-être en levant la main à telle ou telle hauteur ou en portant sa tasse à la bouche, signifiant ainsi : Je sais à quoi elle sert. Vous repérerez les signes qu'il emploie souvent. Voyant une image de fleurs, ma fille y collait son nez comme elle le faisait avec les fleurs fraîches ; quand il apercevait un bus, mon fils imitait l'action de ses roues.

LE TOUT PREMIER MOT

En général, l'enfant prononce son premier « mot » vers 10 ou 11 mois et, le plus souvent, c'est la répétition d'une syllabe simple : papa, mamama, dodo, etc. Il est souvent accompagné d'un signe : l'enfant montre du doigt, par exemple, pour signifier : Regarde.

Tous les bébés ne parlent pas à cet âge.

Certains ne commencent que trois ou quatre mois plus tard, mais tous comprennent plus qu'ils ne peuvent formuler et le fossé est plus ou moins grand selon les sujets.

DES MOTS ET ENCORE DES MOTS

À 16 ans, les adolescents disposent normalement d'un large vocabulaire, ce qui signifie qu'au cours de leur enfance, ils ont acquis un nombre phénoménal de mots. Pour le très jeune enfant, la stratégie consiste à se saisir d'un terme en espérant que c'est le bon et à attendre le corrigé si ce n'est pas le cas : Oui, c'est une auto ou Non, ce n'est pas un auto, c'est un camion. Avec cette méthode par tâtonnements, il étend la signification d'un terme pour la limiter ensuite. Tous les hommes sont d'abord des papas, puis il apprend le mot homme et emploie alors papa

ÉTAPES DANS L'APPRENTISSAGE DU LANGAGE

Vers 30 semaines	Vers 34 semaines	Vers 10 mois	Vers 11 mois	Vers 1 an
Il peut utiliser un signe tel que lever les bras pour dire Prends-moi ou serrer les lèvres et secouer la tête pour dire : Non.	Il crie pour attirer l'attention, manifeste ses émotions en geignant ou criant. Il réagit à Non, à Au revoir. Il émet un son particulier quand il voit le chat.	Il peut dire Papa ou un autre mot signifiant, lever la main quand vous demandez : Où est la main de Bébé ? Son babil évoque déjà le langage.	Il peut dire Mamama ou un autre son signifiant comme Non ou Bébé. Il babille comme si ce qu'il disait avait un sens. Certains placent un vrai mot au milieu de leur babil.	Il comprend environ trois mots et produit des sons signifiants. Il montre du doigt, comprend plus qu'il ne peut formuler. Un mot ou un son peut désigner une catégorie d'objets : Ouah ouah pour tous les animaux.

pour un homme bien défini. Les premiers mots de la plupart des bébés désignent des choses qu'ils peuvent voir et montrer du doigt. Puis apparaît l'expression de certaines fonctions et relations : possesseur – papa, bébé ; lieu – maison ; apparition ou disparition : a p(l)u(s), enco(re) ou propriétés – chaud, g(r)and.

L'ASSEMBLAGE DES MOTS

À partir d'environ 20 mois, le bébé commence à assembler des mots. Ces énoncés rudimentaires ne doivent rien au hasard. Ils comportent d'abord deux puis trois mots simplement juxtaposés mais dont la relation est évidente : Papa pa(r)ti, bébé dodo, bébé mange ta(r)tine. On estime que vers 2 ans l'enfant comprend environ 270 mots et qu'il en prononce (plus ou moins bien) à peu près la moitié. Viennent alors les innombrables questions sur le nom de tout ce qui l'entoure.

POUR AIDER VOTRE ENFANT

- Répétez ses phrases en les complétant : Papa est parti, Ton joujou est tombé. Vous indiquez ainsi que vous comprenez ce qu'il dit et l'aidez à former des phrases.

Vers 21 mois	Vers 22 mois
Son vocabulaire comporte environ 50 mots. Il commence à les associer, d'abord en « phrases » de deux mots.	Typiquement, il choisit un mot « pivot » auquel il en associe un autre : Papa pa(r)ti, Boum (t)auto.

- « Traduisez » ce qu'il veut dire. À : Poupée dodo, répondez : Ta poupée veut faire dodo ? ou : Ta poupée fait dodo ?
- Faites des phrases courtes, simples et claires.
- Complétez : Ton nounours est tombé là.
- Regardez la chose que vous nommez : il associera le son qu'il entend et la chose qu'il voit.
- Montrez du doigt les images de ses livres et nommez ce qu'elles représentent.
- Commentez ce qu'il fait, demandez-lui d'aller chercher tel ou tel objet. Parlez-lui pendant ses repas, son bain – les premières phrases ont souvent trait au quotidien. Prenez chaque jour avec lui le temps de la conversation.
- Pas de parler « bébé ». Usez d'un langage correct et simple. Quelques nouveaux mots par jour suffisent. Ne forcez pas la dose.

DES CAUSES D'INQUIÉTUDE

- Il est essentiel de détecter la surdité. Un test d'audition devrait toujours être effectué entre 12 et 18 mois, surtout si votre bébé a eu des otites ou des infections.
- Le développement tardif du langage n'est pas forcément signe de problèmes d'audition. Il est fréquent dans les familles où sévit la dyslexie. Si votre enfant comprend et communique bien par sons et gestes, son audition est sans doute normale.
- Consultez un spécialiste s'il ne comprend pas un seul mot à 14 mois ; s'il n'en prononce aucun vers 18 à 21 mois ; s'il a commencé à parler mais cesse de progresser ; si ce qu'il dit à 3 ans reste incompréhensible.

Pour en savoir plus

Écouter le monde	76-77
Sourires et babillage	86-87
La progression du langage	100-101
Parler aux enfants	150-151

Chut ! Silence !
Les gestes sont plus éloquents que les mots. Votre enfant associera vite le doigt sur les lèvres – et l'onomatopée – à l'idée qu'il doit faire silence.

L'habileté manuelle

À partir de ses premiers réflexes, votre bébé va acquérir la dextérité nécessaire pour atteindre, saisir et tenir les objets. Ses jeux quotidiens le conduiront vers des activités complexes exigeant un degré de contrôle plus élaboré.

PLACER

Placer est un geste complexe pour un bébé. Tenant son jouet, il doit retourner sa main, la diriger vers un point précis, centrer l'objet à la place choisie et le lâcher doucement. S'il rate l'un de ces mouvements, le jouet échoue au mauvais endroit. Peu nombreux à la naissance, les os du poignet ne se développent qu'après qu'il a gagné le contrôle de ses doigts. Il ne peut pas, auparavant, faire pivoter sa main et placer un objet avec précision.

ROULER

Dès qu'il peut joindre les deux mains pour faire « bravo », il peut saisir une grosse balle. Asseyez-vous face à lui, jambes écartées, et faites-la rouler directement entre ses bras et jambes pour l'empêcher de s'éloigner. Il pourra ainsi la prendre mais il aura peine à la renvoyer avant d'avoir appris à lâcher prise.

LANCER

La plupart des bébés commencent à lancer entre 12 et 18 mois (une balle en mousse inoffensive). Cette aptitude se développe petit à petit mais même à l'âge scolaire, votre enfant lancera sans grande précision.

ATTRAPER

Attraper est encore plus difficile que lancer. Lancez de tout près en plaçant presque la balle dans ses mains. Peu à peu, éloignez-vous et employez une balle de plus en plus petite. Vers 3 ou 4 ans, la plupart des enfants attrapent et lancent une balle à courte distance.

DONNER UN COUP DE PIED

Posez d'abord un ballon au sol plutôt que de le faire rouler. Taper dans le ballon exige de s'équilibrer sur un pied. Votre enfant peut y parvenir vers 18 mois mais il ne pourra le faire en courant que vers 4 ans, quand il sera tout à fait capable de changer de vitesse et de direction en courant. Et il ne saura pas dribbler avant au moins un ou deux ans encore.

Jeu d'adresse
Un nombre étonnant d'aptitudes est nécessaire pour jouer à la balle : tourner la main, faire pivoter le poignet, lancer et lâcher, recevoir, serrer et tenir.

LE CONTRÔLE DES MAINS MOIS PAR MOIS

Mois	Presque tous les enfants	La plupart des enfants	Quelques enfants
2	Ouvrent les mains. Serrent un doigt placé dans leur paume.	Essaient d'atteindre à la volée. Serrent un doigt placé dans leur paume.	Lèvent un bras ou les deux ensemble. Regardent leurs mains. Sucent leurs doigts.
3	Joignent les deux mains. Devant un objet accessible, les rapprochent pour saisir.	Lèvent un bras ou les deux en même temps. Portent la main à la bouche. Se tournent vers un objet.	Tiennent les mains ouvertes. Tentent d'atteindre un objet d'une main, sans saisir.
4	Regardent de la main à l'objet. Lèvent un bras indépendamment. Portent les mains à la bouche.	Cherchent à atteindre un objet d'une main, sans préhension précise. Lèvent les deux bras ensemble.	Regardent et jouent avec leurs mains, prennent avec la paume. Opposent le pouce aux doigts et à la paume.
5	Rapprochent les deux mains. Tiennent un hochet. Tendent la main vers un objet. Se tournent vers lui.	Atteignent et saisissent un objet au-dessus d'eux. Regardent et jouent avec leurs mains. Passent un jouet d'une main à l'autre.	Tiennent leur biberon. Visent et atteignent un objet avec assez de précision. Desserrent les doigts pour lâcher.
6	Saisissent par la paume. Tendent la main et agrippent un objet au-dessus d'eux. Passent un jouet d'une main dans l'autre.	Tiennent leur biberon. Atteignent avec précision.	Saisissent un objet et le portent à la bouche. Le passent d'une main dans l'autre. Laissent l'objet tomber de leur main.
7	Saisissent un objet et le portent à la bouche. Tiennent leur biberon. Atteignent avec précision.	« Visent » un jouet. Mobilisent le poignet pour saisir un petit objet. Le passent d'une main à l'autre.	Palpent main ouverte. Essaient d'atteindre un objet éloigné. Laissent tomber volontairement.
8	Mobilisent le poignet pour saisir un petit objet. Le passent d'une main dans l'autre.	Essaient de prendre un jouet éloigné. Font tomber par rotation du poignet.	Utilisent le pouce pour tenir un large objet. Frappent deux objets l'un contre l'autre.
9	Essaient d'atteindre un jouet éloigné. Font tomber un jouet volontairement en ouvrant la main.	Saisissent un petit pois par la « pince », avec le pouce pour un plus gros objet. Frappent deux objets l'un contre l'autre.	Font bravo. Laissent tomber en retournant puis ouvrant la main. Lâchent volontairement.
12	Les doigts saisissent un petit pois. Retournent la main pour lâcher intentionnellement. Frappent deux objets l'un contre l'autre.	Font bravo. Insèrent des objets. Explorent un creux du bout des doigts. Tournent les pages d'un livre en carton.	Soulèvent les couvercles. Placent un jouet dans une boîte. Changent de jouets, les entassent.
15	Saisissent un petit pois avec le bout des doigts.	Gribouillent et montrent du doigt.	Empilent deux cubes.
18	Gribouillent et montrent du doigt.	Empilent deux cubes.	Envoient une balle d'un coup de pied.
21	Empilent deux cubes.	Lancent une balle par-dessus la tête.	Empilent quatre cubes.
24	Empilent quatre cubes. Tapent dans un ballon. Lancent un ballon par-dessus la tête.	Empilent six cubes. Lancent une balle par-dessus la tête.	Complètent un puzzle élémentaire. Attrapent une grosse balle.

La progression du langage

En l'espace de quelques années, votre enfant va assimiler les règles de grammaire et les intonations de sa langue maternelle. Il passera du style « télégraphique » aux phrases complexes, même si quelques erreurs persistent ici et là.

BILINGUISME

Les enfants bilingues emmagasinent les mots de deux langues. Au début, ils progressent moins vite dans chacune d'elles, mais la plupart rattrapent leur retard avant l'âge scolaire. L'effort semble valoir la peine : à l'école, les enfants bilingues réussissent souvent mieux que les autres enfants.

Le très jeune enfant fait d'abord l'impasse sur les « petits mots » – articles, pronoms, etc. Il les entend et les « comprend » mais il n'est pas capable de composer une phrase complexe.

Il s'attend à ce que vous interprétiez ce qu'il dit, non à ce que vous le répétiez littéralement. Papa bu(r)eau signifie : Papa travaille au bureau. L'étendue de sa mémoire ne lui permet pas d'organiser plus de deux ou trois mots.

POUVOIR DE CONCENTRATION

Les adultes peuvent se concentrer sur environ sept éléments, organiser ainsi une phrase et en suivre une plus longue divisée en propositions. Pour un petit enfant qui ne peut se concentrer que sur deux ou trois mots, même les phrases courtes posent un pro-

Au pluriel
Un jour, votre enfant dira « Deux chevaux » au lieu de « Deux chevals ». Il aura compris la règle du pluriel.

blème. Il le résout en sélectionnant des éléments clefs, d'où son « style télégraphique. »

Un tout-petit a conscience de ce qu'il voit et l'oublie dès qu'il en détourne son regard. Sa capacité d'attention se limite à l'instant et s'accroît peu à peu. Vers 8 mois, il peut quitter son jouet des yeux et y revenir un instant plus tard parce qu'il se souvient de ce qu'il faisait.

Vers un an, sa capacité d'attention lui permet de combiner l'usage des mots et des gestes. Il se facilite les choses en montrant un objet avant de le nommer plutôt que d'associer les deux éléments et de dire : Là, bus.

Vers la fin de sa deuxième année, il comprend ce que vous lui dites, sait comment les choses devraient être dites mais n'est pas encore apte à le faire. Ses phrases s'allongent avec sa capacité d'attention et il commence à introduire les mots complémentaires qu'il omettait jusque-là.

LES PREMIERS MOTS

Les quelques mots isolés résument les connaissances acquises : un seul terme peut désigner toute une catégorie d'objets. Vers 15 mois, l'enfant aborde le stade du « mot-phrase » : apercevant une voiture pareille à celle de son père, il peut dire « Papa » signifiant en fait : C'est la voiture de papa. Ayant appris quelques mots supplémentaires, il commence à les juxtaposer. C'est l'organisation à base de « mots-pivots », occupant souvent la même place : Pa(r)ti papa, pati bébé, pati lapin ; ou apu bonbon, apu mama(n).

LES MOTS « GRAMMATICAUX »

Avec cette « grammaire-pivot » complétée par les gestes et les mimiques, l'enfant exprime l'existence, la disparition, la négation, la possession, l'action, etc. : (T)auto énéna (l'auto est là), Apu bonbon, Pas pa(r)ti papa, Tauto (à) bébé, Boum bébé…
À partir de 30 mois apparaîtront progressivement les articles indéfinis puis définis ; les pronoms personnels ; les prépositions puis les adverbes.
Vers 3 ans apparaîtront les premières

formes verbales ; puis l'infinitif, les auxiliaires et le passé composé quelques mois plus tard. Le futur n'apparaît que vers 5 ans.
À cet âge, le langage de l'enfant est déjà complexe. Vers 6 ans, il comportera environ 2 500 mots et se rapprochera de celui des adultes.

Mon nounours m'a dit
Les enfants apprennent avec les adultes mais aussi en pratiquant entre eux leur propre langage.

Pour en savoir plus

Écouter le monde 76-77
L'apprentissage du langage 96-97
Attention et mémoire 104-105
Parler aux enfants 150-151

MAÎTRISE DES ÉLÉMENTS GRAMMATICAUX

	Articles	Pronoms	Prépositions, adverbes	Verbes
De 0 à 30 mois	• Les enfants ignorent la grammaire. Apparaît l'emploi de l'article indéfini : « un ».	• Pronoms personnels et possessifs : « moi », puis « je » combiné avec « ou » substitué à « moi ».	• Premières prépositions : à (moi), pour (moi), de (moi).	• Troisième personne du verbe être : « est méchant », par exemple.
De 30 à 48 mois	• Apparaissent les articles définis « le » et « la », et vers 3 ans, les pluriels « des » et « les », et enfin « aux ».	• Les pronoms personnels : « il », puis « elle » ; vers 3 ans : « le, la, vous, me, te, nous » et, parfois, « on » ; puis vers 4 ans, « lui » et « eux ».	• Certains adverbes : « dedans, dessus, devant, derrière ». Puis les prépositions de lieu : « à, dans, sur, sous »… « Avec » exprime l'accompagnement.	• L'infinitif : « Je veux manger », le présent : « Bébé fait dodo », le passé composé : « Papa est parti ». Le futur est exprimé avec « va » : « Bébé va faire dodo. »
De 48 à 60 mois	• Apparaissent vers 4 ans et demi les articles indéfinis à la place des articles définis.	• Les pronoms possessifs : « le mien, le tien » remplacent « mon mien, mon tien » employés depuis quelques mois.	• Les adverbes de temps : « aujourd'hui, hier, demain, maintenant, tout de suite », etc.	• Le futur simple : « Papa, on ira nager ? » ; l'imparfait de l'indicatif : « Le monsieur i[l] disait… »
De 60 à 72 mois	• L'emploi des articles est généralement correct.	• Les autres pronoms possessifs : « le sien, le nôtre, le vôtre, le leur » apparaîtront après 6 ans.	• Les prépositions de temps : « avant, après, pendant » sont employées.	• Le conditionnel est employé : « On dirait la voiture de papa. »

Dessiner et peindre

Les enfants ne dessinent pas ce qu'ils voient – ils dessinent ce qui, selon eux, devrait être là. Leurs dessins n'essaient pas d'être des photographies du réel. Ce sont des symboles, comme les lettres et les mots.

Si vous montrez à un jeune enfant une tasse décorée de fleurs et lui demandez de la dessiner, il dessinera ce qui, pour lui, est l'essence de toutes les tasses – la forme et la poignée – puis il ajoutera la caractéristique de cette tasse particulière – un motif floral. Ni cette « tasse universelle » ni ce « motif universel » ne correspondront nécessairement à ce qui est devant lui : la tasse évasée sera peut-être droite, les roses ressembleront peut-être à des marguerites. Ce n'est que vers 8 ou 9 ans que l'enfant essaie de reproduire exactement ce qu'il voit.

Jeunes artistes
Il est fascinant d'observer les progrès d'un enfant, des gribouillages incontrôlés aux tracés du crayon qui quitte la page de plus en plus souvent, puis aux dessins de formes spécifiques et aux images réalistes.

LES ÉTAPES DU DESSIN	
2 ans	Les motifs semblent des gribouillages mais les lignes ne sont pas sans but. Le dessin a son équilibre: en général, un motif à droite a son pendant à gauche. Les dessins ne sont pas censés représenter quelque chose. À cet âge, il trace des lignes continues qui s'enroulent et se déroulent sur la page.
2 ans à 2 ans et demi	Il ne vise toujours pas à représenter une chose spécifique mais si vous l'interrogez, il vous dira ce qu'il a dessiné; le lendemain, il dira peut-être autre chose. Son crayon décolle plus souvent de la page, trace parfois un cercle, une ligne, un autre cercle. Ses gribouillages se densifient.
2 ans et demi à 3 ans	Les enfants commencent à voir leurs dessins comme des représentations (probablement parce qu'on leur demande souvent de les interpréter). Il peut annoncer à l'avance ce qu'il va dessiner, sans le faire pour autant : il change d'avis si son dessin lui paraît ressembler davantage à autre chose.
3 ans à 3 ans et demi	Il fait des lignes, des points, des carrés, des grands et petits ronds et des croix. Il commence à inclure des choses dans les cercles. Des lignes irradient d'un « soleil ». Il réalise soudain qu'il a dessiné une personne et recommence. Les choses ne sont pas toujours au bon endroit, mais il en est satisfait.
3 ans et demi à 5 ans	Il dessine les yeux dans le visage; pas de corps mais des jambes, des cercles pour la tête, les yeux, le nez et la bouche. Vers 4 ans, il ajoute des détails : des bras, des boutons sur un manteau. Il dessine ce qui est important pour lui : s'il s'est écorché le genou, ses personnages ont soudain des genoux.
5 ans à 8 ans	Ses dessins restent symboliques. La partie la plus intéressante est toujours plus grande. S'il dessine un chien de profil, il aligne quatre pattes en dessous et la tête de face. Il peut aussi dessiner des choses qu'il ne voit pas – un bébé dans le ventre de sa mère, par exemple.

L'ART DU PORTRAIT

Les enfants ne dessinent pas des humains-bâtons mais des humains-patates : grosse tête, jambes-bâtons (ou non) et, en général, un visage.

● En principe, dans les premiers dessins, le visage a des yeux (parfois plus de deux) et parfois, mais pas toujours, un nez et une bouche.

● Par la suite, des cheveux peuvent être ajoutés quelque part sur la tête et des bras et des jambes rattachés ailleurs. C'est une option et leur nombre est variable. Ce qui est intéressant n'est ni leur emplacement ni leur taille, mais qu'ils soient ou non présents.

● Petit à petit, le nombre d'éléments obligatoires augmente : d'abord des bras, ou un corps, puis les deux. Ensuite les doigts, puis les vêtements.

● La taille dénote l'importance du détail pour l'enfant. Les doigts peuvent envahir la page. Si on lui demande de dessiner sa famille, il est en général aussi grand que ses parents – sinon plus.

● Au début, il distribue les éléments au hasard : bras sortant de la taille, visage toujours de face, pieds de profil.

● Vous pourrez remarquer qu'en général, les personnages sont placés sur le côté droit des dessins.

CHEMINÉE BANCALE

Les petits enfants dessinent en suivant des yeux la pointe de leur crayon, comme l'indiquent les horizontales et les verticales. Avant environ 6 ans, ils alignent l'objet dessiné sur la droite la plus proche. C'est pourquoi une cheminée sur un toit en pente fait un angle droit avec lui.

GRIBOUILLAGES ET ÉCRITURE

Bientôt, votre enfant commencera à « écrire ». Encouragez-le sans le forcer : tant qu'il s'amuse, il apprend à contrôler son crayon.

● Appelez ses gros gribouillages « dessins », les petits « écriture ». S'il veut connaître les lettres, montrez-lui mais attendez qu'il le demande. Et laissez-le écrire ses lettres.

● S'il en dessine une par hasard, extasiez-vous : Quel beau A ! S'il en écrit plusieurs, lisez-les : Oh ! Tu as écrit apoc ! Quel joli mot !

Pour en savoir plus

L'habileté manuelle	98-99
Apprendre à penser	106-107
Prêt pour l'école ?	108-109
Du tout-petit au jeune enfant	186-187

SITUER

Les petits ont du mal à situer les choses les unes par rapport aux autres.

● Une maison est rarement située à flanc de colline. Vers 6 ans, ils la perchent en haut d'une colline ronde ou pointue ou de profil sur la pente. Plus âgés, ils lui dessinent parfois des fondations.

● Une chaise est vue d'en haut, pieds de côté. La personne assise flotte au-dessus comme pour ne pas cacher la chaise.

● L'éléphant a une face « normale » : ignorant que la trompe est aussi son nez, l'enfant la case où il reste une place ! Même chose pour la girafe – son cou est installé là où son dessin lui ménage un espace.

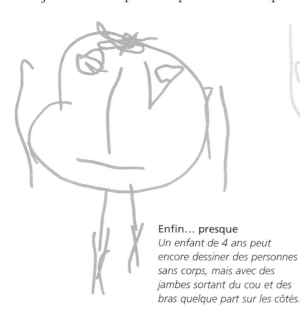

Enfin… presque
Un enfant de 4 ans peut encore dessiner des personnes sans corps, mais avec des jambes sortant du cou et des bras quelque part sur les côtés.

Ma maison
Vous pouvez être sûr que sa maison aura une porte au milieu, deux ou quatre fenêtres, un toit pointu et une cheminée (qui fume) – même si sa vraie maison ne lui ressemble pas du tout.

Attention et mémoire

Nous savons que les enfants ne pensent pas et ne résolvent pas les problèmes comme les adultes, ce qui rend leurs explications si délicieuses. Non seulement ils savent moins de choses que nous, mais ils pensent aussi d'une autre manière.

Ils ne sont pas illogiques et facilement distraits. Mais ils se perçoivent comme le centre du monde et, face à un problème ou une situation, ils se saisissent de la première solution qui leur vient à l'esprit.

L'ESPACE DE TRAVAIL MENTAL

Le cerveau des petits enfants est différent du nôtre : ils n'organisent pas leurs pensées logiquement parce qu'ils ne disposent pas de l'« espace mental de travail » nécessaire. On peut comparer

Le passé à l'imparfait
Votre enfant saura qu'on a fêté son anniversaire, que son frère lui a offert une peluche mais ne saura pas classer les faits dans l'ordre.

avec une cuisine sans plan de travail : en coupant les légumes du pot-au-feu directement dans le faitout, vous risquez d'oublier un ingrédient ; sur un plan de travail, vous pouvez les rassembler tous avant de commencer à cuisiner. Penser exige aussi un « espace de travail » qu'on peut apparenter à un aide-mémoire.

Face à un problème, nous examinons et comparons les solutions possibles pour choisir la mieux adaptée. Nous réussissons plus ou moins bien en fonction de la taille et de l'organisation de notre « aide-mémoire ». Celui d'un bébé étant minuscule, il est incapable de réfléchir à des idées et des explications complexes. Il ne peut « penser » que l'immédiat. Contrairement aux jeunes enfants, les adultes ne sont pas prisonniers de l'idée du moment parce que leur aide-mémoire contient et propose à la fois les situations présentes et les expériences passées.

DIFFÉRENCES ENTRE ENFANTS ET ADULTES

• Dominés par le présent, les enfants sont abusés par ce qu'ils voient. Ils ne peuvent situer l'expérience de l'instant dans le contexte du passé.

• Ils n'ont ni l'expérience ni le savoir nécessaires pour résoudre des problèmes complexes mais peuvent être très compétents dans un domaine précis auquel ils ont été exposés.

APPRENDRE À SE CONCENTRER

L'attention implique une concentration sur un point au détriment des autres. Les tout-petits s'intéressent aux courbes, aux visages, aux objets tridimensionnels, aux sons et aux odeurs qui attirent leur attention mais ils en sont facilement distraits dès qu'un autre objet entre en scène. Avec le temps, ils deviennent plus aptes à résister à la distraction.

STRATÉGIES DE MÉMORISATION

Un enfant mémorise par divers moyens. La répétition est un des plus simples. Avant 3 ans, on peut répéter, lui suggérer de répéter, mais il ne le fera sans doute que pour ce qui l'occupe dans l'immédiat. Vers 10 ans, presque tous les enfants répètent spontanément ce qu'ils ont besoin de se rappeler. Morceler en plusieurs éléments et les regrouper en classes plus larges est une autre méthode, employée seulement à partir d'environ 10 ans. Un numéro de téléphone est plus facile à mémoriser en groupes de deux ou trois chiffres. Interrogé sur ce qu'il se rappelle d'une image, un enfant de 10 ans en regroupe les divers éléments – personnages, fruits… Il se souvient d'abord des éléments d'une catégorie avant de passer à une autre.

ÉVOLUTION AU FIL DU TEMPS

Reconnaître. À tout âge, reconnaître une chose vaut mieux que se rappeler l'avoir vue. Si vous leur demandez de trier de nouveaux jouets et d'autres qu'ils ont déjà vus, les enfants de 2 ans en reconnaissent 80 %, ceux de 4 ans, 90 % ; un adulte se trompe rarement.
Se rappeler. Si l'on demande aux mêmes enfants de se rappeler ceux qu'ils ont vus, ils s'en rappellent 20 %

à 4 ans, moins encore à 2 ans. Tous les enfants se rappellent les actes (les jeux) mieux que les choses (les jouets).
Autobiographie. Le rappel des événements qui nous sont arrivés semble commencer vers 3 ou 4 ans et s'améliore jusqu'à environ 8 ans.
Enchaînement. Vers 4 ou 5 ans, les enfants peuvent mémoriser une suite (l'ordre des vêtements sur une corde à linge) mais ont plus de difficulté avec la chronologie. Ils se rappellent le premier élément d'une séquence mais ont du mal avec les suivants.
Stratégies de mémorisation. Si vous voulez faire dire à un enfant de 2 ans où est caché un jouet, il vous regarde le cacher, détourne son regard et oublie. À 3 ans, il vous regarde le cacher et continue à regarder la cachette jusqu'à ce que vous lui posiez la question. À 5 ans, il a appris que dire à quelqu'un où il a caché quelque chose l'aide à s'en souvenir. À 7 ans, il emploie divers moyens tels que répétition et questions.

DISTRACTIONS

- En atteignant un jouet, un bébé est distrait par sa propre main et, pour cette raison, ferme les yeux.
- Avant 6 ans, les enfants préfèrent ce qui est visuel, la télévision à la musique et aux livres.
- Les enfants sont plus attirés par les couleurs vives et les bruits forts.
- Les préscolaires apprennent mieux :
– sans musique et sans bruit ;
– en se concentrant sur un seul objet.

MODIFICATIONS DE L'ATTENTION AVEC L'ÂGE

À 3 ans	À 6 ans
D'une image, un enfant retient les couleurs, formes et dimensions et les intègre dans un tout.	Il perçoit immédiatement l'image dans son ensemble.
Il balaie du regard de façon impulsive.	Il cherche ce qu'il veut trouver.
Il a plaisir à simplement regarder.	Il observe avec attention et essaie de trouver un sens à ce qu'il voit.
S'il cherche un jouet, il vérifie un ou deux endroits puis passe à une autre activité.	Il regarde d'abord à « la place » du jouet et vérifie ensuite les autres endroits possibles.
Pour repérer l'intrus dans une série d'images, il passe de l'une à l'autre en espérant trouver la différence.	Pour trouver l'intrus dans la série d'images, il les compare deux par deux jusqu'à ce qu'il trouve.

Apprendre à penser

Penser met en jeu plus qu'un simple rappel du passé. Des solutions créatives peuvent être nécessaires. La capacité d'abstraction, de symbolisation, de compréhension des causes et effets se forge très tôt.

LE PASSÉ DANS LE PRÉSENT

Les bébés ont besoin de visages, de jouets, de repères familiers pour éprouver la sensation d'un contexte déjà vu. C'est pourquoi ils détestent les déplacements : tout est nouveau et différent, c'est trop d'un seul coup. Si vous partez en vacances avec un tout-petit, emportez beaucoup d'objets familiers – couverture, peluches, jouets – et ne bouleversez pas trop ses habitudes.

Comme nous l'avons signalé, les enfants ne « pensent » pas comme les adultes. Pour résoudre un problème, nous rassemblons tous les éléments utiles – situation présente, informations pertinentes stockées dans des situations similaires – et nous les comparons pour voir si elles nous aident à comprendre. Nous appliquons des méthodes, prenons des options, imaginons des solutions intermédiaires et mettons le tout à l'épreuve dans notre « espace mental de travail ».

DÉVELOPPER LA PENSÉE SYMBOLIQUE

Entre la naissance et 2 ans, les enfants comprennent le monde par l'influence qu'ils ont sur lui, non à travers des mots ou des symboles, mais à travers leurs sensations et leurs actes, à la manière de l'adulte qui a appris à nager. Il nage « automatiquement » et il lui est difficile d'expliquer à une autre personne comment il procède ou comment elle doit faire. Mais il est capable d'expliquer comment le singe du zoo grimpe à un arbre.

Toute petite enfance. Au premier mode de compréhension du monde – sensoriel et émotionnel – s'ajoute graduellement la pensée symbolique, celle qui s'appuie sur les mots et les symboles. Elle permet à l'enfant de faire des comparaisons, de penser aux choses qui se sont produites aupara-

Faire semblant
À partir d'environ 2 ans, votre enfant peut concevoir des événements et des actions extérieures à lui-même : je donne du lait à ma poupée.

vant et d'utiliser le langage pour les décrire. Il peut alors raconter ce qu'il a fait et qu'il a vu le singe au zoo.

Avant l'âge scolaire. Avec le développement de la pensée symbolique, l'enfant commence à différencier les objets des événements et les pensées des actions. Il comprend, par exemple, que sa chaise haute n'est pas une partie de son repas. De 2 à 4 ans, il apprend à agir selon des modes familiers sur ce qui l'entoure. Il n'est plus le centre du monde. Il peut concevoir des rapports entre ses jouets : Nounours est le chauffeur de son camion, son lapin le passager.

LA PENSÉE LOGIQUE

Entre 4 et 7 ans, il commence à comprendre les relations (mère-enfant par exemple) et les contingences. Il sait que le seau le plus lourd est celui qui contient plus de sable. Mais il ne pense pas encore de façon logique parce qu'il se concentre sur un seul aspect d'une situation. Face à deux rangées de six boutons, il croit que la plus courte en comporte moins que la plus longue. Montrez-lui deux verres de même contenu et demandez-lui s'il est identique, il répondra que oui. Versez l'eau d'un des verres dans un autre plus large et moins haut, il pensera qu'il contient moins d'eau que le grand verre : ses yeux le trompent encore. C'est plus long ou plus haut, donc il y a « plus » : parce qu'il se concentre sur un aspect – la hauteur – il néglige l'autre – la largeur.

CAUSE ET EFFET

- Un préscolaire pense qu'une chose découle d'une autre si les deux sont proches dans le temps ou l'espace, même si elles n'ont aucun rapport ou si le rapport est inversé. Il peut dire, par exemple, que le soleil reste dans le ciel parce qu'il est jaune ou qu'il est tombé de vélo parce qu'il s'est cassé le bras.

- Il passe du particulier au général : si un chien noir le renverse, il pense que tous les chiens noirs vont le renverser. S'il bute dans un pied de table, il en déduit que tous les pieds de table vont lui faire mal.

- Il ne peut tirer d'une série d'événements une déduction correcte. Si vous lui racontez qu'une balle a heurté le marteau, qui est tombé de l'étagère sur une tasse et que la tasse s'est brisée, il n'en déduira pas que le marteau a cassé la tasse. Mais si vous lui proposez deux réponses, il optera pour la plus vraisemblable. Par exemple, si vous demandez : C'est la balle ou le marteau qui a cassé la tasse ?, il répondra sans doute : Le marteau.

CHANGEMENTS ENTRE 4 ET 7 ANS

Théorie de l'esprit. À 3 ans, il ne réalise pas que ses pensées et sentiments diffèrent de ceux des autres. Il est encore le centre du monde. Si vous demandez à votre petit garçon s'il a une sœur, il répond : Oui. Mais si vous lui demandez si sa sœur a un frère, il répond : Non. Vers 4 ans, il se rend compte peu à peu que ses pensées et sentiments sont distincts de ceux des autres.

Permanence. Avant 4 ans, un enfant peut savoir qu'il est un garçon et croire qu'il sera une « maman » quand il sera grand. Au-delà de 4 ans, l'enfant sait qu'il ne changera pas de sexe.

Quantité. La plupart des préscolaires peuvent compter et savent que 2 est plus que 1 mais ignorent encore que 7 est plus que 6.

Pour en savoir plus

L'apprentissage du langage 96-97
Attention et mémoire 104-105
Prêt pour l'école ? 108-109
Penser aux autres 110-111

LES MOTS

Un enfant a tant à voir et apprendre qu'il lui faut plusieurs années pour assimiler les rudiments du langage, qui ne joue un rôle important dans sa vie qu'à partir d'environ 2 ans. Il commence alors à saisir certains concepts, à donner des raisons, à comparer, à comprendre les règles. Dès 4 ans, il pose beaucoup de questions et comprend les réponses. Il peut dès lors apprendre en écoutant des explications.

Lequel est plus grand ?
Avant l'âge de 7 ans, un enfant croit encore qu'il y a moins de cire dans la boule parce qu'aplatie, elle est plus large.

Prêt pour l'école?

Votre enfant a beaucoup appris au cours de ses premières années, beaucoup grandi et pris du poids. Il sait se mouvoir et parler, il peut exprimer ses sentiments, communiquer avec autrui – mais est-il prêt pour l'école?

Diverses compétences élémentaires sont indispensables avant qu'un enfant soit prêt à quitter la sécurité physique et émotionnelle du foyer et aller à l'école avec les autres enfants.

RESTER ASSIS

Il semble évident qu'un enfant doit être capable de rester assis à l'école mais, pour beaucoup, c'est très difficile. Si le vôtre en est incapable, vous devriez peut-être repousser sa rentrée. Un enfant instable qui perturbe la classe peut se faire une réputation qui le suivra pendant des années.

Pour préparer votre enfant à l'école, faites-lui commencer la journée de façon très active – courir au son d'une radio bruyante, sauter les marches de l'escalier, par exemple. Puis fermez la radio et demandez-lui de se consacrer à une occupation qui exige d'être assis à une table : déjeuner, lecture, jeu de construction, dessin. Alternez des périodes de calme et de grande activité. N'attendez pas de votre enfant qu'il reste immobile très longtemps : commencez par quelques minutes et augmentez la durée. Complimentez-le. Ignorez sa bougeotte.

FAIRE ATTENTION

L'enfant a besoin de savoir qu'il doit écouter une personne qui lui parle, être capable de prêter attention à ce qu'elle dit et de faire ce qu'elle demande, ce qui est difficile pour beaucoup d'enfants, surtout parmi les garçons. Pour l'aider, mettez la table pour les repas. Asseyez-vous face à lui afin qu'il vous regarde et que vous le regardiez pendant que vous lui parlez. Rangez les jouets, fermez la radio, la télévision, supprimez toute source de distraction pour créer un climat qui lui permette de se concentrer et de vous accorder une attention soutenue.

Jeu et imagination
Construire avec des blocs et des figurines force l'enfant à une période de calme et développe son imagination créatrice en le transportant dans un autre contexte.

Savoir nager
Une des meilleures façons d'apprendre à votre enfant à cohabiter avec les autres est de l'emmener à la piscine – elle procure à la fois amusement et socialisation.

SE CONCENTRER ET PERSÉVÉRER

Votre enfant aura moins de mal à se concentrer sur une tâche s'il est habitué à jouer dans un espace qui n'est pas surchargé de jouets. La distraction est l'ennemie de la concentration. Éliminez donc toute stimulation étrangère à l'occupation du moment. Félicitez-le s'il s'y tient et poursuit de lui-même.

DANS LA FOULE SANS MAMAN

Seule la pratique lui apprendra à se comporter dans un groupe. Tous les enfants bénéficient de la fréquentation d'une garderie. La piscine aussi est un endroit bruyant excellent pour l'habituer au contact avec les autres enfants. L'expérience lui apprendra à avoir confiance en lui, et en vous – vous revenez comme vous l'avez promis.

SE FAIRE DES AMIS

Les enfants qui ne savent pas se faire des amis ne sont pas heureux à l'école. Peu de jeunes enfants se font des amis à vie. Ils ont simplement besoin de participer et de partager et ne peuvent apprendre que par des contacts répé-tés dans un contexte social autre que le foyer, telle la garderie.

ÊTRE CAPABLE DE S'EXPRIMER

Les difficultés d'expression désavan-tagent un enfant qui commence l'école. Il aura du mal à communiquer tant avec l'enseignant qu'avec les autres enfants.

AVOIR CONFIANCE EN SOI

Un enfant qui a confiance ne s'inquiète pas : s'il croit qu'il peut faire une chose, il la fera ; mais celui qui s'en croit inca-pable ne réussira sans doute pas. Ren-forcez son aplomb en exprimant votre amour et votre confiance dans ses capa-cités. S'il se comporte mal, critiquez ce qu'il a fait, jamais ce qu'il est.

LIRE ET ÉCRIRE

Peu importe qu'il sache ou non lire ou écrire son nom pourvu qu'il soit capable de contrôler son crayon. Il devrait aussi savoir que l'imprimé est ce qu'on lit et que lire procure du plaisir.

SAVOIR QUE C'EST AMUSANT D'APPRENDRE

Un enfant qui a pu jouer et explo-rer son univers par lui-même aborde l'école avec enthousiasme. Celui qui a toujours suivi les autres attendra d'être sollicité par l'en-seignant plutôt que de fournir un effort par lui-même.

Contrôler son crayon
Dessiner avec des crayons de toutes tailles et couleurs apprend à votre enfant à tenir ces outils et à obtenir le résultat recherché – même s'il ne peut pas encore écrire.

Pour en savoir plus

La progression du langage 100-101
Attention et mémoire 104-105
Apprendre à penser 106-107
Penser aux autres 110-111

JEUX FORMATEURS

Guetter les sons et les relier à un objet.
Observer les insectes. Observer et découvrir.
Puzzles. Repérer des formes, compléter des tâches.
Coloriage. Contrôler le crayon et identifier les couleurs.
Trouver l'intrus. Attention au détail, comparer.
Comptines. Jouer à reconnaître des sons.
Écrire une B.D. Observer et enchaîner.

HIER

Dans maintes cultures (dont la nôtre) les enfants d'âge scolaire effectuaient de petits travaux et surveillaient les plus jeunes. Ils gagnaient aussi un peu d'argent – c'est encore le cas dans beaucoup de pays. Le reste du temps, ils jouaient tous âges confondus, échappant souvent au regard des adultes et créant leurs « sociétés secrètes » qui ont inspiré tant de romanciers.

Penser aux autres

Un petit enfant ignore qu'il peut penser. Il a besoin de découvrir que ses pensées et son expérience lui sont particulières et que les autres personnes ont aussi des pensées dont il ne sait rien.

Un petit enfant ignore que ses pensées et ses sentiments diffèrent des nôtres. Il sait que taper sur la tête d'un autre enfant le fait pleurer mais ne conceptualise pas sa douleur parce qu'il ne la ressent pas lui-même. S'il vous raconte sa matinée chez grand-mère, il le fait comme si vous aviez été présente. Il ne précise pas qu'il a croisé un gentil chien dans le parc, mais déclare : Le chien est gentil. À vous de compléter… Il parle de ce qu'il voit derrière vous comme si vous le regardiez aussi. Tout cela change entre 3 ans et demi et 4 ans quand il prend peu à peu conscience de vos expériences et de vos pensées. Il dit alors : Tu sais, la petite fille qui a joué avec moi…, et ajoute les détails qu'il sait indispensables pour que vous suiviez son histoire.

Il ne peut pas être concerné par la douleur d'autrui avant de réaliser que les autres pensent, souf-

Alors j'ai pris mon vélo…
Ce n'est que vers 4 ans que les enfants réalisent qu'un absent n'a pas partagé leur expérience et qu'ils doivent l'expliquer.

frent, ressentent. Il peut obéir et « bien » faire parce qu'il voit que cela nous fait plaisir, ou que nous sommes fâchés dans le cas contraire, mais il n'acquiert un sens moral qu'en comprenant qu'il peut nous blesser. La morale n'est une question ni de punition ni de récompense mais de respect des autres, de refus de blesser autrui, que quelqu'un en soit ou non témoin.

COMMENT LES AUTRES PENSENT ET SENTENT

Des tests psychologiques permettent de juger si un enfant a appris que les autres pensent et éprouvent des sentiments. Videz un sac de bonbons et remplissez-le de billes. Montrez-le à un enfant de 3 ans et demandez-lui ce qu'il contient. Il répondra : Des bonbons, parce qu'il reconnaît l'emballage. Laissez-le regarder à l'intérieur, il verra les billes. Déversez-les, replacez-les dans le sachet et demandez à nouveau ce qu'il contient. L'enfant vous répondra : Des billes.

Demandez-lui alors ce que les autres enfants penseront trouver à l'intérieur. Il répondra à nouveau : Des billes, parce qu'il croit que les autres enfants savent ce qu'il sait. C'est seulement vers 4 ans qu'il comprendra que les autres enfants croiront que le sachet contient des bonbons.

C'est en observant votre enfant que vous remarquerez cette évolution : il vous expliquera à quoi il joue quand il « fait semblant » lorsqu'il aura compris que les autres ne partagent pas ses pensées.

BIEN ET MAL

Les préscolaires ont leur notion de « bien » et « mal ». Elle s'applique aux actions, sans concept d'intention : jeter volontairement une assiette par terre est donc moins grave que d'en casser cinq par accident. L'idée est qu'il est mal de casser les choses. C'est en jouant avec d'autres qu'un enfant apprend que certaines règles peuvent être adaptées aux situations, qu'elles ne sont pas rigides mais liées à l'intérêt commun. En comprenant que désobéir à une règle volontairement est plus grave que d'y désobéir par accident, il franchit un pas vers un comportement moral.

VALEUR DE L'EMPATHIE

Le sens moral n'est pas l'obéissance aveugle aux règles : il nous pousse à « bien » agir même quand personne ne nous juge ou ne nous observe. Les adultes savent que la valeur morale d'un acte découle de sa motivation. On peut donner de l'argent pour le déduire de ses impôts ou parce qu'on est sensible à telle ou telle détresse. Seule la deuxième raison a une valeur morale. Un enfant ne peut acquérir le sens moral par la simple obéissance aux règles. Il doit développer l'empathie et comprendre que les autres sont affectés par son comportement.

DÉVELOPPEMENT DU SENS MORAL

● **Avant 4 ans,** les enfants ne comprennent pas les règles. Ils savent que faire « bien » ou « mal » attire l'attention des parents et ne sont pas gentils parce que « c'est bien » mais parce que

cela plaît aux personnes qu'ils aiment ou pour attirer leur attention.

● **De 4 à 7 ans** (et même de 7 à 10 ans), les enfants agissent encore comme ci-dessus mais commencent à se montrer concernés par le bien-être physique, matériel ou émotionnel d'autrui, même quand il s'oppose à leurs propres besoins. Mais coopérer ou partager relève encore souvent de la manipulation – pour sentir notre approbation – et ne repose pas encore sur un sens de la justice, sur la sympathie ou la compassion.

● **De 8 à 10 ans,** certains enfants croient de plus en plus que la bonne conduite entretient l'approbation et les bons rapports avec autrui. Plus que l'autorité des adultes, c'est cette approbation qui est importante. Encore dépendants des autres dans leurs jugements, ils ont une image stéréotypée des bons ou mauvais comportements et des bons ou mauvais individus.

● **Quelques enfants de 8 à 10 ans** (et beaucoup qui sont plus âgés) croient devoir accepter aveuglément les règles en vigueur. L'enfant ne se conforme plus aux standards de ses parents ou des autorités, mais à un ordre social plus large. Le comportement est « bien » s'il est conforme à un jeu rigide de règles.

Pour en savoir plus

Comment apprennent-ils ?	80-81
Apprendre à penser	106-107
Un enfant attentionné	146-147
Zéro de conduite	192-193

AUJOURD'HUI

En Occident, les machines effectuent les anciens travaux des enfants qui n'ont plus la charge de leurs cadets et n'apprennent guère à s'occuper des autres. De moins en moins d'enfants jouent dans la campagne ou les rues des villes. Ils ne forment plus d'innocents clans secrets et passent plus de temps affalés devant la télé, l'ordinateur ou les jeux vidéo.

Je peux aider
Les études montrent que les enfants d'âge scolaire qui ont quelques responsabilités à la maison deviennent plus coopératifs et plus soucieux des autres.

L'enfant est un individu

Bien que le nouveau-né soit immature et démuni, nous le percevons comme un individu. Nous regardons son visage et le trouvons unique; et en examinant son caractère, nous devinons en partie ce qu'il deviendra. C'est difficile à exprimer, mais la plupart des parents sont d'accord sur ce point. S'ils ont plusieurs enfants, ils savent que chacun est différent des autres. Présent dès la naissance, ce caractère unique va, tout autant que sa situation à l'intérieur de la famille, influencer le développement de votre enfant.

C'est dans ses gènes !

De nombreux éléments concourent à construire un individu : les gènes qu'il hérite de ses deux parents et de ses aïeux, la matrice dans laquelle il se développe, comment il est élevé et aimé et la place que le destin lui assigne dans le temps et l'espace.

Familles heureuses
Les enfants héritent les gènes de leurs deux parents, mais peuvent ressembler davantage à leur oncle ou tante qu'à leurs parents.

Votre enfant est doté d'un certain potentiel et, en grandissant, il sera influencé par d'autres facteurs. Ses gènes délimitent un vaste cadre. Ils déterminent, par exemple, sa taille maximale possible ; mais son environnement et, particulièrement, son alimentation agiront sur sa taille effective. Ces limites sont assez strictes dans le domaine physique, probablement beaucoup moins dans tous les autres. Ses capacités physiques, mentales, son intelligence, son tempérament, sa personnalité et sa santé dépendent indiscutablement de ses gènes, mais son environnement joue un bien plus grand rôle. Il hérite ainsi une prédisposition qui influe sur ses réactions au monde, mais il ne contrôle pas toujours comment le monde influe sur lui.

LES GÈNES ACTIFS ET PASSIFS

On pourrait croire que des enfants de mêmes parents, élevés de la même manière, se ressembleront beaucoup, mais il est évident qu'il n'en est rien. Il arrive même qu'ils ressemblent plus à un oncle qu'à l'un de leurs parents. Un chromosome porte des milliers de paires de gènes. Dans chaque cellule, il y a 23 paires de chromosomes, dont une paire de chromosomes sexuels (le chromosome XY correspond à un garçon et le chromosome XX correspond à une fille). Chaque parent transmet un gène de chaque paire. L'enfant hérite donc une moitié de ses gènes de son père, et l'autre moitié de sa mère. Les frères et sœurs n'héritent pas le même ensemble de gènes ; en moyenne, ils n'en partagent que 50 %. Les gènes peuvent être actifs et dominants ou

RESSEMBLANCES CACHÉES

	Caractéristiques des gènes actifs	Caractéristiques des gènes inactifs
Yeux	Marron, noisette, verts	Yeux bleus
	Longs cils	Cils courts
	Astigmatisme	Vue normale
	Hypermétropie	Vue normale
	Vue normale	Myopie
	Vision normale des couleurs	Daltonisme
Nez	Nez crochu	Droit ou bossu
	Nez étroit	Large
	Narines dilatées	Narines pincées
	Bout de nez droit	En trompette
Visage	Lèvres charnues	Lèvres minces
	Fossette au menton	Menton sans fossette
	Fossettes aux joues	Joues sans fossettes
	Menton normal	Menton en retrait
	Pommettes hautes	Pommettes normales
	Taches de rousseur	Absence de taches de rousseur
	Sourcils broussailleux	Sourcils normaux
Cheveux	Foncés	Blonds
	Pas de rousseur	Rousseur
	Crépus	Bouclés
	Bouclés	Raides
	Calvitie	Pas de calvitie
	Pilosité abondante	Légère pilosité corporelle

Les gauchers
La prédisposition à être gaucher est héritée. Chez les vrais jumeaux, si l'un est gaucher, l'autre a une chance sur deux de l'être aussi.

récessifs et inactifs. Un seul gène de chaque paire étant actif, presque la moitié de nos gènes n'ont aucune influence sur nous. Un enfant peut hériter une paire de gènes œil bleu-œil marron : le marron est dominant et actif, le bleu, récessif et inactif, il aura donc des yeux marron.

Héritant 50 % des gènes de sa mère, l'enfant peut donc ne partager que 25 % de ses gènes actifs. Il en va de même pour ceux de son père, ce qui explique qu'il puisse ressembler davantage à un grand-parent qu'à sa mère ou son père.

NATURE ET MILIEU

L'influence majeure dans le développement d'un enfant est-elle due à la nature (gènes) ou au milieu (famille et environnement) ? La question reste ouverte.

Les jumeaux fournissent un terrain d'étude. Les « vrais » jumeaux naissent d'un seul ovule fécondé par un seul spermatozoïde et partagent donc les mêmes gènes ; les « faux » jumeaux issus de deux ovules et deux spermatozoïdes partagent en moyenne 50 %

de leurs gènes. Une étude comparative des deux types de jumeaux devrait révéler les influences respectives des gènes et du milieu. Mais ce n'est pas si simple : les vrais jumeaux se ressemblent et sont présumés identiques alors qu'on présuppose en général que les faux jumeaux sont différents.

TRANSMISSION PAR LA MÈRE

Les filles héritent deux chromosomes X – un de leur mère, un de leur père, chacun comportant des gènes dominants ou récessifs. Mais les garçons héritent un chromosome X de leur mère et un Y de leur père. Le chromosome Y, plus court, laisse toute latitude au gène récessif de la mère.

THÉRAPIE GÉNIQUE

Les progrès dans la compréhension du fonctionnement des gènes sont porteurs d'espoir : les gènes responsables de maladie pourraient être remplacés par des gènes normaux. Des expériences assez satisfaisantes ont déjà été effectuées pour traiter la mucoviscidose en introduisant un virus portant de « bons » gènes dans les tissus pulmonaires affectés.

Pour en savoir plus

Est-ce que tout va bien ?	68-69
Un amour sans condition	116-117
Le bébé est une personne	118-119
Garçons et filles	130-131

JUMEAUX

• La tendance à avoir de vrais jumeaux n'est pas nécessairement héréditaire. On compte environ deux jumeaux pour 80 naissances et 20 % des jumeaux sont homozygotes.

• La tendance à avoir des faux jumeaux existe dans certaines familles. Ils sont plus fréquents chez les Afro-caribéennes, moins fréquents en Chine. En Europe, on compte deux faux jumeaux pour 86 naissances.

• Les faux jumeaux ne se ressemblent pas plus que les simples frères et sœurs. Les deux parents peuvent transmettre à leur fille la tendance à avoir des faux jumeaux.

Copies conformes
Les vrais jumeaux se ressemblent et leurs taille et poids sont identiques. Ils marchent et se développent de concert, leurs cheveux deviennent gris et ils se rident au même âge.

Un amour sans condition

Les enfants n'ont pas tous des talents particuliers, cachés ou non. La plupart ont simplement des aptitudes moyennes. Mais tous méritent l'attention et l'amour inconditionnels de leurs parents.

Les belles âmes déclarent volontiers et très sottement que tous les enfants sont des champions potentiels. Une telle affirmation est non seulement fausse, mais dangereuse. La gymnastique peut améliorer la souplesse de votre enfant, mais vous n'en ferez pas pour autant un trapéziste. Aucun enfant ne devrait avoir à gagner l'amour de ses parents par ses performances. Un enfant moyennement doué mérite autant d'être aimé que l'enfant exceptionnel qu'on peut croire désirer. Pour lui, la seule chose exceptionnelle qui compte est d'être l'enfant de ses parents.

ÉCHAPPER À LA MOYENNE

La plupart des gens sont moyens en toute chose. Rares sont les individus aux talents remarquables valorisés par notre société. On ne peut enfanter délibérément un enfant aux aptitudes exceptionnelles ; mais on peut l'aider à développer les siennes au maximum.

LA VIE N'EST PAS JUSTE

La nature ne se soucie pas de justice. Certains reçoivent en partage l'intelligence et la beauté, d'autres

Le Lac des cygnes
Votre petite fille peut répéter inlassablement les pas de son ballet, elle ne deviendra pas forcément une grande ballerine ; mais peut-être apprécie-t-elle plus la danse qu'une autre fillette.

moins chanceux ni l'une ni l'autre. Un enfant peut être plus doué dans tel ou tel domaine ; mais il peut aussi être moyen en tout. La plupart sont juste en dessous de la moyenne dans un secteur, juste au-dessus dans un autre. Tous méritent autant d'être aimés.

« TU ES LE PLUS INTELLIGENT »

Ne collez jamais d'étiquettes, même flatteuses. Elles peuvent empêcher un enfant de percevoir sa vraie personnalité. Il redoutera de perdre l'amour de ses parents s'il l'imagine subordonné à ses succès. Un enfant étiqueté comme « le plus intelligent » n'essaiera pas de faire de son mieux dans un domaine où il craint d'échouer. Il peut croire que lorsqu'il essaie, il doit réussir. Les étiquettes indiquent ce qui est important pour les parents. Difficile pour un enfant d'être à l'aise avec lui-même quand on lui donne à penser que ses aptitudes sont plus importantes que la personne qu'il est réellement.

« TU ES STUPIDE, PARESSEUX… »

Les étiquettes péjoratives sont particulièrement destructrices et risquent de définir un comportement. En bien ou en mal, il est difficile pour un enfant d'aller à l'encontre de ce que l'on attend de lui ou de persévérer dans une tâche ardue quand il sait qu'on s'attend à le voir échouer ; difficile de bien faire si on lui répète qu'il est un « bon à rien ».

L'INTELLIGENCE

Peu de chercheurs doutent aujourd'hui de l'influence de nos gènes sur notre intelligence. Cinquante-deux études distinctes ont montré que la similarité du QI est beaucoup plus fréquente à l'intérieur d'une même famille que dans des groupes hétérogènes. Le QI varie rarement de plus de quelques points chez les vrais jumeaux, qui obtiennent aussi des résultats similaires exactement dans les mêmes domaines.

Néanmoins, l'intelligence de l'enfant est influencée par d'autres facteurs que les gènes. Chacun naît avec un potentiel ; mais chez certains, il est développé au maximum et chez d'autres, il ne l'est qu'au minimum.

VEILLEZ À NE PAS JUGER

Nous ne sommes pas tous également intelligents. Dès qu'un enfant va à l'école, il remarque inévitablement que certains réussissent telle ou telle chose mieux ou plus vite que lui. Ne laissez pas ce constat lui faire perdre sa propre estime. Plus il se sent aimé pour lui-même et non pour ses accomplissements, plus il conservera sa confiance en lui.

AIDER UN ENFANT TIMIDE

La timidité n'est pas un problème pour celui qui est heureux de ne pas occuper le devant de la scène, mais elle est inhibitrice s'il désire attirer l'attention. Elle peut être surmontée, au moins dans certaines situations. Avec un enfant timide, soyez détendue et encourageante. Ne le mettez pas sur la sellette mais ne le poussez pas non plus à rester à l'écart. Évitez-lui les situations stressantes et faites-le parler de ses craintes – les histoires d'enfants timides peuvent l'y aider.

Pour en savoir plus

Le bébé est une personne	118-119
La conscience de soi	124-125
Construire l'estime de soi	126-127
Chaque enfant est un individu	176-177

Ne t'inquiète pas...
Un enfant timide a besoin d'être aidé dans les contacts sociaux. Faites-le gentiment participer sans le pousser à se mettre en avant.

TENDANCES FAMILIALES

Il n'est pas prouvé que les comportements suivants soient héréditaires, mais ils ont tendance à se retrouver parmi les membres d'une même famille. Ils semblent être des éléments de la nature et de la personnalité de l'enfant plutôt que de caractériser certaines phases de sa vie.

Réaction de stress	Sensible et vulnérable OU se sent invulnérable et rarement blessé.
Conformisme	Respecte les règles et l'autorité OU contourne les règles et l'autorité.
Attention	Passe rapidement d'une tâche à l'autre OU s'applique et persévère.
Persévérance	Persévère OU abandonne facilement
Détermination	Est attaché à son but OU prêt à transiger.
Réceptivité	Imaginatif OU a peu d'imagination.
Intensité	Rit et crie très fort OU avec moindre intensité.
Appréhension	Redoute le danger et les problèmes OU aime le danger et la prise de risques.
Leadership	Aime prendre l'initiative et être le point de mire OU préfère suivre et rester discret.
Sociabilité	Extraverti et ouvert aux autres OU introverti et replié sur lui-même.
Activité	Affairé, avide de stimulations OU placide et heureux d'être spectateur.
Goût du contact	Aime le contact physique, se calme quand il est tenu OU résiste au contact physique, est calmé par la musique, le bercement, etc.
Timidité	Angoissé, n'aime pas l'inconnu OU hardi et convivial.
Humeur	Positif et heureux OU négatif, difficile et facilement déstabilisé.
Rythme	Mange, dort ou crie à peu près aux mêmes moments OU est imprévisible.
Adaptabilité	S'adapte facilement aux changements OU préfère la routine

Le bébé est une personne

Nous avions des nouveau-nés l'image d'un ensemble de réflexes de douleur ou de plaisir. Nous savons maintenant qu'elle est fausse. Votre bébé réagit peut-être lentement quand l'infirmière lui pique le talon pour une prise de sang – mais il réagit tout de même.

SIGNAUX D'ALARME

Faites-vous aider si vous ou votre partenaire n'aimez pas votre bébé. En voici des signes :

• Vous êtes déçus par son sexe

• Vous êtes déçus par sa santé ou son handicap

• Préoccupés par une possible anomalie, même s'il n'en existe aucune

• Écœurés par le comportement normal du bébé

• Vous ne manifestez aucune chaleur à son égard

• Vous le trouvez laid, ne voyez aucune raison de l'aimer ou de l'admirer

• Vous n'établissez pas de contact par le regard, ne parlez pas, ne jouez pas avec lui

• Vous le prenez comme s'il s'agissait d'un objet

• Vous le manipulez avec brusquerie

• Vous n'évaluez pas ses besoins

• Vous pensez que l'enfant vous juge

Comme les adultes, les nouveau-nés ont besoin d'un équilibre émotionnel. Dans le calme plat, nous nous endormons ; un excès d'excitation et la peur est proche. Nous réussissons à moduler nos émotions en gardant un intérêt pour le monde extérieur. Un nouveau jouet qui stimule un bébé le calme ensuite quand il le connaît bien : la toute nouvelle peluche qui l'excite d'abord le rassurera par la suite. Ce qui est totalement inconnu l'inquiète, ce qu'il ne connaît pas trop peut le stimuler, ce qui est très familier devient ennuyeux.

Au tout début de sa vie, un nouveau-né est sécurisé par la voix d'une femme, par sa respiration et son rythme cardiaque. Son visage, la lumière dans ses cheveux, la proximité de personnes étrangères suffisent à l'exciter, mais dans les bras de sa mère, il trouve des repères familiers. Il y est bercé et entouré comme il l'était dans son ventre. Serré contre elle, il est apaisé par ses battements de cœur et sa respiration. Son calme retrouvé, il peut à nouveau regarder le monde qui l'effrayait un instant auparavant.

NIVEAUX DE STIMULATION

Le niveau de stimulation doit être adapté à l'humeur de votre bébé. Éveillé, il a besoin d'un monde assez intéressant – sans excès, pour ne pas l'inquiéter. Fatigué, il lui faut un monde plus calme. L'enfant doit apprendre la régulation, à faire le tri entre ce qui l'excite et ce qui le calme. Ce tri est difficile à effectuer pour les enfants vivant dans la douleur ou l'insécurité, et il est toujours plus facile pour les bébés dont les besoins sont bien évalués que pour ceux qui ne bénéficient pas d'une attention suffisante.

MOTIVATION ET EXCITATION

Nous avons besoin de motivation pour agir. Sans elle, nous tombons dans l'inertie ; excités à l'excès, nous pouvons être paralysés par la peur ou l'hésitation. L'idéal se trouve à mi-chemin. Nos réactions affectent notre niveau d'excitation. Nous avons tous connu une situation où nous avons été paralysés par la panique avant de nous calmer en agissant ; et nous connais-

Bien protégé
En serrant votre bébé contre vous, vous créez un environnement pareil à celui de la matrice et lui apportez la sensation de sécurité dont il a besoin.

sons tous des activités comme la danse ou les rapports sexuels qui accentuent notre excitation.

Les hauts (un tour sur le grand huit) et les bas (relaxation totale) des niveaux d'excitation sont également agréables. Évaluer le dosage qui nous convient n'est pas facile. L'évaluer pour nos enfants l'est encore moins. Seule une observation attentive permet d'agir en fonction de leurs besoins.

POURQUOI LES BESOINS DES BÉBÉS SONT-ILS DIFFÉRENTS ?

Selon une théorie, les différences individuelles résultent du « réglage de base » des mécanismes de stimulation du cerveau. Un réglage au plus bas est celui des êtres ayant besoin d'une dose élevée d'excitation – ce sont les grimpeurs de sommets ou les parachutistes ; un réglage au plus haut est celui des plus timides et des plus réservés d'entre nous, pour lesquels même une stimulation modérée est déjà excessive.

DÉVELOPPEMENT DE L'ÉMOTIVITÉ

Un nouveau-né manifeste du dégoût pour une odeur ou un goût déplaisants ; ce qui est inattendu ou bruyant le fait sursauter. Quelques semaines plus tard, il réagit par un sourire béat à une caresse sur son visage ou à une variation de son niveau d'excitation dans son sommeil et plus tard, à un visage, un geste, une voix ou un son. Après 12 à 16 semaines, il rira aux éclats à un bruit soudain ou s'il est chatouillé. À 3 ou 4 mois, il exprimera la surprise. Dès la naissance, il réagit à la contrainte et, plus tard, à la douleur par la colère, qui deviendra plus violente avec le temps. La tristesse apparaît très tôt pendant les séparations prolongées ainsi que la peur des étrangers, évidente à partir de 6-8 mois.

ÉVALUATION DES BESOINS DE STIMULATION DE VOTRE BÉBÉ

	La plupart des bébés	Bébés facilement stimulés	Bébés lents à s'exciter
Réaction aux sons aigus	Ravis quand leur mère agite un hochet ou quand sa voix devient plus aiguë.	Sont souvent perturbés et se renferment en percevant des sons ; certains peuvent les faire sursauter ou crier.	Ne s'éveillent pas toujours à la voix de leurs parents ni au son d'un hochet.
Dans une pièce normalement éclairée ou face à un visage expressif	Manifestent de l'intérêt, regardent, agitent les jambes et essaient de saisir ce que vous lui montrez.	Sont parfois (ou souvent) grognons et crient.	Restent souvent sérieux et sans expression ; peuvent ne pas réagir aux jouets ou au visage de leur mère.
Réaction à une caresse sur le ventre	Sont réconfortés et calmés.	Réagissent parfois comme si la caresse était déplaisante.	Peu de réaction.
Quand ils sont bercés énergiquement ou lancés en l'air	Sont joyeux et ravis.	Paniquent s'ils sont lancés en l'air.	Peu de réaction au bercement, sauf très énergique.
Quand ils sont tenus à la verticale	Préfèrent cette position quand ils sont éveillés.	N'aiment pas cette position ; préfèrent être à plat ventre.	En général, préfèrent cette position.

Amoureux de votre bébé

Il est bon d'être avec des gens qu'on aime et qui nous aiment. Cela nous rassure et nous donne confiance pour agir et entreprendre. De la même manière, votre bébé aura besoin de vous pour être rassuré.

Dès la naissance, les bébés ont besoin de compagnie et, au début, tout le monde fait l'affaire. Vers le troisième mois, votre bébé commence à repérer les êtres qui l'entourent et à vous connaître, sans vous aimer comme vous l'aimez. Au cours des 18 mois suivants, son attachement va évoluer de : Tu es la personne que je préfère avoir près de moi, vers 2 ou 3 mois, à : Je veux Maman et personne d'autre, vers la fin de l'année. Ce n'est que vers 7 ou 8 mois que ses sentiments commencent à égaler votre passion pour lui. Lors de son premier anniversaire, ils peuvent être aussi puissants que les vôtres ; lors du second, ils le seront à coup sûr.

Du temps pour l'amour
Votre bébé sourit d'abord à n'importe qui et s'accommode de tous les bras. Bientôt, il se blottira davantage et son visage s'illuminera quand il retrouvera le vôtre.

LE LIEN AVEC VOTRE BÉBÉ

Sa seule différence avec l'amour est qu'il se crée plus vite et ne se dénoue jamais. Rien ne prouve que les hormones y jouent un rôle. Les pères aiment leurs enfants avec autant d'intensité que les mères – et il en va souvent de même pour les frères, sœurs et grands-parents. L'amour ne naît pas toujours instantanément, ce qui n'est pas désastreux. Il croît avec notre connaissance de l'autre et l'amour qui s'approfondit avec le temps peut aussi être passionné. Mais la plupart des parents aiment leurs bébés avec passion dès le premier mois.

Mon fils aîné était le bébé dont j'avais rêvé, blond aux yeux bleus comme la plupart des bébés de ma famille. Il arriva à terme. Ce fut le coup de foudre. Je m'attendais à éprouver la même chose avec mon second bébé, mais ma petite fille aux cheveux noirs n'avait rien de familier. Elle ne ressemblait ni à son frère ni à son père ni à moi. Avec trois semaines d'avance, elle vit le jour dans la salle d'attente en moins d'une heure de travail. Six heures plus tôt, j'étais à mon bureau. J'avais suivi quatre ans de traitement contre la stérilité et fait une fausse couche. Je suppose que j'avais trop peur pour croire que mon rêve allait vraiment se réaliser. Je n'étais pas prête. La bouffée d'amour que j'attendais ne vint pas. En une semaine, j'avais repris mon travail, son couffin à côté de moi sur mon bureau. J'ai pris mon congé de maternité trois semaines plus tard. Entre-temps, j'étais tombée aussi amoureuse d'elle que de son frère.

L'ATTACHEMENT

65 à 70 % des enfants s'attachent profondément à leurs parents au cours des 18 premiers mois. Vous en verrez les premiers signes quand, parmi des inconnus, il rampera et restera près de vous. Il s'inquiétera dès que vous le laisserez et cette inquiétude atteindra un maximum vers 18 mois.

COMMENT UN BÉBÉ S'ÉVALUE

Vers 2 ans, un bébé comprend déjà ce qu'il peut attendre de ses parents. C'est en fonction de ces attentes qu'il va s'évaluer lui-même : Maman aime que je joue avec mes blocs, Je sais bien construire une tour, ou Papa m'aime parce que je suis très gentille. Si ses parents ignorent sa demande d'amour, il essaiera de retenir leur attention (en n'étant pas sage, par exemple) et s'évaluera comme ne méritant pas d'être aimé. Quand son comportement suscite la colère de ses parents, elle ajoute à son image négative de lui-même. L'amour chaleureux des parents a une influence cruciale sur le développement des enfants, sur leurs rapports avec le monde extérieur et sur son image de lui-même. Une image négative peut être surmontée, mais plus elle s'enracine avec le temps, plus elle sera difficile à modifier.

Chaque enfant est unique
Dès qu'on connaît son enfant, le remplacer par un autre est impensable : nous savons qu'il s'agit d'un amour à la vie à la mort.

Pour en savoir plus

Un amour sans condition 116-117
Le bébé est une personne 118-119
Construire l'estime de soi 126-127
Les plus grands trésors 148-149

POUR FAVORISER EN VOTRE ENFANT

La relation avec vous	L'interaction avec vous	Le sentiment de sécurité	La réciprocité	L'épanouissement
• Manifestez chaleur et intérêt. • Soyez présente s'il a besoin de vous voir et attentive à ses besoins. Rassurez-le. • Ne vous imposez pas. S'il en a besoin, laissez-le tranquille. • Courtisez-le comme n'importe quel être aimé. • Enseignez-lui l'amour par votre amour.	• Affinez votre cour. Si votre bébé est inquiet, soyez calme et rassurante. S'il est introverti, soyez chaleureuse et faites-le sortir de lui-même.	• Repérez ce qui l'excite ou le calme. • Réservez du temps pour des échanges affectueux. • Retirez votre attention, jamais votre amour. Dites : Je t'aime à la folie, mais je n'aime pas ce que tu viens de faire. • Ne dévalorisez jamais son image. Le comportement peut être mauvais, jamais l'enfant.	• Passez du temps avec lui. • Attirez son attention et attendez sa réaction. Interagissez sans imposer. • Souriez et parlez-lui d'un bout à l'autre de la pièce pour lui apprendre à se sentir en sécurité même loin de vous. • Donnez-lui beaucoup d'occasions d'être câliné.	• Réagissez à son expression et à ses émotions. • Respectez ses émotions. Aidez-le à exprimer ce qu'il ressent. • Aidez-le à se calmer. Un enfant qui sait se calmer peut aussi se sentir libre d'éprouver un trop-plein d'excitation.

Le tempérament

Rétrospectivement, les parents constatent souvent que ce que leurs enfants sont devenus était en germe dès la naissance : le bébé difficile est devenu un enfant coléreux ; l'enfant qui était rayonnant l'est resté.

Les parents disent de leur jeune scientifique : Il a toujours été curieux, il a toujours voulu comprendre et ils ont certainement raison. Quelle est la part respective du tempérament et de l'éducation ? Sans aucun doute, certains bébés naissent « difficiles » et deviennent des enfants grognons, des adolescents à sautes d'humeur puis des adultes caractériels. D'autres subissent la douleur et la maladie et crier à cause d'une otite chronique est certes compréhensible ; mais les comportements de l'enfance peuvent parfois devenir des habitudes permanentes.

Les bébés nous mettent vite de leur côté – avec leurs sourires ou leurs larmes : ceux qui ont le don du sourire (et que les parents font sourire) apprennent qu'il est efficace : inutile de changer de tactique. Ceux qui ont tendance aux cris découvrent qu'ils soulagent et attirent l'attention. Ont-ils besoin de nous, ils crient et nous accourons ; mais si nous les ignorions parfois, peut-être essaieraient-ils de sourire.

LES DIVERS TEMPÉRAMENTS

Dans la même situation, l'un de nous va éclater, l'autre rongera son frein, un troisième haussera les épaules et gardera son calme. Pour certains, le bon-

À boire !
Un enfant apprend à crier pour obtenir ce qu'il veut si sa mère réagit à ce comportement. Si elle ignore ses cris mais réagit à une autre forme de demande, il apprendra à demander plus calmement.

CLASSEMENT DES TEMPÉRAMENTS

Enfant facile	40 %	Animé, gai, généralement heureux, s'adaptant bien à toutes les situations et habitudes nouvelles. Enjoués, s'endorment facilement, sont ouverts à la nouveauté et rarement troublés pour longtemps.
Enfant lent à s'exciter	15 %	Timide et réservé, a besoin de temps pour adopter une nouvelle routine. Peut être difficile à sevrer, mais ne sera pas grognon. Assez inactif, souvent un peu négatif, réagit avec modération plutôt qu'avec enthousiasme.
Enfant difficile	10 %	Crie beaucoup, très négatif. Accepte mal une nouvelle routine, facilement perturbé. Crie pendant sa première année et ne dort pas beaucoup ensuite. Probablement difficile à sevrer, à intégrer dans une garderie.
Enfant difficile à situer	35 %	Tantôt facile, tantôt difficile. Bien adapté dans telle situation, mal dans telle autre. C'est le bébé rayonnant qui dort mal, ou le bébé réservé qui dort bien ; facile à mettre au lit et difficile à sevrer – ou vice versa.

heur est introuvable ; pour d'autres, une petite joie éclairera toute leur journée. Deux influences jouent ici. D'abord, le « réglage » de notre niveau de stimulation : nous explosons instantanément ou contrôlons nos émotions. Ensuite, nous entretenons cette humeur explosive ou revenons rapidement à notre « réglage de base ». Oubliant la minute précédente, les bébés réagissent vite et oublient aussi vite, mais leurs « réglages de base » diffèrent. La colère de la plupart des bébés de 18 mois dure quelques minutes. Certains en piquent deux ou trois par semaine, d'autres quatre ou cinq par jour. À 3 ans, la fréquence sera la même, mais certains enfants resteront en colère pendant des heures alors que d'autres continueront à oublier en l'espace de quelques minutes.

L'INTERACTION

L'interaction est toujours à double sens. Un bébé a des exigences et réagit aussi à celles qu'il subit. Certains types de personnalités peuvent provoquer des problèmes d'interaction :

Parents renfermés ou déprimés. La dépression est la cause la plus fréquente de la froideur d'un parent. Dépressif, il a tendance à traiter son enfant de façon mécanique et distante. Émotionnellement indisponible, il ne favorise pas l'intérêt de l'enfant pour le monde extérieur. En retour, l'enfant se renferme et ne stimule pas l'intérêt de ses parents. C'est un cercle vicieux qui influence à long terme l'attachement du bébé à ses parents.

Parents trop réservés. Sans être froids ou déprimés, ils ne manifestent pas leurs sentiments et parlent à leur bébé sur un ton impassible. Il est difficile de modifier un comportement ancré, mais ces parents doivent faire un effort conscient pour surmonter leur tendance à taire leurs émotions. Ne serait-ce qu'une demi-heure par jour de véritable échange, plus facile lorsqu'on est détendu, peut aider l'enfant à s'exprimer lui-même. Heureusement, cette réserve est rarement permanente et relève surtout d'une fatigue ou d'une dépression passagères.

Excès de stimulation. Trop de stimulation peut laisser un enfant épuisé, à l'affût d'un soulagement. Comme les parents trop réservés, certains doivent faire un effort conscient pour se calmer et calmer leur bébé. La règle d'or consiste à contrebalancer toute période d'excitation par une période d'apaisement. Un enfant dynamique peut avoir besoin d'un peu plus de stimulation, un enfant moins actif d'un peu de plus de calme ; mais quel que soit leur tempérament, les enfants ont tous besoin de stimulation et de calme.

Des enfants rayonnants
Que ce soit grâce à leur nature ou à un entourage favorable, les enfants faciles à vivre auront moins de mal à se faire des amis dans leur enfance et par la suite.

Pour en savoir plus

Le bébé est une personne   118-119
S'affirmer   128-129
Élaborez vos propres principes 144-145
Les plus grands trésors   148-149

TOUJOURS ?

Nous savons que la tendance à réagir de telle ou telle façon est héritée parce que celle des vrais jumeaux est identique et souvent très stable. Cette tendance peut être influencée, sans que ce soit facile. Beaucoup d'aspects changent vers 2 ans. La sociabilité, la timidité, le niveau d'activité et l'irritabilité sont les aspects les plus stables du tempérament d'un enfant.

Aliments nouveaux
Les enfants faciles à vivre sont ouverts aux goûts nouveaux alors que les plus difficiles refusent ce qui est inhabituel.

La conscience de soi

Adultes, nous avons une notion d'identité, la conscience d'être nous-mêmes, qui nous distingue des autres: Je suis ici et je suis moi. C'est à partir de cette notion que nous faisons l'expérience de la vie.

Nous avons conscience d'un enchaînement d'expériences qui remonte à notre enfance et se projette dans l'avenir. Nous écrivons notre histoire d'un point de vue central – nous sommes le Je de nos propres aventures.

LE HÉROS DE L'HISTOIRE

Dès que l'enfant perçoit le monde extérieur, il le fait de son propre point de vue, mais il n'a d'abord conscience ni de son propre corps ni de la continuité de la vie. Un objet n'existe que dans la mesure où il le voit et cesse d'exister quand il en détourne son regard. Le voit-il à nouveau, il le perçoit comme un nouvel objet. C'est en constatant qu'il examine ses mains et les tend pour saisir un jouet que nous serons certains qu'il comprend qu'il est distinct du reste du monde.

LES MASQUES

À 4 ans, un enfant sait qu'il a toujours été et sera toujours lui-même; mais quand il met un masque, il redoute encore de devenir quelqu'un d'autre. Il sait qu'il ne changera pas mais ses yeux lui disent le contraire. S'il met un masque de Batman, il sait qu'il va continuer à être Joseph, mais il craint quand même de devenir le Batman qu'il voit dans le miroir. Jusqu'à 6 ou 7 ans, ce qu'il voit a plus de poids que ce qu'il sait.

SAVOIR QU'IL Y A UNE HISTOIRE

Avant d'acquérir la notion réelle d'un personnage central évoluant dans le temps et l'espace, un enfant doit d'abord comprendre qu'il y a une histoire, un avant et un après, et un lieu autre que ici. Assis avec vous, il faut qu'il réalise qu'un instant plus tôt, vous l'avez transporté et qu'avant cela, il était dans son lit. Or, avant 9 mois, il ne prend conscience des choses qu'au moment où il les voit: quand il est dans son lit, le reste de la maison est oublié.

RAPPEL ET MÉMOIRE

Ils se développent entre 6 et 14 mois. D'abord, le rappel: de temps à autre, un aspect de l'environnement du bébé lui rappelle un événement. Supposons qu'un chien lui fasse peur dans le parc. Vers 5 mois, il peut être effrayé en voyant à nouveau un chien. Vers 9 mois, même s'il n'y a pas de chien en vue, il peut s'inquiéter en abordant le parc: il se rappelle ce qui s'y est produit. Puis sa mémoire se développe: il devient capable de penser à ce qu'il ne voit pas. Il le manifeste en s'accrochant à vous quand vous sortez parce que vous allez lui manquer.

DÉFINISSEZ-VOUS

À l'âge des petites phrases, il se désigne indifféremment par Je, Moi et son propre nom, et nomme Toi ou par son nom la personne à qui il parle. Les autres n'utilisent jamais le Moi pour

IMAGES DU MOI

À partir d'environ 4 ans, l'enfant commence à dessiner des images plus identifiables. Il figure dans beaucoup de dessins – il y est le héros de sa propre histoire. Sa façon de se représenter nous donne des indices de l'image qu'il a de lui-même.

Est-il petit ou grand par rapport aux personnes ou éléments du dessin ? Certains de ses traits ou vêtements sont-ils amplifiés – ses cheveux roux ou ses nouvelles chaussures bleues, par exemple ? Ce qui est important pour lui apparaît toujours dans ses dessins. S'il s'est blessé le doigt, par exemple, son doigt y sera surdimensionné.

s'adresser à lui mais pour se nommer eux-mêmes. Il est donc capable de transposer ce qu'il entend et a donc clairement acquis le concept de Je et Moi.

Autre que Je, il existe un autre Moi, plus public. Je connais ce Moi comme étant une femme, une mère, une amie, qui vit à Londres, enseigne la psychologie, écrit des livres. Elle a une voiture bleue, un joli jardin, elle est désordonnée, optimiste et impulsive. C'est la personne que je me sens être, que je suis, c'est ce que je fais, ma personnalité, mes possessions. Ces éléments vous permettent de vous faire une image de moi et constituent mon image qui peut changer, et qui change au fil du temps.

APPARITION DE LA CONSCIENCE DE SOI

Un enfant l'acquiert sans doute en observant ses propres actions. Très tôt, il observe ses mains qui se tendent pour saisir et adapte son comportement en fonction de ceux qui l'entourent. Mais rien ne prouve qu'il se perçoit comme Moi avant environ 1 an : à cet âge, un bébé s'intéresse plus à une image vidéo de lui-même qu'à celle d'un autre enfant, mais il faudra encore un an avant qu'il s'y reconnaisse.

Si vous marquez au rouge à lèvres le front d'un bébé assis devant un miroir, il frottera le miroir. Mais vers 2 ans, il s'y reconnaît et frotte son propre front. À 3 ans, il a pris conscience de lui-même : il se définit par son aspect extérieur et se reconnaît sur les photos ; il exprime ce qu'il aime faire et emploie les possessifs ma ou à moi pour décrire ce qui lui appartient.

LE CONCEPT DE SOI CHEZ UN ENFANT

Je (héros de l'histoire) et Moi (somme de ses caractéristiques) constituent son vrai Moi. Il le construit avec son interprétation de sa conduite, sa notion de ses succès, de ses échecs et de son apparence. Les adultes et les enfants plus âgés ont une conception plus abstraite d'eux-mêmes. Celle d'un petit est d'une pièce : il est gentil ou vilain, habile ou maladroit, intelligent ou stupide selon ce qu'il fait à tel ou tel moment. Nous influençons sa perception de lui-même. Le plus grand cadeau de ma mère a été de me dire que j'étais belle, très gentille et intelligente. Tous les parents ne sont pas aussi généreux.

Pour en savoir plus

Le bébé est une personne	118-119
Construire l'estime de soi	126-127
S'affirmer	128-129
Les plus grands trésors	148-149

C'est moi
Vers 3 ans, un enfant se décrit par son physique, ses préférences et ses activités : elle est la petite fille avec des cheveux noirs qui aime jouer avec le gros xylophone de toutes les couleurs.

QU'EST-CE ?

L'estime de soi n'est autre que l'amour de soi-même. Nous la construisons en jugeant notre valeur sur des points importants (pour nous). S'y ajoutent les critiques, les compliments, la colère des autres, nos échecs, nos performances dans les rôles que nous avons choisis ou que les autres nous ont attribués.

Certains de ces éléments contribuent à une image positive, d'autres à une image négative. Le résultat est un montage de ces aspects négatifs et positifs perçus par les autres et par nous-mêmes.

Construire l'estime de soi

L'autonomie et le sentiment de sécurité sont liés à l'estime de soi. Un enfant qui a une bonne opinion de lui-même n'a pas un constant besoin d'attirer l'attention. Il sait que nous l'aimons même quand nous sommes occupés à autre chose ou par quelqu'un d'autre.

Âgé d'environ 7 mois, le bébé s'aime et pour cette raison, il « pense » que les autres l'aiment aussi. Il ne distingue pas ses sentiments de ses actions, ou ses actions de vos sentiments. Tant qu'il reçoit assez d'attention, il se sait aimé. Peu à peu, il en est moins sûr. Il surveille, s'inquiète quand vous n'êtes pas avec lui, peut paniquer quand vous quittez la maison. Si votre réaction est toujours affectueuse, il parvient à accepter la séparation. Vers 18 mois, il n'aime toujours pas vous voir partir mais il est suffisamment certain que vous allez revenir. Est-il suffisamment sûr de votre amour ? Avant cet âge, il se croit le centre du monde et la question ne l'effleurera pas si ses liens avec vous sont assez profonds.

Papa, ne pars pas !
Votre enfant sera sûr de votre amour tant qu'il ne réalisera pas que vous et lui êtes deux entités distinctes. En comprenant qu'il est lui-même, il comprendra aussi qu'il peut être seul.

L'INSÉCURITÉ

Au fil de sa seconde année se développe la conscience d'être lui-même, distinct de ses parents. Il sait qu'il est indépendant de vous mais par certains côtés, il en est moins sûr. Il n'est encore capable de penser qu'une chose à la fois et suppose que vous voyez ce qu'il voit. Un sujet qui retient son attention l'accapare sans lui laisser la possibilité de penser que vous êtes une personne distincte qui voit peut-être autre chose que lui. Parfois il pense à vous, vérifie où vous vous trouvez, vous lui souriez et dites : Oh ! il est joli ton dessin ! Le voilà rassuré, il retourne à son dessin.

LE CERCLE COLÈRES-GIFLES

Un petit enfant n'éprouve pas de plaisir à se rouler par terre en hurlant. C'est un acte désespéré pour exprimer qu'il est malheureux. Dans la colère, un enfant normal peut aller jusqu'à se mordre ou se taper la tête jusqu'au sang. Il vous entend sans doute crier, mais son besoin est si grand que rien ne l'arrête. Une gifle n'est alors qu'un surcroît de douleur.

De son point de vue, ce qu'il demande par sa colère n'est pas déraisonnable. Il a impérativement besoin d'être rassuré sur votre amour, que lui soit confirmé ce qui auparavant lui semblait certain : que bien que distinct de vous, il reste le centre de votre univers. C'est la conscience croissante de cette séparation qui alimente son besoin. De ce point de vue, sa demande est raisonnable ; c'est son comportement qui ne l'est pas. Il demande votre attention, et il l'obtient si vous le giflez. Il vous a fâchée, il a attiré votre attention, sa tactique a « marché ». Il a reçu l'assurance qu'il est au centre de votre univers. La prochaine fois, il saura comment procéder. Mais il a obtenu votre attention, pas votre amour. Rassuré sur un point, il demeure insatisfait sur l'autre. Il va rester à l'affût : Est-ce qu'elle m'aime ? Si après l'avoir giflé, vous l'embrassez et pardonnez, vous allez apaiser ce besoin sous-jacent ; mais il aura appris que la mauvaise conduite paie.

SE DÉCOUVRIR SOI-MÊME

Dès que l'enfant se sait distinct des autres débute le long processus de compréhension de son identité. Il commence à observer les différences entre personnes et à se situer parmi elles. À 3 ans, il est capable de trier des images de « petits » et « grands enfants » et il sait qu'il fait partie des « petits ». Il devient possessif. C'est à moi, dit-il en arrachant son jouet à un autre enfant. Il veut faire par lui-même ce dont il est incapable : mettre ses chaussettes, conduire la voiture, monter l'escalier quand vous voulez prendre l'ascenseur. Cette volonté d'indépendance est un moyen de se découvrir lui-même. Il se demande : Qu'est-ce que je peux faire ?, et en même temps : Qui suis-je ? et Comment suis-je par rapport aux autres ? Vers 4 ans, il a déjà des réponses. Il peut se comparer à autrui sur toutes sortes de plans et en comparant, il finira par juger.

Je fais bien les puzzles
Avec le sens croissant de son identité, l'enfant en vient à se définir par ce qu'il fait. Les jugements qualificatifs peuvent alors l'aider à se construire ou le détruire.

Pour en savoir plus

La conscience de soi 124-125
S'affirmer 128-129
Élaborez vos propres principes 144-145
Les plus grands trésors 148-149

LES QUALIFICATIFS PEUVENT AIDER OU BLESSER

Un enfant de 2 ans n'a acquis un sentiment de sécurité que si un lien profond d'amour et de confiance est né entre lui et sa famille. Peu à peu, la perception de son identité particulière va reposer de plus en plus sur ses comparaisons avec autrui. Certaines sont inoffensives : il est le petit garçon qui a un manteau bleu. D'autres le sont moins : il est le garçon qui grimpe moins bien aux arbres que tel autre. Même sécurisé, il découvre qu'il n'est pas toujours le meilleur. S'il s'imagine que vous l'aimez pour ce qu'il fait et ne le fait pas bien, il croira que vous l'en aimez moins. Sa sécurité en sera sapée. Proposez-lui d'autres bases de jugement. Dites-lui : Tu es le plus beau petit Pierre du monde entier. Dans cette catégorie, il se saura tout en haut de l'échelle. Mais si vous dites : Tu es vilain – tu as encore fait une bêtise, cette échelle péjorative sera bien difficile à gravir.

LE CONTRÔLE DE SOI

Un enfant qui s'aime est un enfant qui se sait aimé. Il n'a pas besoin d'être rassuré sur sa valeur en faisant tout pour plaire aux autres ou en attirant leur attention par sa mauvaise conduite. S'il s'aime, il peut rendre avec générosité l'amour qu'il reçoit. Cela le rend populaire et facile à aimer. Il irradie assez d'amour pour le provoquer. Il contrôle les situations. Il se contrôle lui-même.

S'affirmer

Les 2-ans peuvent être terribles mais ne désespérez pas : les colères de votre enfant, qui semblent irrationnelles, témoignent du fait qu'il grandit et acquiert son autonomie. Elles sont parfaitement normales.

Une rage inaccessible
Quand votre enfant est en pleine colère, il n'y a pas grand-chose que vous puissiez faire pour l'en sortir. Faites-lui comprendre que vous admettez ses sentiments et éloignez-vous.

Tant qu'il n'a pas conscience d'être distinct de vous, votre regard suffit à le sécuriser. Sinon, il rampe jusqu'à vous et s'accroche à vos chevilles jusqu'à ce que vous le preniez. La conscience de sa propre identité s'accroissant, il a d'autant plus besoin d'être rassuré.

SE DONNER EN SPECTACLE

Dans sa crise de colère, l'enfant va tomber au sol, se tordre, frapper et hurler à pleine voix. On le croit parfois frustré, on le trouve souvent entêté, mais il ne pique de crises que devant un public comprenant de préférence les êtres qu'il aime le plus. S'ils quittent la pièce, il s'arrête. À 3 ans, il est capable de prolonger la séance mais à 2 ans, il oublie vite le besoin qui avait déclenché sa colère. De toute façon, pardonné et embrassé, il se remet vite. Le voilà rassuré : votre amour et votre soutien ne varient pas, quoi qu'il fasse. Il apprend ainsi qu'il est aimé pour lui-même et non en fonction de ce qu'il fait.

VOIR LES DEUX CÔTÉS DU PROBLÈME

Nous pouvons voir le problème des « 2-ans terribles » des deux côtés : d'une part, le besoin de l'enfant d'être rassuré en se découvrant distinct de vous ; d'autre part, la nécessité pour vous de gérer son comportement.

Son besoin d'amour ne peut être ni tari, ni écarté par le compromis, la force, la brutalité ou la punition. Quoi que vous fassiez, il sera toujours en demande. Elle cessera, ou du moins, se fera plus raisonnable, quand il sera certain d'être la prunelle de vos yeux, tout distinct de vous qu'il soit.

Son sentiment de sécurité ne sera jamais acquis de façon définitive. Il aura toujours besoin d'être rassuré, certain que vous l'aimez, que rien de ce qu'il fait ou dit ne change cette donnée, que votre amour s'adresse à lui-même et non à ce qu'il peut ou ne peut pas faire.

COMMENT RÉAGIR À UNE COLÈRE

Gérer son comportement irrationnel est une autre question. Rappelez-vous que c'est votre attention qu'il recherche. Il la préférerait affectueuse, mais à défaut, n'importe laquelle fera l'affaire ; et un enfant qui veut quelque chose et trouve un moyen de l'obtenir l'emploiera à nouveau la fois suivante.

Quand vous l'ignorez ou ne lui accordez pas l'attention qu'il désire – peut-être préparez-vous le dîner ou parlez-vous au téléphone avec une amie –, s'il découvre qu'il l'obtient soudain en se jetant au sol et en poussant des cris, il est certain qu'il recommencera quand il en éprouvera à nouveau le besoin. Ce n'est ni planifié, ni même pensé. Ce genre de réaction n'exige pas la lucidité – nous sommes souvent inconscients des petits « trucs » que nous employons pour combler nos besoins émotionnels. Sinon, beaucoup de psychologues et conseillers mettraient la clef sous la porte.

Face à ce genre de crise, la meilleure attitude est de l'ignorer. Restez impassible, détendue et éloignez-vous. Si vous en êtes incapable, prenez votre enfant et laissez-le – en sécurité – dans une autre pièce. Ne dites rien et ne faites rien qui puisse suggérer que son comportement vous préoccupe ou vous contrarie.

COMMENT RESTER SAIN D'ESPRIT

Les luttes de pouvoir à l'heure du coucher ou dans un lieu public peuvent être usantes pour un parent, en particulier quand pleuvent les bons conseils sur la manière de traiter un « vilain » enfant. Ignorez-les autant que sa colère. Et surtout, ne succombez pas à la tentation de la fessée.

• Prévoyez. Déminez les terrains dangereux en habituant très tôt votre enfant aux étrangers et à des lieux différents afin qu'il ne soit ni frustré ni inquiet quand il n'est pas avec vous.

• S'il répond non à toutes vos questions, évitez de lui en poser. Au lieu de lui demander s'il veut mettre son manteau, mettez-lui son manteau vous-même.

• S'il est très actif et que son niveau d'activité laisse présager une colère, donnez-lui toutes les chances de lâcher la vapeur avant d'en arriver à la crise.

• S'il s'adapte mal aux nouvelles personnes et situations, peut-être devrait-il jouer avec des enfants peu nombreux, ou plus âgés.

• S'il s'énerve facilement et a du mal à se tenir à une tâche, divisez-la. Demandez-lui par exemple de mettre tous ses vêtements sales dans un panier et, ensuite, de ranger ses crayons dans une boîte plutôt que de lui dire de ranger sa chambre.

• Enfin, rappelez-vous qu'il ne s'agit pas seulement d'une bataille pour gagner votre attention ou se démarquer de vous, mais d'un signe salutaire du développement de votre enfant.

Pour en savoir plus

LES MEILLEURS MOYENS

• Vous aurez beau expliquer, la notion de partage (de ses jouets, par exemple) échappe à votre 2-ans. La méthode « à tour de rôle » est plus facile : Toi d'abord, ensuite, c'est le tour de Pierre.

• Décrivez les conséquences : Si tu jettes ta nourriture par terre, je vais l'enlever et tu auras faim. Mais ne menacez jamais de faire une chose que vous ne ferez pas.

Je peux le faire !
En dehors d'attirer votre attention, les volontés de votre enfant font aussi partie de son accès à l'autonomie. S'il veut mettre ses chaussettes, laissez-le au moins essayer !

Garçons et filles

Bien sûr, les petits garçons ne jouent pas forcément qu'avec des soldats et des camions et les petites filles uniquement avec des poupées. Mais si vous avez élevé des enfants des deux sexes, vous pensez peut-être qu'il y a un peu de vrai dans cette idée reçue.

Mamans et Papas
Même lorsque les parents essaient d'éviter les jouets stéréotypés, les filles finissent souvent avec les poupées et les garçons avec le ballon…

JOUETS SEXUÉS

Alors que les rôles des parents se confondent, les jouets des enfants sont de plus en plus stéréotypés pour compenser l'absence de modèles parentaux. Dans le passé, les hommes travaillaient à l'extérieur et les femmes s'occupaient de la maison et des enfants. Aujourd'hui, les vêtements et les occupations des deux parents se confondent de plus en plus et les caractéristiques sexuelles sont incarnées dans les poupées Barbie ou dans les figurines viriles de super-héros.

Le féminin domine dans la nature. Tous les fœtus sont programmés pour devenir des filles, à moins qu'ils ne reçoivent un « ordre » contraire spécifique. Dans les ovaires d'une femme, chaque ovule comporte un chromosome X. Chaque spermatozoïde comporte un chromosome Y ou un chromosome X. Au cours de la fécondation, la rencontre de deux chromosomes X donnera une fille ; celle d'un X et d'un Y donnera un garçon.

COMMENT LES GARÇONS SE DÉVELOPPENT-ILS ?

Sans un « ordre » d'un chromosome Y, les cellules qui deviennent des testicules deviendraient des ovaires. En se développant, les testicules commencent à sécréter une hormone mâle – la testostérone – à l'origine des caractères masculins internes et externes. Sans testostérone, le fœtus deviendrait une fille, avec ses organes génitaux internes et externes féminins.

COMMENT SURVIENNENT LES ANOMALIES ?

Il arrive que le corps prenne certaines substances absorbées par la mère pour de la testostérone. Le fœtus féminin va alors développer des organes sexuels masculins. Un hyperfonctionnement des surrénales de la mère peut aussi provoquer une anomalie. Si les testicules du fœtus ne sécrètent pas assez de testostérone, le développement de ses organes génitaux sera incomplet. Ces cas très rares peuvent être corrigés à la naissance.

L'IDENTITÉ SEXUELLE

Le sentiment de l'identité sexuelle est celui d'appartenir à un sexe ou à l'autre. Le plus souvent, il correspond à nos organes génitaux. Mais il arrive qu'ils ne coïncident pas et que le sujet se sente piégé dans le « mauvais » corps. L'homme se sent une femme, une femme se sent un homme, parfois au point de vouloir changer de sexe. Ces sensations peuvent être présentes chez les enfants. Personne n'est certain de ce qui les provoque. On a longtemps cru que l'éducation et l'environnement jouaient un grand rôle, mais nous en sommes aujourd'hui moins sûrs. Certains pensent que l'identité sexuée peut être purement apprise, d'autres que cette acquisition se fait probablement sur la base d'une forte prédisposition à se sentir homme ou femme.

DÉVELOPPEMENT DE L'IDENTITÉ SEXUÉE

Dès qu'un enfant est capable de dire s'il est un garçon ou une fille, il le fait. Avant même qu'il parle, vous remarquerez peut-être s'il semble préférer les jeux avec les enfants de son propre sexe. Un enfant de 2 ans peut dire qu'il est un garçon sans être certain qu'il l'a toujours été et que lorsqu'il sera grand, il deviendra un homme. À cet âge, s'il a une petite sœur, il peut croire que tous les bébés sont des filles ; ou qu'en grandissant, il deviendra une « maman ». Vers 4 ans, il peut avoir assimilé qu'il a été et sera toujours un garçon, et croire cependant qu'en portant une robe, il pourrait devenir une fille. Il pense que ce serait « une bêtise ». Vers 6 ans, il peut dire qu'il ne veut pas porter de robe mais que c'est très bien si d'autres garçons veulent le faire.

LES GARÇONS SONT DES GARÇONS

Il existe des milliers d'études sur les différences entre garçons et filles, hommes et femmes. Or il y en a peu qui soient strictement d'accord. Les hommes sont plus agressifs, commettent plus de crimes violents, font plus souvent de la prison, plus volontiers des études d'ingénierie que de langues. Il semble qu'ils se repèrent mieux dans l'espace mais aucuns de ces traits ne leur sont strictement particuliers.

Les hommes prédominent dans les postes d'autorité et les femmes exécutent la plupart des tâches ménagères. À 3 ans, les enfants ont repéré ces rôles en fonction du sexe et les soulignent parfois : Les mamans s'occupent des enfants, disent-ils, même si leurs parents se partagent ce rôle. Les filles imitent les activités maternelles et les garçons les plus typiquement masculines.

L'ORIENTATION SEXUELLE

Les homosexuels disent souvent avoir eu très tôt conscience de leurs penchants sexuels. Certains déclarent qu'ils se savaient différents dès 6 ou 7 ans. Il est difficile de généraliser. Tous les garçons qui préfèrent les jeux et les jouets des filles ne deviennent pas efféminés et, d'ailleurs, tous les homosexuels ne sont pas efféminés.

Des études récentes portant sur des hommes homosexuels et hétérosexuels suggèrent de possibles différences dans certaines régions du cerveau ; d'autres, consacrées aux jumeaux et au nombre d'homosexuels dans certaines familles, semblent indiquer une prédisposition génétique à une préférence sexuelle, mais ces études sont peu concluantes et très controversées.

Le consensus semble en faveur d'une prédisposition biologique qui ne serait cependant pas seule en cause. Le cas des femmes lesbiennes est encore plus complexe, beaucoup ne le devenant qu'assez tard dans leur vie.

FILLE OU GARÇON ?

Il y a quelques années, de vrais jumeaux américains ont été circoncis. Le pénis de l'un d'eux fut brûlé par accident et, après une opération, l'enfant fut élevé comme une fille.

À 7 ans, le garçon voulait être pompier, la fille docteur ; il était turbulent, elle était douce, bien qu'un peu moins que sa mère eût aimé. Personne ne fut surpris quand les problèmes commencèrent. À 14 ans, elle était brocardée par ses camarades trouvant qu'elle marchait comme un garçon.

Récemment, la boucle a été bouclée, « elle » est redevenue un homme. Il parle d'une enfance où il sentait que quelque chose « n'allait pas », d'une adolescence où il savait que quelque chose n'allait vraiment pas. Après une autre opération, il est aujourd'hui marié et a adopté quatre enfants.

Jeux de filles et de garçons
Les différences entre les jeux des filles et des garçons sont marginales. Les filles préfèrent jouer à deux ou trois, les garçons en plus larges groupes. Les jeux des filles reposent souvent sur le langage, ceux des garçons sur une action plus physique, parfois même agressive.

Les enfants «différents»

La naissance d'un bébé exigeant des soins particuliers est un choc. Les parents doivent apprendre à s'occuper d'un enfant qui n'est pas « comme les autres » et, surtout, à assumer leur déception et leurs sentiments de culpabilité.

Le handicap d'un enfant est un tel choc que certains parents fuient tout contact avec lui. En cas d'hospitalisation prolongée, le lien affectif se noue difficilement. Parfois, la vie de l'enfant est vouée à être brève mais les parents font plus facilement face à sa disparition s'ils lui ont accordé un maximum d'attention.

L'ENFANT N'EST PAS UNE TRAGÉDIE

Un grave handicap est une tragédie, mais l'enfant n'est pas et ne doit pas être traité comme une tragédie. Le regret d'un bébé sain est naturel mais doit être surmonté pour accepter celui qui est né. L'humeur et le comportement des parents sont essentiels. Tous les enfants sont plus heureux avec une mère heureuse qui peut créer un lien affectif profond. Quand la mère est triste, l'enfant l'est aussi.

Les amis sont souvent décontenancés. Certains évitent l'enfant ; beaucoup présument que sa mort serait un soulagement. Leurs sentiments ne sont pas cruels mais complexes – un mélange de sympathie réelle et de soulagement que rien de tel ne leur soit arrivé.

Les rapports sont difficiles avec les enfants handicapés qui réagissent peu et dont le visage est sans expression. Le contact physique semble avoir, à long terme, des effets positifs sur le bébé qui peut, à 6 mois, crier moins qu'un enfant qui n'en a pas bénéficié.

LES ENCÉPHALOPATHIES INFANTILES

Il existe deux grandes catégories de handicaps : les handicaps moteurs et l'arriération mentale. La paralysie par encéphalopathie, qui provoque une perte du contrôle moteur, est généralement due à des dommages au cerveau lors de l'accouchement : présentation difficile, décollement précoce du placenta, étranglement par le cordon ombilical sont les causes les plus fréquentes. Les prématurés, en particulier pesant moins d'un kilo, peuvent subir des dommages au cerveau. La paralysie est parfois, mais pas toujours, accompagnée d'arriération mentale et de difficultés d'apprentissage. La gravité des symptômes est variable. Crises épileptiques, problèmes d'expression, auditifs ou visuels peuvent aussi survenir.

MULTIPLICATION DES PROBLÈMES

Beaucoup d'enfants touchés par des encéphalopathies infantiles coordonnent difficilement respiration et mouvement, marche et parole. Ce handicap n'encourage pas les parents à converser tandis que leur enfant s'efforce au mouvement. Communiquer exigeant un effort, les adultes parlent souvent « par-dessus la tête » de l'enfant, ce qui nuit à sa propre estime. Nombre de ces enfants peinent à faire deux choses à la fois – tenir leur verre et parler, par exemple. Le handicap moteur les placent dans la dépendance d'autrui. Leur vie est pénible et la tendance à les aider très forte. Pourtant, il faut savoir les laisser se débrouiller pour qu'ils développent une bonne estime d'eux-mêmes. Cette apparente dureté doit toujours être nuancée par l'amour et l'admiration pour leurs accomplissements.

LA TRISOMIE 21 OU MONGOLISME

Elle est associée à un retard du développement, à une arriération mentale modérée et à des traits particuliers : visage rond, cou court, fente interne de l'œil bridée, nez petit, pieds plats. Ces enfants sont très exposés aux anomalies cardiaques et infections respiratoires. Affectueux, placides, enjoués, ils nouent des liens profonds avec leurs parents. Adultes, ils vieillissent prématurément. Leurs facultés intellectuelles sont rarement gravement atteintes, mais tous ne sont pas aptes à assumer une totale indépendance.

Leur développement, normal jusqu'à environ 6 mois, se ralentit ensuite. Ils ont des difficultés avec les informations subtiles et complexes. Ceux qui fré-quentent l'école sont rarement en mesure d'y poursuivre leurs études. On favorise leur concentration en limitant autour d'eux les sources de distraction.

LES DÉFICITS SENSORIELS

En général, les problèmes sérieux sont découverts immédiatement, mais de moins graves peuvent d'abord passer inaperçus. Si l'attention visuelle de votre enfant est faible, s'il rapproche toujours de ses yeux ce qu'il observe, sa vision peut être défaillante. S'il ne sursaute pas à un bruit soudain ou ne tourne pas la tête au son d'une voix, il peut avoir des problèmes auditifs. Faites-le examiner : les déficits mineurs sont difficiles à déceler mais plus faciles à traiter dans les premiers mois.

PROBLÈME APRÈS PROBLÈME

Un enfant handicapé a souvent d'autres problèmes qui passent inaperçus. Une amie dont l'enfant était paralysé par une encéphalopathie n'a découvert sa faible audition (20 %) que lorsqu'il avait 8 ans. Soyez attentifs et faites faire les examens nécessaires.

Pour en savoir plus

Est-ce que tout va bien ? 68-69
Le bébé est une personne 118-119
Les inquiétudes des parents 142-143
Réanimer un enfant 210-211

NE JAMAIS

• Parler de votre enfant comme s'il n'était pas là. Même s'il ne comprend pas encore, il le fera. Prenez dès le début l'habitude de le traiter comme n'importe quel individu.

• Attendre que ces capacités soient limitées. Plus vous aurez d'exigences, plus il deviendra autonome. Votre rôle est d'optimiser ses capacités, non de les stigmatiser.

• Être indulgent s'il se conduit mal en public. La socialisation est importante pour ceux qui dépendront toujours des autres.

• Ignorer votre colère. Facilitez-en plutôt l'expression. En l'ignorant, vous risqueriez de la faire retomber sur lui.

• Ignorer sa colère. Aidez votre enfant à l'exprimer.

• Éloigner votre enfant d'autres enfants handicapés. Il aura besoin d'amis qui le comprennent.

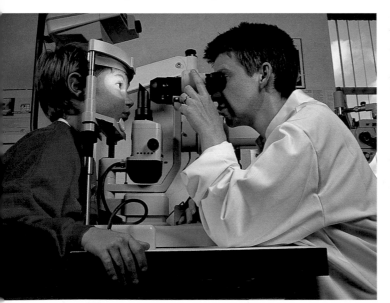

Qu'est-ce que tu vois ?
Les troubles auditifs et visuels ne sont pas seulement l'apanage de certaines familles. N'omettez aucun examen des yeux et des oreilles au cours de son développement afin de traiter les éventuels problèmes au plus tôt.

L'art d'être parents

Peu de nouveaux parents ont déjà l'expérience des enfants. Nous nous inspirons donc souvent des nôtres. Cela est facile lorsqu'ils ont bien joué leur rôle, plus difficile pour ceux qui ont eu de mauvais modèles. Cependant, il est important de se souvenir que ni les parents ni les enfants ne sont jamais parfaits, et que des parents parfaits seraient des modèles bien difficiles à suivre. Si vous aimez vos enfants et réagissez à leurs besoins, tout ira bien la majeure partie du temps.

Premiers pas de parents

Avant que naisse votre enfant, vous aurez peine à concevoir l'impact qu'il aura sur vous et à quel point ses besoins vont vous accaparer. Bientôt, vous le découvrirez comme la personne à la fois la plus adorable, la plus exigeante et la plus exaspérante.

Retracez votre histoire
Votre relation avec vos parents n'est peut-être pas la première chose à laquelle vous penserez en attendant un bébé. Elle pourrait pourtant vous livrer des indices sur le type de parent que vous serez.

Impossible d'imaginer la panique provoquée par la maladie d'un enfant, le ravissement à la vue de son premier sourire, à quel point nous en sommes obsédés. Les émotions que nous éprouvons ne s'effaceront jamais. C'est leur force qui nous surprend et nous piège. Difficile alors de décrire à ceux qui n'ont pas d'enfants cette intuition que cet être aura toujours le pouvoir de nous briser le cœur ou de leur expliquer ce qu'il y a d'effrayant à se sentir si vulnérable.

En vérifiant sa respiration pour la énième fois, il est bon de réaliser que ce comportement compulsif est notre façon de gérer l'énormité de notre engagement. Tout sera plus facile avec le deuxième bébé : avant son arrivée, nous aurons eu le temps d'accepter les éventuelles déconvenues et le fait qu'un enfant laisse une marque indélébile sur notre vie.

RACINES ET RAMEAUX

Les bébés arrivent nus en ce monde, mais les adultes portent le bagage de leurs rapports et de leurs rôles passés : nous avons été l'enfant, d'autres étaient les parents. Nos rapports avec eux projettent leur ombre sur notre vie émotionnelle. Notre biographie est un tissu de démêlés avec l'amour, l'attachement, le désespoir, la colère, la jalousie, l'oppression, le rejet, la fierté, la gêne, la honte et plus encore et nous en subirons l'influence, que nous imitions nos parents ou tentions d'éviter leurs erreurs. Nous sommes voués à revivre certains de leurs échecs et de leurs succès comme ils ont revécu ceux des leurs. Cela dit, bien des enfants, en devenant adultes, échappent à leur histoire familiale.

Dans les moments de stress, la réaction spontanée est souvent de revenir en arrière, de reproduire un schéma connu et de faire à nos enfants ce que nos parents nous ont fait. Quand les deux partenaires ont une histoire très différente, cette régression peut être source de sérieux désaccords.

ÉPINGLER LES FANTÔMES

Une grande partie des inquiétudes qui hantent les débuts du métier de parents concerne les fantômes du passé – notre biographie et la conception du rôle de parents que nous en tirons.

Examinez votre histoire personnelle. Voulez-vous être le type de parent que les vôtres ont été ? Quels changements voulez-vous opérer ? La grossesse nous prépare pour un rêve : comment allez-vous faire face à la réalité ?

Examinez l'histoire de votre partenaire. Veut-il être comme ses propres parents ? Vos conceptions coïncident-elles ? On en discute peu et pourtant, nous n'assumerons jamais de rôle plus important.

La mémoire est faillible. Réexaminez votre passé avec vos frères, sœurs et amis d'enfance pour en retrouver la vérité. En cas de stress, vous risquez de reproduire le comportement de vos parents : en l'anticipant, vous pourrez tenter de le modifier.

Attention de ne pas surcompenser. Si vous croyez ne pas avoir été assez aimé, il est facile de trop aimer et d'étouffer un enfant plutôt que de le laisser s'épanouir. En revanche, trop d'indépendance peut lui donner l'impression d'être abandonné. Il faut trouver le juste milieu.

Acceptez de modifier vos rapports. Nous apprenons à aimer en aimant nos parents. Ce modèle joue dans tous nos rapports émotionnels : entre partenaires, chacun se conduit tantôt comme un enfant, tantôt comme un parent. Comment un enfant modifiera-t-il cet aspect de votre relation ? Nous devons détruire l'idée qu'être l'enfant est inapproprié après la naissance du nôtre.

L'amour et les relations sont complexes. Jouer à la fois le rôle de parent et d'enfant enrichit toutes les bonnes relations. Avoir un enfant ne détruit pas ce jeu de rôles, mais l'adaptation exige du temps.

Pensez à rester un couple. Même fatigués, nous devons trouver du temps pour consolider notre relation. Chacun en a besoin pour s'adapter aux changements et le couple en a besoin pour être ensemble. Prenez une baby-sitter et sortez ensemble, ne serait-ce que pour une simple promenade.

Soyez patient. En général, les nouveaux parents trouvent le temps de renégocier leurs rapports et de les enrichir. Pas de précipitation, n'escomptez pas d'adaptations trop rapides.

Libérez l'enfant en vous. De l'adolescence à la naissance d'un bébé, nous sommes si occupés à grandir que nous perdons de vue l'enfant qui est en nous ; mais face à nos responsabilités d'adultes, nous constatons que nous n'avons jamais grandi. Ce sont vos qualités d'enfant – émerveillement, joie de vivre, désir d'aimer, de faire confiance – qui feront de vous un bon parent.

Vous ne serez jamais un parent parfait. Un parent parfait serait bien ennuyeux et, pour votre enfant, un modèle impossible à suivre.

Pour en savoir plus

Lorsque l'enfant paraît	12-13
Votre nouveau-né	64-65
Un travail d'équipe	140-141
Les rapports avec la famille	154-155

ABSOLUMENT

Les enfants ont besoin d'un mélange d'amour, de compréhension, de sécurité, de fermeté et de discipline. Il doit être clair pour le vôtre qu'il n'y a pas de limite maximale à votre amour et votre soutien, mais qu'il existe aussi une limite minimale absolue à votre tolérance et aux comportements que vous accepterez.

TABOU !

Un enfant n'a pas besoin d'incohérence, d'insécurité, de rejet ni de critique permanente. Il ne devrait jamais se sentir non-aimé, redouter un retrait d'amour en réaction à sa conduite, en arriver à penser que vous êtes impossible à satisfaire, ni croire qu'il peut tout se permettre et qu'on accepte de lui tout et n'importe quoi. Établissez des limites nettes et raisonnables.

Un partage égal

Les hommes et les femmes ont des rôles biologiques différents. Celui des hommes est de féconder la femme, celui de la femme de porter le fœtus jusqu'à la naissance et de nourrir et élever le bébé.

Aux impératifs biologiques s'ajoutent, évidemment, le poids des stéréotypes tant contemporains qu'historiques relatifs aux rôles d'homme et de femme, de mari et d'épouse, de père et de mère. Les femmes portent encore les bébés mais, après la naissance, tout a radicalement changé depuis deux cents ans. Et dans deux cents ans, tout

Tout bénéfice
En s'occupant de son bébé, du change des couches au biberon de nuit, le papa a plus de chances de nouer un lien profond avec lui – et vous profitez d'un repos bien mérité.

sera sans aucun doute très différent d'aujourd'hui.

LES RÔLES TRADITIONNELS

Que ce soit le rôle de la mère de s'occuper des enfants était naguère une idée reçue. Les hommes gagnaient l'argent, protégeaient et punissaient les enfants, les formaient aux disciplines masculines tandis que les femmes assumaient le quotidien. Elles cumulaient les soins aux enfants et les tâches ménagères : lessive, ménage, cuisine, couture, raccommodage ; ce qui représentait de nombreuses heures de travail dans des familles comptant souvent six enfants ou plus, avec des appareils ménagers rudimentaires et un budget limité.

Les « tâches ménagères » comprenaient ce que la culture considérait comme l'apanage des femmes : puiser l'eau, s'occuper des poules, traire les vaches, participer à la récolte et la moisson, ramasser le bois de chauffage, cueillir les fruits, vendre le poisson ou les produits du jardin qu'elles cultivaient, s'occuper des malades, des personnes âgées et des infirmes. Ces tâches variaient selon les pays mais la liste était (et reste) longue.

LES TEMPS ONT CHANGÉ

Les différences sont aujourd'hui moins tranchées. Beaucoup de couples sont d'accord pour le partage des tâches.

Mais comme beaucoup d'accords à l'amiable, celui-là ne fonctionne pas toujours. Théoriquement, les femmes travaillant et augmentant le budget familial, les hommes participent au soin des enfants et aux tâches ménagères. En principe, quand un bébé vient au monde, son père peut faire tout ce que fait sa mère (excepté lui donner le sein). Mais les traditions ont la vie dure et les études révèlent que les mères s'occupent encore beaucoup plus des enfants que les pères, dont le rôle se borne surtout à les distraire.

SUJET DE DISPUTES

Quand les femmes reprennent leur travail, cette répartition inégale devient vite sujet de disputes difficiles à éviter. La plupart des hommes savent faire la cuisine, la lessive et le ménage. Pourquoi le font-ils moins souvent après l'arrivée d'un bébé et lui consacrent-ils moins de temps que la maman ?

• Tout d'abord, les mamans prennent de l'avance à la maternité. Elles n'ont pas encore beaucoup d'expérience, mais elles en ont plus que leur mari et beaucoup ont tendance à le surveiller quand il essaie de faire sa part, ce qui peut lui faire perdre confiance et le décourager.

• D'autre part, la plupart des bébés sont réconfortés par le sein et les hommes, ne disposant pas de ce moyen, sont moins aptes à calmer un bébé qui crie.

• Enfin, les femmes qui n'ont pas repris leur travail ont tendance à assumer aussi les tâches ménagères pendant leur congé de maternité. Un homme peut voir le surcroît de stress et de fatigue de sa femme, mais il ne voit pas toujours qu'elle assume une partie de son travail.

QUI FAIT QUOI ?

Votre enfant est né, c'est le moment d'examiner la répartition des tâches. Lesquelles partager ? La liste se modifie-t-elle quand vous travaillez tous les deux ? Cochez la liste ci-dessous, totalisez les deux colonnes et discutez-en.

Tâches relatives au bébé

	La mère attend du père	Le père attend de la mère
Calmer le bébé	☐	☐
Le tenir	☐	☐
Changer sa couche	☐	☐
Habiller le bébé	☐	☐
Le nourrir	☐	☐
Préparer ses repas	☐	☐
Le mettre au lit	☐	☐
Se lever la nuit	☐	☐
Sortir le bébé	☐	☐
Jouer avec lui	☐	☐
Laver ses vêtements	☐	☐
Le conduire à la crèche	☐	☐
Le reprendre à la crèche	☐	☐

Tâches ménagères ou autres

	La mère attend du père	Le père attend de la mère
S'occuper d'un autre enfant	☐	☐
L'emmener à l'école	☐	☐
Le ramener à la maison	☐	☐
Lui faire prendre son bain	☐	☐
Faire les courses	☐	☐
La cuisine	☐	☐
Le ménage	☐	☐
La lessive	☐	☐
Gérer le budget	☐	☐
La décoration	☐	☐
Les sorties et spectacles	☐	☐
Le bricolage	☐	☐
Le jardinage	☐	☐

Pour en savoir plus

Lorsque l'enfant paraît   12-13
Se partager les tâches   52-53
Premiers pas de parents   136-137
Un travail d'équipe   140-141

ÉVITER LES DISPUTES

• Présupposez une égale compétence : les hommes sont capables d'apprendre à s'occuper d'un enfant.

• Si vous reprenez votre travail, habituez votre bébé au biberon sans tarder. Il permet au père de le nourrir et de nouer avec lui un lien affectif.

• Discutez de la répartition des tâches – temporaire ou permanente ? Pensez-y avant la naissance et avant de reprendre votre emploi.

• Prévoyez une rotation. L'un fait les achats et la cuisine, l'autre la lessive. Échangez la semaine suivante.

• Même méthode avec le bébé – nourrir, baigner, changer, calmer. Changez la semaine suivante.

Comme dans l'armée ? Oui, mais c'est plus facile que de batailler à propos de qui fait quoi.

Un travail d'équipe

Bien que ce soit la maman qui s'occupe le plus souvent des enfants, elle est rarement la seule. Dans le passé, elle était aidée par d'autres femmes de la famille. Aujourd'hui, les pères jouent un rôle plus actif.

NE VOUS INQUIÉTEZ PAS

Si vous travaillez, ne vous inquiétez pas parce que :

● Vous n'êtes pas avec votre bébé toute la journée.

● Il aime sa garde plus que vous : ne quantifiez pas son amour.

● Il fait une scène à votre retour : il vous met à l'épreuve.

● Il est privé de votre amour : il est comblé par l'amour de tous.

SOUCIEZ-VOUS

Si vous travaillez, souciez-vous :

● De la qualité de votre garde et de la chaleur de son lien avec votre bébé.

● De son départ : s'il lui est attaché, un petit n'en souffrira que brièvement si le reste de son environnement est stable ; mais des changements répétés pourraient l'inquiéter et l'empêcher de nouer des liens solides.

L'« équipe » parentale n'est pas une nouveauté. Ce sont les personnes qui y participent et la nature de leurs responsabilités qui ont changé. Il y a une cinquantaine d'années, la mère élevait son enfant mais toute personne qui le connaissait se sentait le droit de le punir ou de le consoler et de faire son rapport aux parents. Qui que ce fût qui le gardât exerçait son contrôle. Aujourd'hui, beaucoup de parents décident ensemble qui élèvera l'enfant et comment et attendent des aides qu'elles respectent leurs règles. Cela implique qu'ils sachent ce qu'ils veulent et soient d'accord sur leurs principes d'éducation.

COMMENT « FAIRE ÉQUIPE »

● Les autres ne lisent pas dans vos pensées : dites ce que vous croyez et voulez. Inutile de bouder parce que votre mari a fait quelque chose dont il ignorait que vous ne l'approuviez pas.

● Discutez de vos conceptions avant la naissance. Cédez ici ou là, ne soyez pas rigide – la réalité a le don de saboter les meilleurs plans.

● Ne revendiquez pas les rôles dont vous avez abandonné les responsabilités. Papa n'est pas l'employé de maman !

● Les sucettes et les biberons sont de belles inventions. Profitez-en.

● Convenez qu'un petit bébé est fatigant pour tout le monde, surtout s'il est difficile et criard.

● Les enfants réagissent à notre stress en étant plus pénibles quand on en a le moins besoin. C'est normal. Nos problèmes minent leur confiance, les inquiètent et affectent leur comportement.

● En période de stress, nous régressons tous vers un âge antérieur : à 7 ans, nous retrouvons nos réactions de jeune enfant, à 3 ans nos réactions de petit bébé ; parents, nous perdons notre vernis d'adultes. Soyez patients avec vous-mêmes et les uns avec les autres.

● Ne vous blâmez pas mutuellement si le stress vous fait agir comme des adolescents ou si vous vous repliez sur les rôles traditionnels homme-femme. Personne n'échappe totalement aux stéréotypes culturels. S'en détacher exige un effort conscient. La fatigue et le manque de sommeil nous privent parfois de l'énergie nécessaire.

● Extériorisez-vous, exposez le problème, puis pardonnez et oubliez. La rancune épuise une énergie dont vous feriez meilleur usage en vous distrayant.

● Discutez de vos nouveaux rôles et accordez-vous mutuellement du temps libre – sans enfant et sans travail. Si votre mari prend son samedi après-midi, prenez votre dimanche matin. Soyez souple. Par moments, l'un ou l'autre subira plus de pression et aura besoin que son rôle soit allégé. Cela ne doit pas se jouer à sens unique.

IDENTIFIER ET GÉRER LES SUJETS DE CONFLIT

	Problème	**Solution**

Argent

Les enfants coûtent cher, alors que leur arrivée s'accompagne souvent d'une baisse de revenus à court ou long terme. C'est une bonne source de disputes.

La meilleure solution est de répartir le budget selon la vieille méthode des « enveloppes » : une pour la maison, une pour le bébé, l'alimentation, la voiture, les vêtements, les vacances, les économies, etc. S'il reste quelque chose après répartition, partagez-le également entre chacun de vous.

Temps

Les bébés prennent du temps, mais lequel et à qui ? Avant la naissance, il y avait du temps pour travailler, parler, être ensemble, sortir, voir les amis, pour le sport, la sexualité. Le temps accordé au bébé doit être retiré à autre chose. L'inégalité dans la part sacrifiée est une source importante de conflit.

Examinez le problème et les solutions possibles en fonction de la personnalité de chacun. Quels sont les besoins de contacts, de loisirs de chacun ? Comment répartir le temps libre en toute justice ? Il n'y a pas assez de temps disponible pour tout, alors quelles sont les priorités ?

Sexe

Pendant la grossesse, le désir s'accroît et la sexualité peut être très satisfaisante. La naissance change cette donnée. En l'absence de désir, la femme recherche rarement le rapport sexuel et le désir de l'homme peut lui sembler déraisonnable.

Les rapports sexuels peuvent d'abord être douloureux et les exigences du bébé sembler sans fin. Les hommes se sentent souvent rejetés hors de l'intimité mère-enfant, délaissés, privés d'amour ; ils ont besoin d'être rassurés par les rapports sexuels. Vous pouvez à l'occasion donner du plaisir sans en prendre et vice-versa. L'équilibre se rétablira sur le long terme.

Attention

Chacun de nous a besoin, par moments, d'une attention sans partage.

Il y a un temps pour être sur le devant de la scène et un temps pour les autres acteurs. Chacun y a droit à son tour. Et chacun doit laisser place aux autres, y compris le bébé. Parfois c'est son tour d'attendre, même s'il crie.

Famille et amis

Tout le monde veut voir le nouveau-né. La famille qui veut s'incruster devrait se rendre utile, mais des parents dominateurs et rigides ne lui facilitent pas les choses.

N'encouragez pas l'allongement des visites afin d'éviter les conflits. C'est possible l'espace d'un week-end, difficile sur une période prolongée. Et réglez les problèmes quand vous êtes calmes et détendus : c'est votre bébé et votre vie. À vous de prendre vos décisions et de vous y tenir.

Doubles mixtes

Une famille peut avoir des activités communes mais il arrive qu'un des membres s'en trouve écarté d'où jalousie, colère et frustration. Chaque parent doit cultiver le contact avec son partenaire et avec les enfants. Or, il est parfois difficile de tenir ces deux rôles à la fois.

Les relations à trois sont toujours plus complexes qu'à deux. Trouvez le temps d'un face-à-face, acceptez les sentiments des autres, ce qui n'oblige pas à accepter leurs réactions à ces sentiments. Les émotions sont parfois difficiles, sinon impossibles à contrôler. Les comportements ne doivent pas l'être.

VACCINATIONS

• Le risque de réaction adverse au vaccin contre la poliomyélite est de 1 sur 8,7 millions.

• Douleur, rougeur, légère fièvre, irritabilité, somnolence, vomissements et œdème au point d'injection sont des réactions normales au vaccin DTP.

• Consultez si votre bébé est somnolent, atone, hurle ou entre en convulsions : ces symptômes peuvent précéder d'une semaine une infection du cerveau. Exceptionnels, ils peuvent (rarement) entraîner des dommages cérébraux à long terme.

Dormir en toute sécurité
Le risque de mort subite du nourrisson semble aggravé par le sommeil sur le ventre, surtout en cas de rhume. Assurez-vous que votre bébé s'endort sur le dos.

Les inquiétudes des parents

Il existe toujours des raisons de s'inquiéter : plus vous en chercherez, plus vous en trouverez. Le problème est que vous aimez passionnément votre enfant et qu'il est impossible de le protéger contre tous les dangers du monde.

Vos inquiétudes iront de l'appréhension des maladies rarissimes ou des malformations à celle du rapt ou du viol. Elles témoignent de la profondeur de votre attachement. Faites face à vos peurs, évaluez la réalité et profitez de votre bébé sans exagérer les éventuels dangers.

INQUIÉTUDES FRÉQUENTES

La mort subite du nourrisson. Loin d'être courante, elle l'est moins encore dans les sociétés où les bébés sont portés et dorment avec leur mère. Le biberon est associé à sa plus grande fréquence pour des raisons qui ne sont toujours pas éclaircies.

L'enlèvement. Tous les cas de rapt attirent l'attention des médias. Il n'en est pas moins vrai qu'ils ne font pas partie des dangers les plus communs.

Problèmes cachés. Un enfant sur dix naît avec un problème mineur, en général facilement corrigé ; les plus graves sont le plus souvent rapidement

repérés (surdité et autisme exceptés). Si on ne vous a informés d'aucun problème à la maternité, c'est sans doute qu'il n'y en a aucun.

LES PEURS VISCÉRALES

Accidents. Avec de petits enfants, on peut éviter de graves accidents grâce aux ceintures de sécurité dans les chaises, poussettes et sièges-auto, en sécurisant le domicile et en restant vigilant.

Les pédophiles. Ils s'en prennent le plus souvent aux enfants qu'ils connaissent. Il est fait un large écho médiatique aux cas les plus douloureux aujourd'hui, mais ils ne sont sans doute pas plus nombreux que par le passé.

MAUVAIS TRAITEMENTS

Par un proche. C'est le cas auquel on pense le moins et pourtant le plus probable. La plupart des enfants maltraités physiquement ou sexuellement le sont par un parent ou un proche. Les risques sexuels, plus rares avec les bébés ou très jeunes enfants, augmentent avec les années. La maltraitance s'exerce plus souvent à l'encontre des préscolaires. À moins d'avoir de sérieuses raisons, soyez très prudent avec la suspicion qui peut aussi perturber gravement un enfant. Cela dit, si un enfant présente fréquemment des marques qu'il tente de dissimuler,

analysez la vraisemblance de ses explications. S'il semble trop familier avec les questions sexuelles par rapport à son âge, soyez toujours extrêmement vigilant.

Par vous-même. Il faut avoir entendu un bébé hurler pendant plusieurs heures pour commencer à comprendre qu'il est possible de brutaliser un petit enfant. Heureusement, l'effrayant désir de balancer le paquet hurlant par la fenêtre n'a généralement aucun rapport avec la réalité. Nous savons que dans certaines situations, nous pourrions nous laisser aller à maltraiter un enfant, mais la grande majorité des parents savent dominer leurs pulsions. Si vous craignez de succomber, faites-vous aider sur le plan psychologique.

Votre enfant s'est égaré. Votre enfant risque plus de se perdre dans la foule, sur la plage, dans un parc ou un centre commercial que de vouloir rentrer seul à la maison. Il est presque toujours retrouvé rapidement. Faites-lui porter un bracelet avec ses nom, adresse et téléphone quand vous vous rendez dans des lieux très fréquentés, et prévoyez toujours un point de rencontre pour vous retrouver.

Lieux dangereux. La plupart des accidents ont lieu en voiture ou à la maison. Utilisez toujours les ceintures de sécurité. Chez vous, soyez vigilant : rangez hors d'atteinte tous les appareils et produits dangereux. Et... détendez-vous.

Vaccinations. Elles ont pratiquement éliminé des maladies qui tuaient ou handicapaient des milliers d'enfants. Les vaccins ne sont jamais anodins mais en considérant les risques qu'ils font courir, rappelez-vous que la coqueluche tue 1 % des bébés de moins de 6 mois qui en sont atteints. Les fréquentes réactions au vaccin ROR (rougeole-oreillons-rubéole) inquiètent les parents : légère fièvre pour un enfant sur cinq, éruption cutanée et œdème des glandes pour un enfant sur sept, douleurs articulaires pouvant persister jusqu'à trois semaines pour un enfant sur vingt. Enfin, il arrive exceptionnellement qu'il provoque

une encéphalite (infection du cerveau), des convulsions et une insensibilité à la douleur. En cas de rhume ou de fièvre, si votre enfant est malade, prend des médicaments qui atténuent sa résistance à l'infection, s'il est allergique aux antibiotiques, demandez au pédiatre si la vaccination est opportune.

Les complications de la rougeole sont parfois fatales. Des maladies bénignes comme les oreillons et la rubéole peuvent avoir des séquelles graves chez les adultes : malformations du fœtus avec la rubéole, surdité ou stérilité avec les oreillons. Les vaccinations peuvent les éviter.

Favoriser la santé
Tout enfant qui peut être vacciné sans danger devrait l'être. En général, les risques présentés par la maladie dépassent ceux de la vaccination. Le médecin peut la déconseiller en cas de maladie grave de votre enfant.

● Les parents permissifs peuvent être aimants mais ne formulent aucune exigence. Leurs enfants ont tendance à être moins autonomes, à moins se maîtriser que ceux qui ont bénéficié d'une autorité bien comprise.

● Les parents trop autoritaires manquent de chaleur. Ils ont tendance à réprimer, à contrôler, à punir, à exiger sans conditions. Leurs enfants sont plus renfermés, agressifs et méfiants.

● Les parents usant bien de leur autorité sont chaleureux, rationnels et réparent leurs erreurs. Ils favorisent l'autonomie et la curiosité de leurs enfants mais font respecter les règles et attendent d'eux de bons résultats. Leurs enfants manifestent en général plus d'indépendance.

Les parents ont besoin de pauses
Très tôt, faites comprendre à votre enfant que parfois, il devra attendre que vous soyez disponible – que vous parliez au téléphone ou preniez une tasse de thé.

Élaborez vos propres principes

Au fil des décennies, nous sommes passés d'une éducation autoritaire à la permissivité et aux avis autorisés. Finis les principes purs et durs. Vous devrez élaborer les vôtres en permettant à votre enfant de s'épanouir dans un environnement aimant.

La plupart des parents sont stricts sur quelques points et permissifs sur d'autres. Certains sont stricts en toutes choses, d'autres tolèrent pratiquement tout. Il n'y a pas de recette magique, mais la cohérence, le respect mutuel, l'amour et la compréhension sont primordiaux. La vie de famille est plus harmonieuse quand les enfants en comprennent bien le fonctionnement. Instaurez des règles en accord avec l'atmosphère familiale que vous voulez créer. Respectez ses besoins sans oublier les vôtres. C'est le manque de cohérence qui perturbe le plus les enfants.

COMPORTEMENT AVEC UN BÉBÉ
● Aimez vos enfants tels qu'ils sont, non pour ce qu'ils font. Faites-le leur savoir par vos actes et vos paroles.
● Un enfant de moins de 3 ans n'a pas la notion de « bien » et « mal », de la bonne ou mauvaise conduite, mais il

comprend qu'une chose découle d'une autre. Mettez en accord vos principes et vos actes : si vous voulez que votre bébé s'endorme rapidement, mettez-le au lit et quittez sa chambre. Si vous avez décidé de le sevrer, ne lui offrez pas votre sein comme réconfort.
● Si votre bébé réclame ce que vous lui avez appris à attendre de vous, ne le jugez pas entêté ou déraisonnable.
● Chaque enfant est un individu – exubérant, timide ou prudent. Vous pouvez l'aider à évoluer, l'assister dans ce qui lui est difficile mais sa nature et ses aptitudes définissent la personne qu'il est, non celle que vous aimeriez qu'il soit. Plus vous essaierez de le faire entrer dans votre moule, plus vous saperez sa confiance en lui.
● Pardonnez-lui d'avoir mauvais caractère, mais ne cédez pas à son mauvais caractère.
● Les parents ont aussi leurs besoins, ne serait-ce qu'un moment pour se parler ou lire un journal. Vos besoins doivent parfois avoir la priorité.
● Pas de règles absurdes. Si votre bébé dort mieux avec une sucette, va pour la sucette !
● Si l'aimer et l'élever vous semble insurmontable, demandez et redemandez de l'aide.

COMPORTEMENT AVEC UN JEUNE ENFANT
● En prenant conscience de son indi-

vidualité, un enfant de 1 à 3 ans devient capable d'opposer ce qu'il veut à ce que sa famille attend de lui, d'où d'inévitables conflits. Il veut votre attention et apprend à l'obtenir en s'opposant à ce que vous voulez quand il découvre que c'est important pour vous – qu'il mange sa purée, par exemple. La meilleure réaction serait de ne jamais tomber dans le panneau qu'il vous tend en récompensant sa « mauvaise » conduite par votre attention. Restez impassible et éloignez-vous (ou éloignez l'enfant). Laissez-le se calmer et revenez vers lui. Souriez, parlez, pardonnez et oubliez. S'il est malheureux, réconfortez-le.

● Vers 2 ans, sans encore comprendre les règles, il comprend la relation de cause à effet. Il apprend à se conduire bien ou mal en fonction de ce qui retient votre attention. Il fera toujours un peu des deux, mais vous pouvez influer sur la proportion.

● Certains psychologues conseillent la thérapie de l'étreinte pour lutter contre la mauvaise conduite. Serrez chaque jour votre bébé contre vous sans rien dire même s'il se débat et continuez jusqu'à ce qu'il se calme ; puis gardez-le encore dans vos bras cinq à dix minutes. Desserrez ensuite votre étreinte et parlez-lui.

● Les bébés ont besoin de se « défouler ». Vous aurez moins de mal à gérer votre petit en autorisant la turbulence suivie de périodes tranquilles. Quand vous voulez qu'il soit assis calmement, supprimez toute stimulation, fermez la radio, baissez la lumière et parlez-lui doucement jusqu'au moment où il peut « exploser ». Aimez-le et dites-le-lui.

● Les enfants imitent leurs parents : ils ont plus de chances d'être serviables si vous prêchez par l'exemple.

Laissez-le grandir
S'il veut vous aider à mettre la table, n'insistez pas pour le faire seul. Montrez-lui comment faire, expliquez qu'il doit être prudent et il apprendra vite.

Pour en savoir plus

Le bébé est une personne   118-119
Construire l'estime de soi   126-127
La demande d'attention   172-173
Ne pas aggraver les choses   174-175

COMPORTEMENT AVEC UN ENFANT DE PLUS DE TROIS ANS

● Témoignez-lui votre amour autant qu'au plus petit pour qu'il se sache aimé pour lui-même tout particulièrement.

● Manifestez votre approbation pour sa bonne conduite et de l'indifférence pour l'inverse. Éloignez-vous de lui quand il se conduit mal.

● Soyez tolérant. Personne n'est parfait. Passez sur les choses sans importance.

● Adaptez vos espérances à l'enfant qu'il est, non à un enfant idéal.

● Adaptez les règles à l'autonomie croissante de votre enfant, à ses aptitudes et son sens de la responsabilité. Un enfant constamment contrôlé et dominé ne devient pas autonome. Si vous ne lui accordez jamais votre confiance, il ne la méritera jamais. Donnez-lui un cadre avec ses règles mais à l'intérieur de ce cadre, laissez-lui des options. Les enfants peuvent surprendre par leur maturité.

RÉSUMÉ

● Aimez chacun particulièrement et montrez-le-lui.

● Soyez conséquents.

● Stricts ou permissifs, essayez de valoriser sa personnalité et son expression.

● Ne proférez jamais de menace que vous ne mettrez pas à exécution. Les enfants ne respectent pas les « paroles en l'air ».

● Passez sur les choses sans importance.

● Laissez-les régler leurs problèmes entre frères et sœurs.

● N'insistez pas pour que la famille fasse toujours tout ensemble.

EXPLIQUEZ

• Si vous stoppez ou punissez un enfant brutal avec un autre sans lui expliquer en quoi il a mal agi, il n'apprendra pas à être plus attentionné.

• Si vous vous détournez de votre enfant qui en blesse un autre ou le réprimandez sans expliquer pourquoi, il n'apprendra pas à être plus aimable.

• Lui expliquer les conséquences de sa conduite – Pierre pleure parce que tu l'as poussé – l'aidera davantage à devenir plus attentionné.

• Si vous expliquez les conséquences émotionnelles de sa mauvaise action – Si tu fais mal à Pierre, il n'aura plus envie de jouer avec toi –, votre enfant a plus de chances d'intervenir pour le consoler.

Un enfant attentionné

Un petit bébé qui veut quelque chose crie pour l'obtenir. Un enfant de 7 ans le fait parfois, mais il peut aussi avoir appris à penser aux autres et à être attentionné plutôt qu'à n'avoir que des exigences.

Les bébés ne tiennent pas compte des sentiments de leurs parents mais ils ont conscience de leurs humeurs. Quand vous êtes bouleversé, votre bébé le sent et réagit à votre état. Vers 18 mois, s'il a été complimenté pour sa gentillesse, s'il a vu ses parents être attentionnés, il se montrera parfois aussi attentionné et obligeant mais, en général, il reflète simplement l'humeur ambiante. Au cours des 18 mois suivants, il sera de plus en plus influencé par ce que vous ferez, par la façon dont son comportement sera récompensé et, peu à peu, se montrera plus attentif aux autres.

Une étude montre qu'en moyenne le préscolaire fait preuve d'obligeance et de partage une fois toutes les dix minutes. Mais tous les enfants ne sont pas aussi aimables. Ceux qui sont habitués à ce qu'on leur cède en toutes choses ont appris que l'égoïsme rapporte davantage que l'attention aux

Ça c'est pour toi
Un petit enfant ne partage pas toujours ses bonbons avec sa sœur, mais si elle tombe et s'égratigne le genou, il lui en offrira sans doute.

autres et l'enfant de parents égoïstes risque fort de les imiter. Vers 3 ans et demi, un enfant commence à comprendre que les autres ont leurs propres pensées et sentiments, distincts des siens, et cette compréhension accroît son empathie et sa sympathie pour les autres.

ÉTAPES VERS L'ATTENTION AUX AUTRES

Naissance à 6 mois	**6 à 12 mois**	**2 ans**	**3 ans**
Un bébé réagit positivement dans des jeux « sociaux » tels que « coucou », et émotionnellement à l'émotion des autres – il pleure quand une autre personne pleure.	Participe activement aux jeux sociaux, commence à partager et témoigne de l'affection à ses proches.	Montre des objets du doigt à ses proches, obéit à des demandes simples ; comprend les règles de jeux simples de coopération ; est capable de se soucier d'autrui, de consoler un être malheureux, d'aider amis et famille.	Attire l'attention par la parole et les actions. S'il aide, il le fait intentionnellement. Il le propose, suggère qu'il le fera et montre qu'il comprend que « aider » exige de la pratique.

AIDER UN ENFANT À DEVENIR ATTENTIONNÉ

Complimentez-le pour sa bonne conduite. C'est la méthode la plus efficace avec un petit enfant et aussi par la suite – même les adultes apprécient les compliments.

Critiquez sa mauvaise conduite. C'est efficace, surtout si vous complimentez sa bonne conduite.

Expliquez ce qui est bien ou mal. La recherche suggère qu'expliquer par avance aux enfants ce qu'ils doivent faire ou non n'est pas efficace tant qu'ils sont très jeunes mais le devient quand ils grandissent.

Donnez l'exemple. Leur proposer un modèle positif est plus efficace qu'un discours. Les études indiquent que pour l'enfant de moins de 5 ans, l'exemple des parents est le meilleur moyen de le rendre attentif aux autres.

Juste pour toi
Ne donnez pas la même chose au même moment. Offrez un pull à votre fils quand il en a besoin, et à votre fille le livre dont elle avait envie.

MODÉRER L'ESPRIT DE COMPÉTITION

Certaines cultures valorisent davantage la compétition. En général, les enfants des villes sont plus compétitifs que ceux de la campagne, les garçons plus que les filles et tous plus ou moins selon la société dans laquelle ils vivent.

● Donnez l'exemple. Les enfants ne coopèrent pas au milieu de personnes acharnées à rivaliser.

● Si vous aimez la compétition ou la pratiquez avec votre partenaire, attendez-vous au même comportement de la part de vos enfants.

● Créez une atmosphère où le « nous » prédomine. Encouragez votre enfant à vous aider non comme une faveur, mais comme une chose normale.

● Faites des choses ensemble. Faites-le participer – à la maison (au ménage, au rangement), à la préparation des repas (de la table), dans le jardin (à l'arrosage, aux soins des plantes), etc.

● Encouragez et comptez sur sa coopération. Les études montrent que l'enfant qui est serviable à 3 ans et demi le sera aussi à 10 ans.

● Montrez-lui comment aider les plus faibles – parce qu'ils sont petits, vieux, malades, fragiles.

● Aidez selon les besoins plutôt que selon des règles abstraites d'égalité. Les enfants repèrent tous la plus grosse part de gâteau. En vous efforçant sans cesse à l'égalité, vous encouragez la compétition. S'ils n'ont pas d'occasions de comparer, ils en auront moins de rivaliser.

● Aimez chacun de vos enfants particulièrement. Ne leur dites pas que vous les aimez « pareil » – ils passeront leur temps à comparer et à vérifier que c'est bien vrai.

COMPÉTITION

En grandissant, les bébés copient les adultes et sont heureux de faire quelque chose pour eux. En Occident, les problèmes viennent de la valorisation du « gagnant » au détriment de celui qui coopère.

Les jeux traditionnels sont remplacés par des versions enfantines des jeux d'adultes (mini-football) et des activités donnant lieu à diplômes et autres trophées qui tracent une ligne de partage entre gagnants et perdants. L'esprit de compétition détruit la gentillesse naturelle des enfants : la plupart sont moins serviables à 7 ans qu'avant d'aller à l'école.

À CHAQUE ENFANT

- Un amour non pas égal mais unique.
- Non une part égale, mais ce dont il a besoin.
- Non un temps égal, mais le temps dont il a besoin.
- Aidez Rémi s'il a besoin d'être aidé pour s'habiller mais trouvez du temps pour Léa et son puzzle.
- Permettez à chacun d'être lui-même.

Les plus grands trésors

L'amour est le plus grand trésor que nous puissions offrir à nos enfants mais, comme un vêtement qui va bien, cet amour doit être parfaitement ajusté. L'amour des parents ne doit pas être une chape étouffante, unisexe et passe-partout.

Notre amour pour chacun doit être unique et chacun doit pouvoir le percevoir comme tel. Chacun doit être aimé pour lui-même, jugé individuellement, gâté, grondé, chapitré, comblé et traité de façon particulière. Et l'important n'est pas tant que vous aimiez chaque enfant de façon unique, l'important est qu'il le sache.

L'ESTIME – LE CADEAU ESSENTIEL

Il est difficile de se développer harmonieusement sans estime, la plus précieuse étant l'estime de soi. Le plus beau cadeau que nous puissions faire à un enfant est de lui enseigner à s'aimer lui-même, tel qu'il est. L'amour qui ne vient pas de l'intérieur doit venir de l'extérieur. Les deux voies sont incertaines : le succès peut faire naître l'estime de soi, mais seulement s'il se maintient. Nous pouvons l'attendre des autres, mais ils peuvent nous la refuser.

PROTÉGER L'ESTIME DE SOI

Pas d'humiliations. Faites-en une règle absolue.

Relevez les agressions. Apprenez-lui à crier Aïe ! , à siffler comme un serpent ou à demander quel est le problème si on l'agresse. Cette pause met la personne blessante mal à l'aise et la question la décontenance.

Détournez-vous. Face à une personne blessante en paroles ou actions (autre que parents ou amis), mieux vaut s'éloigner sans commentaire. Les gens agressifs ont besoin de victimes. Un enfant qui refuse de jouer ce rôle risque moins d'être attaqué.

ASSURER LA SÉCURITÉ

Le sentiment de sécurité d'un bébé naît avec la stabilité et la cohérence de son environnement – famille, maison, routine –, sa mémoire limitée étant dépendante des indices qu'il lui fournit : à 1 an, il ne se rappelle ce que vous avez fait avec lui hier que si vous le refaites aujourd'hui dans les mêmes conditions.

RENFORCER LE SENTIMENT DE SÉCURITÉ

- Établissez une routine et tenez-vous-y, surtout en cas de stress ou de changements.
- Exprimez votre amour pour votre enfant – par les mots et par les gestes.
- Ne filez pas à l'anglaise quand il regarde ailleurs. Précisez que vous

Un ami pour les vacances
Emportez quelque chose de familier pour rassurer et occuper votre enfant – un jouet ou un livre favori est plus important qu'un énième T-shirt.

partez – et que vous allez revenir. À un enfant assez âgé, expliquez combien de temps vous serez partie.

● Donnez-lui un objet particulier qui lui rappellera que vous pensez à lui.

● Donnez-lui un moyen de faire face – une peluche à câliner s'il est triste de vous voir partir.

ENCOURAGER L'AUTONOMIE

L'autonomie devrait se développer naturellement mais votre enfant doit y être encouragé. Si vous rangez toujours ses jouets, il comptera toujours sur vous pour le faire. Un temps viendra où vous devrez cesser. Il est parfois difficile d'accepter qu'un enfant puisse se passer de nous.

Respectez ses secrets. N'exigez pas qu'il vous dise tout.

Respectez son espace personnel. Sinon, il n'apprendra pas à assurer sa propre sécurité.

Faites-le progresser. Soulevez-le pour qu'à 2 ans, il poste la lettre. Laissez-le faire quelques pas sans lui tenir la main. Plus tard, envoyez-le chercher le pain. Vers 8 ans, la plupart des enfants peuvent aller seuls à l'école, un peu plus tard, prendre le bus. Un jour viendra où il devra compter sur lui-même, faire ses propres erreurs et son propre bonheur.

CRÉER UN ENVIRONNEMENT STIMULANT

Il ne s'agit pas d'un milieu sursaturé de sources d'excitation mais d'un cadre aménagé où les activités interviennent chacune en son temps. Les petits sont facilement distraits. Avec la télévision allumée, les jouets en pagaille, ils sautent de l'un à l'autre sans se concentrer sur aucun. S'ils ne disposent que de papier et de crayons, ils dessineront.

LES RAPPORTS FAMILIAUX

Avec des enfants plus âgés, des règles doivent réguler les rapports familiaux.

Règles de la maison. Définissez clairement les attitudes attendues de et vis-à-vis de chaque personne, de ses affaires, de son langage. Soyez ferme quant aux sanctions appropriées si les règles ne sont pas respectées : On ne fait pas de mal au chat. C'est la règle. Va dans ta chambre et demande-toi pourquoi ce n'est pas bien de lui faire mal.

Contrats familiaux. Les contrats « marchent » parce que les enfants ont un sens inné de la justice. Par exemple : Léa est d'accord pour que Rémi prenne ses crayons quand elle ne s'en sert pas. En échange, Rémi est d'accord pour qu'elle prenne son vélo quand il ne s'en sert pas. Écrivez le contrat, faites-le « signer » et mettez-le dans une boîte spéciale.

En famille. Chacun a droit à son tour de parole pendant que les autres écoutent. Puis on se met d'accord sur une conclusion. C'est le moment des compliments pour un bon travail, pour reconnaître échecs et réussites. Ce tableau est un peu idéalisé, mais le principe vaut d'être mis à l'épreuve.

De plus en plus autonome
Confiez des responsabilités à votre enfant pour reconnaître son indépendance croissante, par exemple en le chargeant de nourrir la tortue de la famille.

Pour en savoir plus

Construire l'estime de soi   126-127
S'affirmer   128-129
Devenir autonome   164-165
Gérer la vie de famille   166-167

TABLEAU D'HONNEUR

Le meilleur moyen d'améliorer la conduite d'un enfant est de le complimenter quand il fait bien et de l'ignorer quand il fait mal. Proposez-lui des buts et récompensez-le quand il les atteint. Par exemple, faites un tableau et dessinez-y une étoile quand il passe une demi-heure sans se fâcher contre son frère ; et prévoyez un petit cadeau en échange d'un nombre convenu d'étoiles.

Parler aux enfants

L'éducation repose beaucoup sur le langage. Un enfant qui ne s'exprime pas bien risque de prendre du retard à l'école. Votre enfant a besoin d'apprendre à parler et à écouter – vous devrez le lui apprendre.

Un enfant qui ne peut vous dire ce qu'il veut risque tout simplement de le prendre d'office. Les enfants ne doivent pas seulement être aidés avec le langage, nous devons les aider à exprimer leurs besoins et leurs émotions.

ÉCOUTER UN ENFANT

• Accordez-lui votre attention et soyez sûre qu'il sait que vous l'avez fait. Fermez la télévision, faites-lui face, les yeux dans les yeux et réagissez à ce qu'il dit, ne serait-ce que par : Hmm Hmm.

• Ne rejetez pas ce qu'il dit. S'il dit avoir peur de monter seul à l'étage, considérez que c'est vrai et aidez-le – ne serait-ce qu'en nommant ses sentiments par leur nom plutôt que de lui dire qu'il est sot d'avoir peur.

• Formulez ce que vous attendez de lui : Je veux que tu ranges tes affaires.

• Assurez-vous qu'il connaît et accepte vos sentiments. Il doit savoir que vous avez aussi des droits.

• Ne le laissez pas se décourager.

• Acceptez et formulez ce que l'enfant éprouve pour l'aider à clarifier ses sentiments.

• Expliquez-lui que vous aussi faites des erreurs. Soyez la première à en rire pour l'aider à accepter les siennes.

TROUVER LE TEMPS DE PARLER

Les petits enfants aiment nous regarder dans les yeux quand ils nous parlent. C'est peut-être une des raisons pour lesquelles certains ont du mal à s'exprimer à l'école. Or ils nous voient très souvent de dos (en voiture) ou de côté (devant la télé). Nous devons faire un effort pour nous asseoir, parler avec eux et les écouter.

En jouant, les garçons tendent à crier des phrases courtes, les filles à s'exprimer plus doucement en phrases plus

Bon appétit !
Prenez vos repas en famille le plus souvent possible. La table est le forum idéal pour les conversations familiales.

Discuter comme les grands
Les garçons préfèrent parfois parler avec leur papa. S'il est absent, trouvez du temps pour parler avec votre fils.

longues. Donnez à votre fils des occasions de parler pour lui apprendre à communiquer.

COMPLIMENTER LES ENFANTS

L'essentiel n'est pas de gagner mais de participer, dit-on. Ce bel adage n'est guère mis en pratique de nos jours mais c'est un bon principe au sein de la famille. Les enfants ont besoin d'être guidés mais ils doivent pouvoir prendre des initiatives et ce qu'ils accomplissent est moins important que les efforts qu'ils fournissent.

MONTRER L'EXEMPLE

Nous devons d'abord élever les petits un peu comme le chaton : caressé quand il fait bien, ignoré ou puni quand il griffe ou vole le bifteck. Vers 1 an, ils nous imitent beaucoup et donner l'exemple est d'autant plus important. Lorsque nous disons une chose et faisons le contraire, rappelons-nous qu'ils s'attachent plus à nos actions qu'à nos idées, parce qu'ils comprennent mieux les actes que les paroles. En grandissant, ils font ce qu'ils croient être bien ou devoir nous faire le plus plaisir.

PARLER AUX AUTRES PERSONNES

Si votre enfant n'apprend pas l'art de la conversation à la maison, il aura des difficultés pour s'exprimer dans un groupe, à la piscine ou à la maternelle.

• Donnez-lui toujours le temps de répondre, c'est parfois difficile pour lui de s'exprimer.

• Expliquez toujours les choses simplement. Aidez-le en développant ce qu'il essaie de dire.

• Faites-lui la lecture. Un enfant qui regarde la télé peut ne pas faire attention à ce qu'il entend parce que la vue prédomine sur l'ouïe. C'est pour supprimer les distractions qu'il vous regarde dans les yeux en vous parlant.

• Ne laissez pas vos craintes irrationnelles le priver d'occasions de parler à des étrangers. Inutile de le mettre en garde tant qu'il ne sort pas seul : il n'y penserait qu'lorsqu'il sort avec vous, c'est-à-dire hors de danger. Parler à des étrangers en votre compagnie lui fera prendre confiance en lui, même si la conversation est laborieuse pour une personne peu familière avec sa façon de s'exprimer. Quand il sortira seul, il sera temps de l'informer des dangers.

Pour en savoir plus

Sourires et babillage	86-87
L'apprentissage du langage	96-97
La progression du langage	100-101
Attention et mémoire	104-105

TOUJOURS

• **Attendre.** Il a parfois du mal à formuler ce qu'il veut dire, mais il faut qu'il essaie.

• **Réagir.** Vous n'êtes pas forcée de répondre mais montrez de l'intérêt.

• **Interagir.** Interrogez-le. Discutez de ce que vous lisez ou regardez.

• **Complimenter.** Complimenté, il parlera plus facilement.

• **Accorder un degré d'autonomie.** Prendre des décisions l'encourage à penser – et à parler.

Lecture partagée
Faites la lecture. Vous écouter améliore son vocabulaire et si l'enfant est assis sur vos genoux, il peut suivre les mots en regardant les images.

CHAPITRE 5

Une place dans la famille

Le noyau familial tel que nous le connaissons n'est pas si ancien. Jadis, beaucoup d'enfants mouraient en bas âge, les mères travaillaient dur à la maison ou dans les champs, les pères partaient à la guerre ou travaillaient au-dehors. Veufs, ils se remariaient. Souvent, les enfants étaient élevés par leurs aînés ou vivaient à la campagne avec leurs grands-parents. La plupart des problèmes des familles modernes existaient déjà : rivalités entre frères et sœurs, jalousies, aide étrangère à la famille, séparation, décès. Seuls sont nouveaux les moyens d'y faire face.

**CHAMP
DE BATAILLE**

Les familles sont souvent un terrain d'entraînement pour de futures batailles. Les enfants s'en livrent de sévères à propos de riens, de leurs jouets, des injustices, de l'attention de leurs parents, et avec ces derniers, à propos de leur indépendance.

Mes batailles tenaient à des sujets graves : employer un mot que ma sœur s'était appropriée la première, pousser la porte d'une chambre autre que la mienne, monter l'escalier avant les autres !

La manipulation est au cœur de la plupart des bagarres, y compris entre parents et enfants. Dans une relation à trois, une des parties se sent souvent laissée pour compte.

Les rapports avec la famille

La plupart des enfants débutent dans la vie entre leurs deux parents et, bien que tous leurs aïeuls, oncles et cousins ne vivent pas toujours à proximité, ils acquièrent le sens de leur place dans une plus large famille.

En Occident, où les divorces sont fréquents, la plupart des enfants vivent d'abord entre leurs deux parents ; mais beaucoup connaissent une famille élargie par une belle-mère ou un beau-père et des demi-frères ou sœurs.

Avant d'entrer à la maternelle, un enfant qui grandit seul avec un ou deux parents peut ignorer divers aspects de la vie de groupe : que les adultes doivent partager leur attention entre plusieurs individus, que les enfants doivent souvent attendre leur tour, et que tout le monde n'est pas toujours prêt à s'incliner à la seconde devant ce qu'il veut comme ses parents peuvent l'avoir fait.

LAISSEZ QUELQU'UN D'AUTRE L'AIMER

Avec un premier bébé, une maman a peine à croire qu'une étrangère puisse s'occuper de son bébé et le rendre heureux aussi bien qu'elle. Personne ne peut avoir avec lui la même relation que vous, mais cela ne signifie pas qu'il sera malheureux avec quelqu'un d'autre. L'amour a l'art de se multiplier. Plus on en donne, plus on en reçoit. Un bébé qui aime les autres est aimé en retour, ce qui le rend heureux et confiant : il ne vous en aimera pas moins, mais davantage.

LES VOIX ET LES IMAGES

Après notre divorce, mon ex-mari envoyait toutes les semaines une cassette à nos enfants. S'il était loin, il y donnait de ses nouvelles et dans chacune, il lisait le chapitre suivant d'un livre en cours – *L'Île au trésor, Croc-Blanc*, etc. Le soir, nos enfants l'écoutaient au lit et, au téléphone, elle leur procurait toujours un sujet de conversation avec leur père. Aujourd'hui, on peut aussi recourir aux cassettes vidéo.

LES RELATIONS AVEC LES GRANDS-PARENTS

Les rapports entre générations peuvent être très profonds. De nos jours, les grands-parents sont souvent de « jeunes » retraités quand naissent leurs petits-enfants, et ils peuvent

Tu penses à moi ?
Quand un parent s'absente quelque temps, envoyer régulièrement des lettres, des photos ou des cassettes est un bon moyen d'entretenir le contact.

revivre leurs meilleurs moments de parents sans les tracas et les nombreuses responsabilités qu'ils assumaient en tant que parents.

La relation doit être favorisée quand les grands-parents vivent au loin. Un bébé les oublie s'il ne les voit qu'une ou deux fois par an. En grandissant, il apprendra à mieux les connaître, surtout quand il pourra leur parler au téléphone et les reconnaître sur les photographies.

GARDER LE CONTACT

Exposez des photos de la parentèle. Au début, elles ne signifieront pas grand-chose pour votre bébé mais peu à peu, il identifiera la personne à qui il parle au téléphone à celle que vous montrez du doigt sur la photo. Ma mère entretenait le contact avec des cartes postales et des surprises, les timbres valant souvent plus que le cadeau ! Mais régulièrement arrivaient livres, jouets, un peu d'argent ou des décorations de Noël qui ravissaient mes enfants.

EN VISITE CHEZ LES GRANDS-PARENTS

Néanmoins, la relation ne s'approfondit que par le contact, au moins deux fois par an. Les distances étant souvent grandes de nos jours, les visites durent parfois plusieurs semaines plutôt que quelques jours et perturbent la routine. Limitez les frictions possibles en prévoyant beaucoup d'activités ou en ne restant pas ensemble en permanence. Si vos parents vivent encore dans votre ville natale, profitez-en pour retrouver de vieilles connaissances. Sinon, il peut être plus agréable de se réunir pour les fêtes que de cohabiter trop longtemps.

ONCLES ET TANTES, COUSINS ET COUSINES

Naguère, la plupart des membres d'une communauté avaient grandi ensemble. S'ils n'épousaient pas le (la) plus proche voisin(e), l'élu(e) habitait souvent à quelques rues de distance. Cousins, cousines, camarades de classe se côtoyaient toute leur vie, conscients de leur place dans leur famille et leur village.

Aujourd'hui, nous n'éprouvons plus guère ce sentiment qu'avec nos frères et sœurs et nos cousins. En nous dispersant, nous perdons le contact avec nos camarades de classe mais tant que les parents survivent, nous restons en contact avec les cousins, ne serait-ce qu'aux mariages et enterrements. Ces réunions sont importantes parce qu'elles permettent à un enfant de découvrir qu'il n'apprécie pas tous ses cousins, que les personnes que papa et maman aiment tant ne sont pas si merveilleuses et qu'il faut pourtant s'entendre avec tous. Il y apprend aussi à côtoyer des enfants d'âges différents.

Préparer et rappeler
Si les grands-parents vivent au loin, préparez votre enfant à les revoir en regardant avec lui des photos de famille. Faites de même après la visite pour l'aider à relier les images et les personnes.

Pour en savoir plus

Se partager les tâches	52-53
Attention et mémoire	104-105
La conscience de soi	124-125
Divorce et remariage	160-161

ALBUM PHOTO

Avant 18 mois environ, un bébé ne comprend pas que les photos représentent des personnes particulières. Vers 2 ans, il se reconnaît ainsi que ses proches. Avant environ 3 ans, il ne saisit pas encore que tel bébé a grandi depuis la photo, ou qu'un grand cousin a été un bébé. Mais même s'il n'en reconnaît pas les personnages, il a plaisir à regarder les photos, en particulier celles d'autres enfants.

Dans certaines familles on crie, dans d'autres on bout, d'autres encore pardonnent et oublient et les tempéraments des enfants jouent leur rôle dans les interactions entre membres d'une famille.

En général, les enfants modèlent leurs réactions sur celles de leurs parents. Les couples qui se disputent ont tendance à avoir des enfants querelleurs, ceux qui s'entendent bien à avoir des enfants faciles à vivre.

Heureux en famille
Une grande famille forme un groupe social complexe qui peut, à la longue, fonctionner plus ou moins bien.

Le second enfant

Après la naissance de votre bébé, parents et amis demanderont : « À quand le second ? », avec une idée préconçue quant à la différence d'âge idéale entre deux enfants. Vous et votre partenaire êtes seuls à savoir quelle est la différence idéale pour vous.

Les enfants uniques peuvent grandir tout à fait normalement et réussissent souvent très bien. Toute liste de « grands hommes » de tous bords comporte son quota d'enfants uniques. Que leur vie intime de pères, de maris, d'amis ou d'amants ait été ou non satisfaisante, nous l'ignorons. Pour ma part, je ne renoncerais pas à mes frère et sœurs. Nous sommes très proches en tant qu'adultes après avoir beaucoup bataillé étant enfants. Mais tous les frères et sœurs n'ont pas les mêmes rapports.

LA BONNE DIFFÉRENCE
On dit souvent que les enfants proches en âge font de bons amis. Pourtant, certains frères et sœurs ayant une grande différence d'âge sont très liés. La personnalité et le style de vie jouent leur rôle. Un premier-né autoritaire peut entrer en conflit avec un second plus sensible, alors qu'un aîné facile à vivre peut être tolérant et affectueux avec un cadet plus émotif. Les plus grands conflits semblent naître entre enfants du même sexe, les garçons étant souvent plus querelleurs que les filles. Mais les enfants qui se disputent beaucoup deviennent souvent les meilleurs amis à vie.

LE PREMIER ET LE SECOND
Les premiers-nés tendent à être plus axés sur la réussite, souvent plus capables, conformistes, volontaires, responsables, sûrs d'eux-mêmes que les seconds, plus en accord avec leurs parents. Les puînés ont tendance à être plus spontanés, faciles, délicats, détendus et moins volontaires – peut-être parce qu'ils ont eu plus de raisons de développer l'art des rapports sociaux.

LE TRANSFERT DES RÔLES À L'ÂGE ADULTE
Les aînés sont les dépositaires de nos rêves, les cadets plus aimés pour eux-mêmes. Toujours en concurrence avec un aîné plus compétent, ils sont habitués à venir en second, ce qui explique peut-être qu'ils goûtent moins la compétition. Le plus jeune doit apprendre à survivre dans des conditions inégales et peut, par conséquent, être particulièrement manipulateur.

À L'ÉCOLE DES FRÈRES ET SŒURS

Nos talents pour enjôler, dissimuler nos sentiments, percer les autres à jour se façonnent dans les rapports frères-sœurs. Le point faible d'un parent est plus facile à repérer si vous le voyez s'énerver ou paniquer en sachant que votre frère est en train de le berner. Il n'est pas surprenant que ceux qui ont des frères et sœurs soient meilleurs juges de leurs parents. En général, ils ont une vue plus nuancée d'autrui et peuvent être plus sûrs d'eux-mêmes dans les relations superficielles.

BIEN S'ENTENDRE

Les différences d'âge fonctionnent bien ou mal selon les tempéraments et, les enfants évoluant à la fois par à-coups et graduellement, il y a des périodes où ils s'entendent à merveille, d'autres où ils ne cessent de se quereller. Une différence de deux ans semble tantôt énorme, tantôt insignifiante et parfois, le plus jeune semble plus mûr que son aîné.

BECS ET ONGLES

Il est certain que les enfants de même sexe se disputent plus souvent et les garçons sont sans doute plus querelleurs que les filles. Ils en viennent plus facilement aux mains alors qu'elles ont plus tendance à chicaner, se griffer ou se tirer les cheveux. Bien sûr, il ne s'agit là que de schématisations.

Pour en savoir plus

Penser aux autres	110-111
La conscience de soi	124-125
Gérer la vie de famille	166-167
Entre 1 et 2 ans	180-181

Ma petite sœur
Les 3 et 4-ans sont en général affectueux avec un nouveau bébé mais si vous tournez le dos, il peut leur arriver de pincer ou de frapper.

LES STADES PLUS OU MOINS DIFFICILES

1 an	2 ans	3 ans	4 ans	5 ans
Communicatif, remuant, avec un nouveau talent chaque semaine, le bébé de 1 an est aussi délicieux qu'épuisant. Il adore ses aînés mais ne sachant pas jouer, il a besoin d'aide pour participer. Les aînés aiment l'intérêt que leur porte le bébé mais n'apprécient guère la surveillance des adultes.	Acharné à être autonome, l'enfant de 2 ans veut tout tout de suite et connaît beaucoup de frustrations ; également confiant et émerveillé, il peut serrer un autre bébé dans ses bras et le frapper l'instant d'après. Il aime ses aînés et peut partager leurs jeux les plus simples.	Plutôt paisible, il s'entend bien avec les scolaires et les bébés, moins bien avec ceux plus proches de son âge. Il est agacé par la façon dont un 2-ans lui arrache sa petite voiture ou par un 4-ans qui veut les cubes dont il se sert lui-même.	Déjà socialisé, il a besoin de se défouler et devient grincheux s'il ne peut le faire. Affectueux avec un bébé, il peut être dominateur et violent avec des enfants de 3 à 6 ans. Il peut se prétendre innocent dans une bagarre, gâcher un jeu volontairement ou avoir des exigences insensées.	Plus paisible et moins exigeant, c'est le calme avant la tempête (vers 6 ans). Souvent adorable avec des plus petits, désirant votre approbation, il peut s'écarter du droit chemin quand vous regardez ailleurs. Il s'entend souvent bien avec ses aînés (tant qu'ils s'entendent avec lui) parce qu'il veut leur plaire.

MULTIPLICATION

Chacun, à notre époque, peut un jour se retrouver sans travail. Au sentiment de rejet s'ajoute un problème financier.

● Acceptez-le comme un stress majeur. En faire subir le poids au partenaire ne fait qu'aggraver les choses. Envisagez un soutien psychologique s'il en est trop stressé.

● La conduite des enfants est affectée par vos problèmes : ils ont alors besoin d'un surplus d'affection, pas moins.

● Ne considérez pas que celui qui perd son travail doit soudain assumer toutes les tâches familiales.

● Prenez votre temps avant de modifier les dispositions pour la garde des enfants.

● Faites-vous aider pour faire face au stress.

Le stress dans la famille

Les premiers pas dans le rôle de parents sont pleins de délices et de petites joies. Comment pourrait-on résister à un tel bonheur ? Pourtant, les événements extérieurs et le fait même d'être parents peuvent entraîner un stress et affecter la vie familiale.

Les changements nous rendent vulnérables. Parmi les éléments prédisposant à la dépression, les médecins remarquent que les « mauvais » changements – divorce, ennuis – ne sont pas les seuls facteurs : les « bons » changements désirés – mariage, travail, vacances même – peuvent être sources de stress.

LE STRESS DES PARENTS

Devenir parents est un événement majeur qui serait stressant même avec le bébé idéal. Quand s'y ajoutent la perte de sommeil, du travail et de ses revenus, un statut différent avec les amis et la famille, on comprend que les nouveaux parents soient stressés.

Très vite, on se demande ce qui est advenu de la personne que nous étions auparavant. Pourquoi mangeons-nous soudain des surgelés ? Pourquoi cette pagaille ? Pourquoi ai-je si mauvaise mine ? Celui qui reste à la maison est stressé, son partenaire qui travaille se montre critique – ou semble l'être. Si vous reprenez votre emploi, vient alors le souci d'une garde adéquate, de la sécurité du bébé en votre absence, la précipitation et l'inquiétude au moindre retard après le travail.

LA VULNÉRABILITÉ AU STRESS

Le problème n'est pas tant d'être parents que vulnérables aux autres causes de stress. Nous ne trouvons pas si facile de gérer le quotidien, à plus forte raison de faire face à de graves problèmes – déménagement, perte d'un travail, d'un être cher. Tous les couples connaissent des difficultés et quand les enfants sont petits, ces moments sont encore moins faciles à traverser.

AIDER UN ENFANT À COMPRENDRE LA MORT

Même attendue, la mort d'un être cher nous reste incompréhensible. Avant 5 ans, un enfant ne peut pas saisir l'irréversibilité de la mort. Il croit que la personne défunte va revenir, comme dans les dessins animés : le personnage est mort pendant un certain temps, puis il se relève et repart comme avant.

● Quand un proche est très malade, préparez l'enfant à sa disparition. Ne l'éloignez pas, ne le tenez à l'écart ni avant une mort imminente ni après. Laissez choisir de dire au revoir s'il le désire.

● Lorsqu'un parent décède, la première inquiétude de l'enfant est que l'autre meure et l'abandonne aussi. Acceptez qu'il s'accroche à vous. Seuls le temps et la régularité quotidienne le rassureront.

● Si un frère ou une sœur vient à mourir, ne faites pas l'impasse sur les jalousies ou rivalités qui ont pu exister. Tous les enfants souhaitent parfois la mort de leur frère ou sœur. Voir ce « vœu » se réaliser est dévastateur, l'enfant se blâmant pour le décès.

EXPLIQUER LA MORT À UN ENFANT

Oubliez les euphémismes tels que « passer » ou « s'endormir » qui entretiennent l'idée que la mort est passagère. Ces expressions troublent les enfants. Parlez de la « mort » : un vocabulaire moins direct ne change rien à son caractère irrémédiable.

● Ne dites pas : Dieu les a pris parce qu'ils étaient si bons ou parce qu'il les aime beaucoup. Ces déclarations sont terrifiantes.

● Expliquez simplement que la personne ne reviendra plus ; que son corps ne fonctionne plus, qu'on ne pourra plus la voir mais qu'elle restera dans vos mémoires. Il est difficile pour un jeune enfant de comprendre qu'un être important pour lui a simplement cessé d'exister.

● Soyez franc. La réponse à « Pourquoi ? » est simplement que la vie ne pouvait plus continuer, que la personne était trop malade. Parfois, il faut admettre qu'on n'a pas de réponse.

AIDER UN ENFANT À FAIRE SON DEUIL

● Ne cachez pas vos sentiments. Dites-lui que vous aussi avez du mal à accepter la mort, que vous savez que votre tristesse le rend malheureux. Les enfants font mieux face s'ils peuvent partager leur chagrin.

● N'essayez pas de lui épargner le chagrin. Parlez du disparu et rappelez les rires et les meilleurs moments. Dites-lui que la vie doit continuer, qu'il y aura d'autres bons moments.

● Laissez-le extérioriser sa colère à sa façon – même si c'est envers le défunt. Pourquoi tu as traversé la route ? Pourquoi tu as conduit trop vite ? sont des questions légitimes.

● Acceptez l'aide des parents et amis. Si cela vous semble utile, faites appel à un soutien psychologique pour vous et vos enfants.

● Lorsqu'un neveu ou une nièce meurt, il est normal qu'à notre chagrin pour les parents se mêle un soulagement : c'est tout simplement humain.

SE RAPPELER LE (OU LA) DISPARU(E)

● Montrez-en des photographies. Les enfants ne sont pas toujours capables de visualiser le défunt mais ils ont besoin de s'en souvenir.

● Dites qu'il aimerait voir votre famille heureuse. Faites comprendre aux enfants que quels qu'aient été les liens avec lui, il restera dans votre souvenir.

● Laissez les morts être ce qu'ils étaient réellement, ni tout bons ni tout mauvais, surtout si vous pleurez un de vos enfants : impossible pour les autres de gérer le souvenir d'un frère ou sœur prétendument parfait.

● Fêtes et anniversaires seront d'abord pénibles. Ne les fuyez pas, faites face selon vos habitudes (que certains préfèrent modifier). Tout un chacun doit pouvoir y exprimer ce qu'il ressent.

Pour en savoir plus

Penser aux autres	110-111
Divorce et remariage	160-161
Gérer la vie de famille	166-167
Jalousie et dépossession	188-189

LE PETIT CHAT EST MORT

La perte d'un animal familier est souvent un premier contact avec le chagrin qui n'est pas anodin pour un enfant. Sans préparer à la mort d'un être cher, il peut lui permettre de comprendre le « travail du deuil » : le chagrin s'atténue et de meilleurs moments reviennent.

● Expliquez que tout ce qui naît vit et meurt et qu'il faut parvenir à l'accepter.

● Soulagez sa crainte de la mort en expliquant que les créatures plus petites ont une vie plus courte.

● Faites une « cérémonie » et enterrez le chat.

● Expliquez que la mémoire reste. Laissez-le décider si – et quand – il veut un autre chat.

La découverte du chagrin
N'empêchez pas votre enfant de « jouer à la mort » ou de « tuer » ses jouets. Quand une chose l'effraie, il l'évacue dans ses jeux, ce qui l'aide à y réfléchir quand il est détendu.

REMARIAGE

• 75 à 80 % des divorcés se remarient, 25 % des enfants passent une partie de leur enfance avec un beau-père ou une belle-mère. Plus de la moitié des parents remariés divorcent à nouveau, compliquant considérablement la vie familiale.

• Les très jeunes enfants acceptent souvent un remariage, à l'inverse des plus âgés. Les adolescentes acceptent toujours mal un beau-père, les jeunes garçons le nouveau partenaire de leur mère.

• N'imposez pas votre nouvelle relation. Donnez-leur le temps de s'habituer au divorce. Un enfant amer et meurtri peut être très perturbateur.

• Ne vous réjouissez pas des problèmes de votre « ex » dans sa nouvelle relation. Vous blesseriez vos enfants, surtout s'ils ont noué des liens avec le nouveau partenaire.

Un moment ensemble
Les enfants ont besoin de chaque parent, surtout immédiatement après le divorce. Facilitez les rencontres avec votre ancien partenaire.

Divorce et remariage

De nos jours, en Occident, beaucoup de couples se séparent. La présence de jeunes enfants ne change rien à leur décision. Au contraire, elle rend sans doute le divorce d'autant plus probable.

Les enfants n'ont guère voix au chapitre dans la séparation de leur parents mais ils croient souvent en être la cause. Ce sentiment est aggravé par le stress des parents qu'elle peut rendre inattentifs et irritables.

COMMENT LES ENFANTS FONT FACE

Les enfants ne choisissent ni avec qui ni où ils vivent, ni les nouveaux partenaires de leurs parents, ni le degré de contact maintenu entre les familles recomposées. La base même de leur sentiment de sécurité est ébranlée par le divorce et le remariage.

Dans certains pays, divorce et remariage concernent la moitié des couples et, par conséquent, un grand nombre d'enfants. Stressants pour tous, ils affectent le comportement des adultes et plus encore celui des enfants. Attendez-vous à des problèmes : sommeil, alimentation, retour à une conduite plus infantile, énurésie, repli sur soi, tristesse, problèmes scolaires, parfois même vols, violence, bagarres entre frères et sœurs, et beaucoup de larmes. Les enfants ont un droit légitime à la colère et à une explication (simplifiée) des motifs du divorce. Même si votre partenaire en est plus responsable que vous, exposez les faits sans le dénigrer ni le blâmer. Les enfants doivent pouvoir aimer et respecter leurs deux parents, même quand ces sentiments sont difficiles à encourager. Peut-être préféreriez-vous que votre « ex » disparaisse de votre vie, mais ce serait néfaste pour votre enfant.

RESTER EN CONTACT

Pour le parent qui a la garde des enfants, il est difficile de pénétrer leur peine et leurs besoins ; plus encore, pour le parent éloigné d'eux, de faire face à la douleur des retrouvailles épisodiques et des adieux éplorés. Beaucoup n'y parviennent pas : un tiers des pères (et des mères) séparés de leurs enfants perdent le contact avec eux. Souvent, l'ex-conjoint a encouragé cette rupture. C'est un devoir pour un adulte d'entretenir la relation avec l'autre parent de façon aussi franche et objective que possible, si pénible que soit cette démarche pour lui et son nouveau partenaire.

Les adultes ne devraient pas se comporter comme des enfants ni faire payer aux leurs la note de leurs erreurs. Qui a fait quoi et à qui incombe la faute ne les concerne pas. Leurs parents sont leurs parents et c'est ce qui leur importe ; et pour des adultes, l'intérêt de leurs enfants devrait prendre le pas sur leurs ressentiments personnels ou sur les comportements infantiles de leur ex-conjoint.

Accepter la jalousie d'un nouveau (ou ex-) partenaire nous place dans le rôle de parent d'un enfant gâté. Plutôt que de penser aux difficultés, rappelez-vous que le contact entre le parent et l'enfant dont il est séparé constitue une pause pour celui qui en a la garde.

POUR AIDER VOS ENFANTS

Dites-leur. Informez vos enfants de l'évolution de votre relation afin qu'ils ne l'apprennent ni d'un ami ni d'un étranger. Ne permettez pas qu'ils vous entendent en parler à qui que ce soit avant d'avoir été informés par vos soins.

Rassurez-les. Beaucoup d'enfants se croient responsables du divorce de leurs parents parce qu'ils ont souvent été à l'origine de leurs disputes ou de leurs inquiétudes. Le repli sur soi et le manque d'attention des parents renforcent leur sentiment de culpabilité.

Extériorisation. Laissez les enfants exprimer leur colère et leur tristesse : ne les refoulez pas avec des platitudes.

Tenez votre langue. C'est peut-être une brute, un égoïste et un fieffé menteur, mais c'est aussi leur père adoré et

ils ne doivent pas vous entendre le mépriser.

N'en faites pas des espions. Bien sûr, vous voulez savoir où en est votre ex-conjoint, mais ne tentez pas de l'apprendre de vos enfants.

Un seul papa. Un nouveau partenaire n'est pas un nouveau papa ou une nouvelle maman. Les enfants n'ont qu'un père et qu'une mère. Les entendre appeler quelqu'un d'autre par ces mots cause des blessures inutiles.

Divorcez à l'amiable. Plus la séparation est simple et rapide, plus vite chacun peut reconstruire sa vie. Si pénible que ce soit, faites l'impossible pour ménager les liens parentaux. Les enfants heureux et équilibrés enrichissent votre vie ; s'ils sont malheureux vous le serez aussi. Avec le temps, les rapports deviendront plus faciles avec votre ex-partenaire.

Pour en savoir plus

Parler aux enfants 150-151
Le stress dans la famille 158-159
Jalousie et dépossession 188-189
Zéro de conduite 192-193

DEMI-FRÈRES ET SŒURS

- Les enfants préféreraient sans doute ne pas avoir de beaux-parents ni de demi-frères ou sœurs. Ils n'ont pas de raison de les accepter, moins encore de les aimer. C'est illusoire de croire que remariage égale grande et heureuse famille.

- Attendez-vous à des jalousies. De part et d'autre, les enfants viennent de passer des moments difficiles, guère favorables à une nouvelle amitié.

- Écoutez les plaintes des enfants mais favorisez les liens d'amitié.

- Donnez par l'imagination ce qu'ils n'ont pas dans la réalité : Tu voudrais que papa soit ici. Veux-tu que nous dessinions une image de nous tous ?

Accordez-leur du temps
La plupart des familles recomposées apprennent à vivre ensemble. Vous ne pouvez forcer personne à aimer quelqu'un d'autre, mais vous pouvez en exiger la courtoisie.

Les enfants agressifs

Une certaine agressivité est formatrice. Sans elle, un enfant n'aurait jamais l'occasion de lever le drapeau blanc dans la « guerre froide » avec ses amis et ennemis. Mais certains enfants sont en lutte constante avec tous leurs camarades, et avec leurs frères et sœurs.

En se battant, les enfants apprennent à maîtriser la colère : ceux qui se battent le plus deviennent souvent les meilleurs amis. Mais cette perspective n'est d'aucun secours aux parents pour faire face à des bagarres incessantes.

Cela suffit !
Dès le jeune âge, les garçons sont plus agressifs que les filles et le restent généralement. Mais n'intervenez que s'ils en viennent aux coups.

EN COLÈRE À LA MAISON

Les petits enfants dirigent surtout leur colère contre eux-mêmes et leurs parents : en criant, en se montrant odieux, grossiers ou brutaux. Leur but est d'obtenir notre attention et plus nous réagissons à leur conduite, plus ils y recourent. L'ignorer totalement est souvent la meilleure attitude. Ils manifestent aussi leur colère et leur jalousie en arrachant les jouets à leurs frères et sœurs, en les frappant ou les bousculant. Si vous punissez toujours l'agresseur et consolez toujours la victime, chacun comptera sur votre réaction pour obtenir votre attention : le « vilain » utilisera l'agression, la « victime » les larmes et la manipulation.

EN COLÈRE À L'EXTÉRIEUR

Ne sachant pas négocier avec des égaux, le préscolaire se conduit avec ses camarades comme avec vous : quand les choses ne vont pas à sa guise, il crache, mord, griffe ou frappe. S'emportant très vite, il se calme tout aussi rapidement.

LA COLÈRE DES ENFANTS PLUS ÂGÉS

À la maison, les enfants se battent pour le plaisir, parce qu'ils se sentent mal aimés, pour prendre le contrôle, corriger une injustice mais aussi pour attirer notre attention. Du même sexe, ils se bagarrent plus souvent, et les garçons plus que les filles. Certains ne cessent de s'agacer mutuellement tout en sachant que les choses finissent toujours par tourner au vinaigre. La plupart des bagarres surviennent quand les enfants s'ennuient, sont malades, fatigués, mécontents ou malheureux. En général, la meilleure solution est de les laisser résoudre leurs problèmes. Ils contrôlent mieux leur agressivité en grandissant : elle enfle vite mais peut aussi s'accumuler peu à peu et avec le temps, ils risquent d'entretenir des rancunes et de ruminer les torts subis.

ÉVITER LES CONFLITS

Une fois atteint l'âge de la scolarité, la plupart des enfants ont appris à se contrôler et se battent moins souvent. Beaucoup savent reconnaître les signes de conflit imminent et le fuir. À 7 ou 8 ans, ils sont souvent capables de repérer des intentions agressives, en particulier s'ils ont pu développer ce talent avec des frères et sœurs. Pouvoir anticiper une réaction, même s'ils ne devinent pas toujours exactement, leur permet d'éviter plus facilement les conflits.

LE RÔLE DE LA FAMILLE

La façon de discipliner un enfant joue un rôle majeur dans son niveau d'agressivité. La brutalité génère la brutalité. Une gifle ne rend pas forcément un enfant agressif, mais de fréquents châtiments corporels peuvent aboutir à ce résultat, en particulier s'ils sont dispensés de façon illogique, incohérente et excessive. Dans la cour de l'école comme dans la vie, de nombreux « durs » sont ou en ont été les victimes. Certains enfants provoquent délibérément la punition parce que leur besoin d'attention n'étant pas satisfait, l'agressivité et la mauvaise conduite deviennent les plus sûrs moyens de l'obtenir.

COMMENT RÉAGIR AUX DISPUTES

● Ne vous en mêlez pas à moins de nécessité absolue.

● Ne jugez pas : un des enfants se sent automatiquement victime d'une injustice qui le rend d'autant plus vindicatif.

● Ne protégez pas le plus jeune : vous l'encouragez à agacer et pousser l'autre à la bagarre.

● Ne blâmez pas l'aîné : toujours accusé d'être le « méchant », il a de bonnes raisons de le devenir.

● Clarifiez et décrivez la situation : Je vois deux garçons très agressifs. Rappelez les règles : Dans cette maison, personne ne frappe personne.

● Séparez les enfants et envoyez-les chacun de leur côté.

● Dites-leur comment trouver une fin : Revenez dans le séjour quand vous vous serez calmés tous les deux.

● Ne criez pas : cela fait simplement monter la température.

● Ne frappez pas : les enfants vous imiteraient et se battraient d'autant plus.

LA VIOLENCE À LA TÉLÉVISION

Vers 16 ans, l'enfant américain moyen a passé plus de temps devant le poste de télévision qu'à l'école. Il y a assisté en moyenne à 13 000 meurtres. Dans les programmes américains pour enfants, la violence intervient au rythme sidérant de 17,6 fois par heure. Il est moins élevé en Europe, mais la situation reste préoccupante aux heures de grande écoute.

En Occident, les études suggèrent que la violence vue à la télévision apparaît aux enfants comme un comportement acceptable et un moyen efficace de régler les conflits ; qu'elle augmente la pratique de jeux violents et ne provoque plus en eux de réaction affective. Par ailleurs, elle influence probablement aussi notre perception de la violence de la rue et nous fait redouter de laisser nos enfants jouer à l'extérieur.

QUERELLES

● N'intervenez qu'en cas de coups. Sinon, restez impassible et éloignez-vous.

● En cas de violence, manifestez votre désapprobation : Vous avez l'air très en colère tous les deux. Affirmez qu'ils sont capables de régler leur différend.

● Si elle se reproduit, parlez à chacun séparément. Proposez des stratégies : Retourne ta chaise, tu ne verras plus ton frère. Redites que vous êtes sûre qu'ils peuvent régler la question par eux-mêmes.

● Ne demandez jamais qui a commencé – l'un blâmera l'autre – ni de quoi il s'agit : cela n'a aucun intérêt.

● Ne les accusez jamais de vous rendre malade en se battant constamment.

Séparez les enfants
S'ils se bagarrent, envoyez-les chacun de leur côté. Ne les laissez pas se blâmer mutuellement, aidez-les à surmonter la dispute et à revenir à la « normale ».

Devenir autonome

En grandissant, votre enfant affirme son autonomie. Il dépend de vous de l'y aider peu à peu lorsqu'il sera prêt, assez compétent et sûr de lui. Si vous refusez toute indépendance, il la revendiquera et, de toute façon, finira par la prendre.

En route pour l'école
Votre enfant peut être gai et rayonnant à la maison mais renfermé et agressif à l'école.

Allez-y progressivement. À 5 ans, un enfant ne devrait plus vous informer de chacun de ses gestes ni jouer dans vos jupes. Vous ne devriez pas intervenir dans la moindre chicane ni attendre de lui qu'il vous relate ses moindres pensées. Dans tous les domaines, vous devez commencez à lâcher du lest.

ALLER À L'ÉCOLE

La « rentrée » n'est plus un si grand jour. La plupart des enfants ont déjà fréquenté la halte-garderie et les écoles sont souvent plus accueillantes que par le passé.

● Assurez-vous que votre enfant comprend bien qu'il ira à l'école tous les jours.

● Il y sera plus heureux s'il sait rester assis, se concentrer et attendre son tour de parole. Ce sont des choses que les enfants ont besoin d'apprendre.

● Il doit savoir que vous ne serez pas présent à l'école. Rassurez-le en lui mettant dans sa poche un objet « magique » et dites-lui : Quand tu le toucheras, tu sauras que je pense à toi.

● N'exigez pas qu'il vous rapporte tout par le menu et ne vous inquiétez pas s'il n'en fait rien. Parfois, il sera trop fatigué ou aura autre chose de plus intéressant (pour lui) à raconter.

● S'il vous raconte toujours sa journée et qu'un jour, il ne le fait pas, cette rupture de l'habitude peut être significative. Demandez aux responsables de l'école s'il a eu un problème.

SE FAIRE DES AMIS

Entre 1 et 2 ans, les enfants commencent à se socialiser. Avant 2 ans, ils ne jouent pas ensemble, mais parallèlement : assis côte à côte, s'observant,

MAUVAISE CONDUITE

Son autonomie croissante lui permet d'opposer ce qu'il veut à ce que les adultes attendent de lui. Il comprend que vous êtes affecté par son comportement : il peut à volonté vous inquiéter, vous punir ou vous agacer. Si les autres le trouvent difficile à aimer (ou s'ils n'ont pas beaucoup essayé), la mauvaise conduite peut devenir son mode de fonctionnement habituel.

SANS AMIS

Certaines personnes semblent ne jamais s'attirer d'amis. Environ un enfant sur cinq n'a pas de « meilleur ami » ou est souvent tenu à l'écart.

● Pourquoi ? Votre enfant sait-il se faire des amis ? Gagnerait-il à faire partie d'un club ? Agace-t-il ses camarades et pourriez-vous l'aider à changer cela ?

● Son enseignant a peut-être une opinion sur le problème. Les enfants sont souvent très différents à l'école et à la maison.

● Laissez-le choisir des amis et invitez-les chez vous. Demandez à son enseignant de vous signaler un autre « outsider » avec qui il pourrait se lier.

Grand sportif
Les élèves bons en classe ou en gymnastique sont souvent plus populaires parmi leurs camarades.

échangeant des jouets et quelques mots. Plus ils passent de temps avec d'autres enfants, plus ils évoluent. Vers 3 ans, ils jouent plus souvent avec des amis, ce qui accroît les occasions de coopération et de conflit. Ce qui, à 2 ans, n'est qu'un léger intérêt devient une amitié vers 3 ans. À cet âge-là, l'enfant commence à avoir un(e) ou plusieurs « meilleurs amis ». Ces amitiés ne sont pas toujours aussi durables et profondes que par la suite, mais elles sont importantes pour son développement.

À L'EXTÉRIEUR

Certains êtres semblent attirer naturellement les amis chez eux, d'autres passent leur temps à l'extérieur. Peu à peu, la vie des enfants est de plus en plus centrée sur les amis et ceux qui n'en ont pas peuvent se sentir exclus et malheureux.

- Observez le vôtre parmi d'autres enfants. Est-il exclu à la demande de l'un d'eux ? Est-ce ou non sa faute ? Y a-t-il un caïd dans le groupe ou est-il lui-même trop dominateur ou agressif ? Agace-t-il les autres enfants ? Si oui, il faut gérer ce problème.
- Aidez-le par un jeu de rôles dans lequel vous imiterez parfois son comportement. Aidez-le à « mettre en scène » lui-même des solutions.
- Écoute-t-il les autres ou est-ce toujours lui qui parle ? Apprenez-lui à écouter et à commenter ce qui a été dit. Attaquez ce problème en l'encourageant à jouer avec d'autres enfants. Pratiquez l'échange dans votre famille pour lui apprendre à donner davantage. L'égoïsme ne rend jamais très populaire.
- Il est peut-être effrayé par la foule, surtout si c'est un enfant unique. Aidez-le à vaincre sa peur en passant du temps

Pour en savoir plus

Construire l'estime de soi 126-127
Chaque enfant est un individu 176-177
Du tout-petit au jeune enfant 186-187
Problèmes d'amitié 194-195

Ma « meilleure amie »
Entre 4 et 6 ans, les enfants commencent à avoir un ou une « meilleur(e) ami(e) ». Ils aiment passer beaucoup de temps dans leur monde à eux.

avec des enfants plus âgés, dans des lieux publics – piscine, terrains de jeux, par exemple. Faites les courses avec lui, prenez les transports en commun et faites de ces sorties des distractions.

CE QUI REND UN ENFANT POPULAIRE

Il est amical	Plus un enfant est amical avec les autres enfants, plus il a de chances d'être populaire.
Il est sociable	Les enfants sociables sont plus populaires que les enfants renfermés.
Il réussit	Il n'a pas besoin d'être le premier de la classe, mais les enfants populaires sont souvent les bons élèves.
Sa place dans la famille	Les puînés sont en général plus populaires que les aînés.
Sa taille	Les enfants plus grands ou de taille moyenne ont tendance à être plus populaires que les plus petits.
Son physique	Plus l'enfant est beau, plus il a de chances d'avoir des amis. Un prénom « à la mode » peut ajouter à sa popularité.
Ses talents particuliers	Les dons particuliers, dans un sport ou un autre domaine, ont tendance à rendre un enfant populaire.

Dites-lui :

● Le monde n'est pas rempli de « méchants ». Les accidents arrivent quand nous sommes distraits.

● Attention à la rivière, aux fenêtres ouvertes, aux routes, à l'eau bouillante, aux balançoires et aux échelles.

● On ne touche pas à la bouilloire, aux couteaux, aux allumettes et aux médicaments.

● Dis-moi toujours si on te demande de ne pas me répéter quelque chose (sauf si c'est une surprise).

● Tu n'es pas forcé de suivre les autres si tu sais que c'est mal ou dangereux ou que ça ne me plairait pas.

Gérer la vie de famille

Maintenant que vous formez une famille, vous devez trouver votre propre façon d'organiser sa vie. Cela implique d'élaborer certaines règles et d'évaluer les besoins de chacun à l'intérieur et en dehors du foyer.

Pour assurer l'harmonie de la vie familiale, les adultes doivent apprendre à communiquer entre eux et avec leurs enfants ; et les enfants doivent savoir ce qu'on attend d'eux, comment s'organiser, se concentrer et persévérer.

L'ORGANISATION DU FOYER

Un temps et une place pour les jouets. Assurez-vous que les jouets sont rangés le soir de préférence dans un placard, y compris les favoris du moment, à caser sur le rayon d'en bas auquel votre enfant peut accéder. Encouragez-le à toujours ranger ceux avec lesquels il cesse de jouer avant d'en sortir d'autres.

Un temps et un lieu pour l'exubérance. Tous les enfants ont régulièrement besoin de relâcher la pression. Deux heures de grand calme sans « bêtises » ni turbulence sont un maximum. Les enfants ne peuvent plus se concentrer quand ils débordent d'une énergie réprimée et certains ont plus besoin de la libérer – les garçons et les petits plus que les filles et les enfants plus âgés. Tenez-en compte.

Un temps et un lieu pour jouer. Les enfants n'apprécient vraiment une salle de jeux que quand nous nous y asseyons avec eux. Les laisser jouer là où nous travaillons est plus simple mais à condition de limiter le nombre de jouets.

Un temps et un lieu pour dormir. Une chambre peut être jolie sans montagne de jouets. Votre enfant s'y endormira mieux si vous en éliminez les stimulations.

NE TRAITEZ PAS TOUS LES ENFANTS « ÉGALEMENT »

Les enfants essaient toujours de mesurer l'amour, les faveurs, de lire les signes, témoignant ainsi de leur insécurité, de la peur de perdre votre amour. La question qui les tourmente est : Qui est-ce qu'elle (il) aime le plus ?

● N'accordez pas un temps égal d'attention : donnez à chacun ce dont il a besoin. L'amour ne se mesure pas en minutes.

Un jouet différent chaque jour
Rangez tous ses jouets dans un placard – loin des yeux et de l'esprit. Sortez-en un à la fois quand il est prêt à jouer. La plupart des enfants ont assez de jouets pour faire une rotation.

• N'achetez pas de cadeaux d'égale valeur. Offrez-en un à l'un une semaine, à l'autre la semaine suivante. Évitez-leur de comparer la taille ou la valeur.

• Ne leur dites pas que vous les aimez « pareil ». Dites à l'un : Je t'aime car tu es le meilleur petit garçon du monde et à l'autre : Je t'aime car tu es la meilleure petite blonde du monde.

• N'attendez pas la même chose de chacun. Léa met la table, Marie range les jouets, à tour de rôle pour éviter les comparaisons. En leur demandant de faire la même chose en même temps, vous les encouragez à évaluer leurs efforts respectifs et à « rapporter ».

DITES-LUI QUE VOUS L'AIMEZ

• Votre amour devrait être spécial pour chaque enfant, pas simplement « égal ».

• Complimentez-le toujours pour ses efforts, même s'il échoue.

• Montrez-lui que vous l'aimez pour ce qu'il est et pas seulement pour ce qu'il fait.

• Lorsqu'il réussit la moindre chose, dites-lui que vous êtes fière de lui.

• Ne critiquez pas votre enfant s'il est « vilain », critiquez sa conduite.

DITES À VOTRE ENFANT QU'IL EST UNIQUE

Les enfants ont besoin de savoir qu'ils sont aimés pour eux-mêmes, tels qu'ils sont. Le caractère d'un enfant se construit de l'intérieur et a besoin d'être nourri pour évoluer. Dites et redites :

• Je suis tellement heureuse que tu sois mon petit garçon.

• Tu es le meilleur petit Rémi du monde entier.

• J'adore tes taches de rousseur. J'ai toujours rêvé d'un petit garçon avec des taches de rousseur sur le nez.

PERMETTEZ-LUI D'ÊTRE LUI-MÊME

Tout le monde peut se tromper. Expliquez-lui que c'est normal, que vous aussi vous faites des erreurs.

• Difficile d'être parfait à tout moment. Dites-lui que vous savez qu'il essaie très fort d'être gentil.

• S'il est triste, dites-lui qu'il peut pleurer, que c'est très bien de montrer ses sentiments.

• S'il est en colère, laissez-le l'exprimer : Tu es en colère ? Veux-tu le crier de toutes tes forces ? Donner un bon coup de poing dans ton oreiller ?

• Dites que parfois, il peut très bien ne rien faire et que vous non plus, vous ne ferez rien du tout.

• Faites-lui bien comprendre qu'échouer n'est pas une honte et qu'au contraire, c'est toujours bien d'essayer.

• Acceptez qu'il ne soit pas toujours d'humeur à faire des efforts : Tu n'as pas envie ? Il y a des jours comme cela, moi aussi cela m'arrive. Tu veux qu'on essaie mercredi ?

EXPRIMEZ CE QUE VOUS ATTENDEZ DE LUI

Tout est plus facile pour un enfant qui sait ce que ses parents attendent de lui. Dites-le-lui en ajoutant que vous êtes sûr qu'il essaiera de son mieux.

• Je te fais confiance. Je sais que tu feras de ton mieux.

• Réglez votre dispute tous les deux. Je sais que vous en êtes capables.

• Vous pouvez faire un tour à bicyclette, mais je compte sur vous pour rester sur le trottoir et ne pas dépasser le carrefour.

• C'est ton tour de mettre la table cette semaine. Tu le sais, et tu sais aussi que je ne veux pas avoir à te le répéter chaque soir.

Pour en savoir plus

Établir un emploi du temps 40-41
Penser aux autres 110-111
Construire l'estime de soi 126-127
Les inquiétudes des parents 142-143

PAS DE SOUCIS

Dites-lui :

• La plupart des gens sont gentils mais on ne sait jamais. Alors sois prudent.

• N'accepte jamais d'invitations, de cadeaux ou de bonbons sans demander d'abord à papa ou maman.

• Ne parle à des personnes que tu ne connais pas que si tu es avec un adulte.

• Demande de l'aide en cas d'urgence.

• Si quelqu'un te suit ou si tu as peur, sonne à la maison la plus proche. N'entre pas mais demande qu'on appelle tes parents.

• Si un adulte te demande de mettre ta main dans son pantalon, ne le fais pas et dis-le immédiatement à un autre adulte.

• Au téléphone, ne dis jamais : Je suis toute seule, mais : Maman est occupée, voulez-vous laisser un message ?

• Rentre de l'école avec d'autres enfants et directement à la maison.

Faire face aux problèmes

Six principes de base résument la meilleure manière de faire face à la plupart des problèmes : 1. Si la bonne conduite est récompensée, elle deviendra habituelle ; si elle ne l'est pas, elle ne le deviendra pas. 2. Les enfants ont besoin de règles claires et de limites bien établies. 3. Ils ont besoin d'attention – ils préfèrent vous voir de mauvaise humeur que d'être ignorés de vous. 4. Tous les enfants veulent être traités de façon unique et chaque enfant le mérite. 5. L'estime de soi donne à un enfant un ancrage qui le protégera dans les moments difficiles. 6. Si on l'amène à croire qu'il est telle ou telle chose – bonne ou mauvaise – elle finira par devenir vraie.

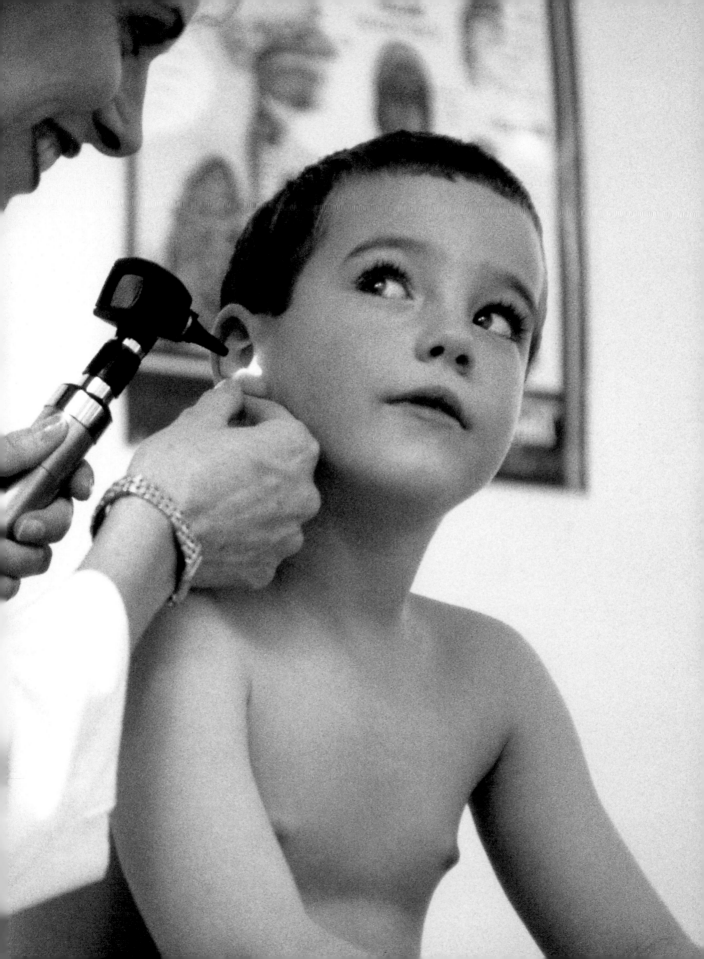

Les douze règles d'or

Il y a bien des façons d'élever des enfants. Chacun a des besoins et un tempérament différents. Cependant, les douze règles ci-après s'appliquent pratiquement à tous.

Savoir comment un enfant réagit et pourquoi il le fait vous aidera à doser vos propres réactions et, je l'espère, à éviter les pires problèmes.

PREMIÈRE RÈGLE

Un préscolaire ne peut penser qu'à une chose à la fois. Il est dominé par les sons, les événements du présent. Plus il est excité, plus ses pensées sont ancrées dans l'instant et l'empêchent de prévoir un danger. Ce n'est pas la hardiesse mais l'incapacité à se projeter dans l'avenir qui l'empêche de penser qu'une mince couche de glace peut céder sous ses pas, d'anticiper notre réaction à ce qu'il fait et qui le rend susceptible de toutes les distractions. Bébé, il oublie ce qu'il fait dès qu'il regarde ailleurs. Peu à peu sa capacité d'attention se développe mais même à 5 ans, au milieu de sources de distraction bruyantes ou excitantes, il est encore dominé par le présent.

DEUXIÈME RÈGLE

Les enfants sont un peu comme les cocottes-minute : à un moment où à un autre, il leur

Jeux tumultueux
« Se défouler » est amusant, calme l'enfant et le rend moins agité et distrait.

faut « décompresser ». Pour lâcher la vapeur, l'enfant a besoin d'un compagnon de jeux – un parent à pourchasser, un camarade pour batailler – comme la plupart des jeunes animaux qui se livrent à ces jeux exubérants. Les enfants qui en sont privés sont hyperactifs et éprouvent des difficultés à se concentrer.

TROISIÈME RÈGLE

Plus l'enfant est jeune, plus il s'imagine qu'il doit être le premier à bénéficier de votre attention. Sauf quand une activité l'accapare, un enfant a toujours envie que ses parents s'occupent de lui et il redoute d'en être ignoré. Ne l'oubliez jamais : s'il n'obtient pas vos sourires, il est capable de provoquer vos cris.

QUATRIÈME RÈGLE

Les enfants surveillent toujours leur place dans la file d'attente pour l'amour et l'attention. La même question plane derrière tous leurs faits et gestes : Est-ce moi qu'elle (il) aime le plus ? La question n'est pas absurde. Elle signifie : Qui sauverait-elle (il) d'abord en cas d'urgence ? ou : À qui donnerait-elle (il) la dernière miette si nous mourions de faim ? Rappelez-vous qu'il n'y a pas si longtemps, nos aïeux faisaient parfois face à la famine ou à des prédateurs quand ils s'occupaient de leurs troupeaux, ramassaient du bois ou des fruits sauvages.

CINQUIÈME RÈGLE

Impossible d'être parfaitement justes, au moins du point de vue des enfants. L'art consiste à convaincre chacun de la qualité unique et particulière de notre amour.

SIXIÈME RÈGLE

L'enfant qui a une bonne estime de lui-même a de fortes chances d'avoir un comportement qui ne lui attire ni reproches ni problèmes. Évitez de critiquer un enfant – cela détruit son estime de lui-même.

SEPTIÈME RÈGLE

Tout apprentissage repose sur un principe de base : éviter les actes qui entraînent une punition (la privation de ce que nous voulons) et répéter ceux qui valent une récompense (l'obtention de ce qu'on désire). Plus la récompense de certaines actions est prévisible, plus elles ont de chances d'être répétées. Par-dessus tout, les jeunes enfants désirent notre attention. Si la mauvaise conduite devient un moyen sûr de l'obtenir, elle sera employée.

HUITIÈME RÈGLE

Si nous montrons clairement à un enfant que nous désapprouvons son acte, il sera moins enclin à le répéter.

NEUVIÈME RÈGLE

Les enfants imitent les adultes. Si vous criez, ils crieront avec leurs frères et sœurs. Si vous vous disputez avec votre partenaire, ils seront querelleurs. Si vous êtes dominateur et agressif, ils risquent fort de l'être aussi.

DIXIÈME RÈGLE

Les enfants doivent devenir autonomes. Beaucoup de problèmes surgissent parce que nous ne gérons jamais cette progression vers l'indépendance à la satisfaction de l'enfant : parfois il en veut plus que nous n'accordons, parfois l'inverse. La juste mesure est difficile à trouver : de nos jours, nous hésitons beaucoup à laisser nos enfants jouer à l'extérieur alors que nous les laissons décider de ce qu'ils mangent, portent ou regardent à la télévision.

ONZIÈME RÈGLE

Les sentiments sont incontrôlables, mais pas notre façon d'y réagir. Acceptez qu'un enfant exprime sa colère mais n'acceptez pas des réactions dictées par cette colère : Si ton frère a cassé un de tes jouets, tu as le droit d'être en colère mais pas de le boxer.

DOUZIÈME RÈGLE

Bonne ou mauvaise, les gens finissent par adopter l'étiquette qu'on leur colle. Que ce soit : Méchant ! ou : Fort en thème !, les étiquettes sont toujours restrictives.

Pour en savoir plus

Construire l'estime de soi 126-127
Les plus grands trésors 148-149
Devenir autonome 164-165
Gérer la vie de famille 166-167

Le tien est plus gros !
N'essayez même pas d'être parfaitement juste en toutes choses ! L'autre part de gâteau a toujours l'air d'être plus grosse...

NE JAMAIS

- Dénigrer ou humilier un enfant.

- Lui coller une étiquette, surtout si elle est péjorative.

- Nier ses sentiments. Vous ne pouvez l'empêcher de les éprouver mais il doit apprendre à contrôler ses réactions.

- Menacer. Prévenez et faites ce que vous dites. Les menaces non exécutées détruisent votre autorité.

- Servir de public à un mauvais comportement.

- Ignorer la cruauté et la violence.

- Céder à un mauvais comportement.

- Forcer un enfant à livrer vos batailles : les enfants sont très conformistes.

• La meilleure réaction à une demande d'attention abusive est le refus. Quittez la pièce sans faire de scène. Levez-vous et sortez, sans trahir ni colère ni intérêt. Si l'enfant vous suit, ignorez-le. Attendez quelques instants, puis expliquez-lui pourquoi vous êtes sortie : Je n'aime pas être dans la même pièce que toi quand tu dis des gros mots.

• Si vos occupations vous rendent impossible de quitter la pièce, sortez-en l'enfant sans commentaire et retournez à votre occupation. Quand il revient, commentez : Je suis contente de voir que tu as fini d'agir bêtement. Quand j'aurai fini, je te lirai une histoire.

• À l'extérieur, prenez-le dans vos bras et tenez-le très fermement. Regardez-le droit dans les yeux sans aucune expression ou ne le regardez pas du tout. Il se débattra certainement mais maintenez-le jusqu'à ce qu'il se calme.

La demande d'attention

Les enfants ne peuvent être sages et obéissants en permanence et ce serait déraisonnable d'en rêver. Mêmes adultes, nous sommes souvent égoïstes et nous ne pouvons attendre des enfants plus que nous n'exigeons de nous-mêmes.

Il n'y a pas d'enfant parfait, mais certains sont sans aucun doute plus difficiles que d'autres, plus contestataires, agaçants ou désobéissants. Il y a une grande différence entre un enfant parfois indiscipliné et un autre constamment difficile et incorrect.

Ces enfants n'ont pas tous été mal élevés, ni doués d'un tempérament difficile ou aggravé par leur éducation. En général, il s'agit d'un peu de ces trois facteurs auxquels s'ajoute la découverte fortuite du mode de réaction des parents. Notre attitude doit évoluer avec nos enfants qui changent en grandissant. Parfois nous en attendons trop, parfois trop peu. Si vous ne faites aucune erreur d'évaluation, vous serez bien les premiers parents dans ce cas.

Quand il teste vos limites
Un enfant qui jette ses jouets violemment essaie d'attirer votre attention, de s'affirmer et de voir si vous mettrez vos menaces à exécution.

POURQUOI LES ENFANTS RECHERCHENT L'ATTENTION

Les parents ayant besoin de détente, on peut comprendre qu'ils accordent moins d'attention aux enfants quand ils sont sages ; mais cela les encourage à ne pas l'être. La dépression d'un parent aggrave cette réaction en diminuant son contact avec l'enfant, excepté quand il est trop exigeant ou indiscipliné. Or, les enfants apprennent à faire ce qui déclenche notre attention. À l'école, les difficultés peuvent survenir pour les mêmes raisons. Un enfant rarement complimenté pour ses résultats apprend à obtenir l'attention des enseignants et des autres élèves par ses écarts de conduite.

COMMENT LES ENFANTS RECHERCHENT L'ATTENTION

Les colères. Elles comportent toutes une certaine demande d'attention. Chez les petits, elles surviennent rarement quand les parents sont absents, et très souvent quand leur attention est monopolisée par quelque chose qui les exclut – par exemple quand leur mère parle à une amie. Bien sûr, d'autres facteurs entrent en jeu. Mais ne pas accorder d'attention aux colères reste le meilleur moyen d'y faire face.

Les repas. Comme les colères, le refus de manger est sous-tendu d'autres causes mais aggravé par notre obsession contemporaine d'une bonne nourriture alors que les enfants lui préfèrent souvent des aliments industriels. Nous devrions nous rappeler qu'il n'y a pas longtemps, les petits enfants ne consommaient, jusqu'à 2 ans et plus, que du lait et des « bouillies » – une alimentation quasi liquide, grasse, douce et sans fibres. Il est bon de leur donner de bonnes habitudes alimentaires, mais tant qu'ils peuvent consommer assez de lait, les préscolaires n'ont pas absolument besoin de beaucoup d'autres aliments.

Dès qu'un enfant est étiqueté « difficile », il sait que refuser la nourriture est un moyen sûr d'attirer l'attention. S'il ne l'obtient pas, il finit par manger. Les études montrent que les enfants adoptent finalement celle qui leur convient, sans quoi ils tomberaient malades. Il est vrai qu'ils mangent trop de graisses et de sucreries, mais les petits n'en mangeraient pas si nous ne leur en donnions pas.

Insolence, bêtises et gros mots. Ils exigent un public. Si difficile que ce soit, l'indifférence « marche » mieux que l'excès d'attention – ce qui ne signifie pas que nous devions tout accepter. **Doigts dans le nez, pets et autres inconvenances.** Là encore, d'autres causes entrent en jeu, mais ces écarts sont toujours aggravés par l'excès d'attention.

JEUX AVEC LES ORGANES GÉNITAUX

Se masturber n'est pas un problème mais ce n'est pas quelque chose que l'on fait en public : c'est le message à faire passer. Même les petits peuvent le comprendre. Après tout, ils apprennent bien à aller aux toilettes. Suggérez à votre enfant d'aller dans sa chambre et ignorez la masturbation en

privé. Dites-lui de la façon la plus simple et la plus prosaïque que s'il peut faire cela dans son lit, cela ne se fait pas en public et passez à un autre sujet pour détourner son attention.

JEUX SEXUELS ENTRE ENFANTS

Ni réprimande, ni leçon de morale, ni excès d'attention, ni humiliation. Expliquez la différence entre soi et les autres : Les enfants peuvent toucher leur propre sexe mais devraient attendre d'être grands pour toucher celui des autres ou les laisser toucher le leur. Soyez ferme et évitez la récidive en les surveillant discrètement. Parlez-en avec les parents de l'autre enfant, qui devront en parler avec lui. Si vous les surprenez à nouveau aux mêmes jeux, dites-leur que vous êtes déçue et que vous voulez qu'ils cessent.

Votre fermeté ne fera pas de vos enfants des refoulés. Le jeu sexuel est naturel et n'est préoccupant que s'il est trop fréquent (ou avec des enfants plus âgés). Une sexualité précoce peut être le signe d'abus sexuels antérieurs. Les parents doivent être attentifs – la plupart des viols d'enfants sont dus à des parents ou des proches.

Alimentation
Un enfant actif, en forme, rarement malade et qui grandit normalement mange à sa faim – même s'il s'agit de nourriture industrielle.

Pour en savoir plus

Ne pas aggraver les choses 174-175
Entre 1 et 2 ans 180-181
Du tout-petit au jeune enfant 186-187
Zéro de conduite 192-193

PRÉAVIS

Si vous menacez encore et encore avant d'agir, votre enfant apprendra vite au bout de combien de temps vous réagissez. Mieux vaut :

● Être catégorique : Ne lance pas tes jouets dans le salon. Tu pourrais casser quelque chose.

● Offrir un choix : Tu lances ta balle dans ta chambre ou tu joues à autre chose dans le salon.

● S'il la lance à nouveau, sortez-le de la pièce.

● S'il revient, soyez sûre qu'il ne lance plus sa balle : Je suis contente que tu ne lances plus ta balle parce que tu me manquais.

Ne pas aggraver les choses

Avec les meilleures intentions du monde, nous handicapons le développement de nos enfants par les rapports que nous entretenons avec eux. L'analyse de ce que nous disons et faisons nous montre comment les améliorer.

Il est important pour les parents de prendre du recul pour tenter de voir les choses du point de vue des enfants. Mais l'auto-analyse n'est pas facile. Certains parents sont trop critiques vis-à-vis d'eux-mêmes, d'autres trop complaisants.

Gentille ! Méchante !
Même les étiquettes flatteuses peuvent influencer un enfant de façon négative en limitant ses options. Les étiquettes négatives nuisent gravement à leurs chances de développer tout leur potentiel.

LES MOTS MALADROITS

• Ne dites pas : Tu ne peux pas faire ça mais : C'est très difficile, c'est bien de vouloir essayer. Dis-moi si tu veux que je t'aide.

• C'est frustrant de voir sa chemise pleine de peinture mais ne l'empêchez pas de persévérer en le culpabilisant par un : Quel gâchis, il va falloir que je nettoie ! Et ne l'envoyez pas à la garderie avec des vêtements neufs !

• Ne lui dites jamais qu'il est stupide. Sa conduite peut l'être, mais pas lui. Résolvez le problème sans le dénigrer. Dites-lui : Ce sera plus facile de nettoyer avec un plastique sur la table. S'il est toujours aussi négligent, dites-lui : Je sais que tu peux faire attention et bien mettre le plastique.

• Pas d'épithètes, mais des observations : Je sais que tu es en colère, mais on ne frappe pas, même en colère. C'est la règle. Donnez-lui confiance : Je sais que tu peux être gentil avec ton frère. Dites ce que vous voulez : Je suis sûre que vous pouvez vous entendre sans vous battre. Acceptez la colère de vos enfants : Tu es en colère. Montre-moi en tapant dans ton oreiller. Oh ! Tant que ça ? Tom a vraiment dû t'ennuyer ! Comptez sur lui pour résoudre ses problèmes sans frapper et félicitez-le d'y parvenir : Tu vois que tu as réussis ! Je suis vraiment fière de toi.

LE MANQUE D'ESTIME DE SOI

Les enfants ont besoin d'amour et d'estime. Un enfant qui a une bonne opinion de lui-même peut tenter une

chose difficile parce qu'il sait qu'un échec l'ennuiera mais ne détruira pas sa propre estime. Son absence donne des enfants qui renoncent facilement et font des « bêtises » pour attirer l'attention. Ils sont alors susceptibles d'être entraînés par d'autres enfants. Ayant mauvaise opinion d'eux-mêmes, ils ont du mal à se faire des amis : ils ne s'aiment pas et n'imaginent pas que quelqu'un d'autre puisse les aimer.

AFFERMIR SA PROPRE ESTIME

Enseignez-lui la confiance. Pour réagir aux remarques désagréables, apprenez-lui quelques bons « trucs » :
● Dire Aïe ! et, après une pause, demander : Quel est le problème ?
● Répondre finement : Cela en dit plus sur toi que sur moi.
Éloignez-le des personnes méchantes. Elles ont besoin d'une victime et devront en trouver une autre si votre enfant refuse de jouer ce rôle.

LES ÉTIQUETTES

Pourquoi être gentil si tout le monde dit que vous êtes vilain ? Pourquoi essayer si personne ne le remarque ? Si tous pensent que vous êtes stupide, à quoi bon essayer d'agir autrement pour échouer et leur donner raison ?
Jour après jour, parents et enseignants qualifient les enfants. Même s'ils n'agissent pas consciemment en fonction de leur étiquette, elle affecte leur comportement. Utilisez-en une seule, qui dit : Compétent. Les mots qu'il vous faut sont : Je sais que tu peux.

UN ENVIRONNEMENT DÉFAVORABLE

Un enfant constamment distrait par son environnement a du mal à se concentrer sur ce qu'il fait. Il survole tout et s'ennuie rapidement. Parce qu'il n'a jamais pu se focaliser sur une activité, il croit qu'il n'y parviendra pas et qu'il s'ennuiera. Donc, il renonce. Plus le temps passe, plus le problème s'aggrave, en particulier à l'école.
Il s'aggrave plus encore s'il ne peut « lâcher la vapeur ». Il devient agité. Toute tâche qui exige de rester assis, une attention soutenue et une aptitude à finir ce qu'il a commencé en est affectée. Sans confiance en lui, l'enfant glisse sur une pente dangereuse.
Certains enfants sont hyperactifs avant l'âge de l'école ; pour d'autres, les problèmes surviennent avec les premiers échecs scolaires. Ne prenez pas ce risque – il est si facile de l'aider. Structurez son environnement et son emploi du temps. Rangez les jouets qu'il n'utilise pas. Fermez la télévision et la radio. Prévoyez des périodes très actives suivies de périodes de calme : dessin, découpage de papier, jeux de construction (Lego, blocs). Asseyez-vous face à lui pour lui faire la lecture, toute stimulation extérieure supprimée.

SUR DES ŒUFS

N'encouragez pas un enfant difficile en marchant sur des œufs pour ne pas provoquer ses colères. En le laissant vous contrôler, vous risquez d'installer un modus vivendi définitif – les enfants coléreux deviennent souvent des adultes coléreux.
Pourtant, ils ne sont pas difficiles en permanence et s'il est moins facile de renforcer leur bonne conduite que d'ignorer la mauvaise, ce n'est pas pour autant impossible.

Pour en savoir plus

Un amour sans condition   116-117
Construire l'estime de soi   126-127
Les plus grands trésors   148-149
La demande d'attention   172-173

Garçons excités
Beaucoup de garçons n'apprennent pas à jouer tranquillement. Montrez-lui comment libérer son énergie en tapant dans un coussin pour se calmer et se concentrer ensuite sur une tâche.

Un enfant est un individu

Chaque enfant doit être traité comme un individu et cela devient de plus en plus important avec le temps. Aidez votre enfant à développer le sens de son individualité et à faire face à « l'angoisse de la séparation ».

Les rapports d'un enfant avec ses parents et ses proches affecteront ceux qu'il entretiendra toute sa vie avec le reste du monde. Avant 2 ans, il ne se perçoit pas comme un individu mais vers 4 ans, il sait que ses pensées et ses sentiments sont distincts de ceux de ses proches et qu'il est distinct de toute autre personne.

C'est juste pour toi
Offrez un cadeau à votre enfant quand il en a besoin ou quand vous en voyez un qui lui convient. N'essayez pas d'offrir en même temps la même chose à tous – traitez-les individuellement et séparément.

COMMENT DÉVELOPPER SA PERSONNALITÉ
- Identifiez-le par son nom et son statut : Mon grand fils Rémi.
- Encouragez-le d'un mot quand il

cherche votre regard pour se rassurer : Oui, tu peux prendre la balle.
- Faites-lui savoir que vous comprenez ce qu'il essaie de dire en nommant ce qu'il demande.
- Nommez et réagissez à ses émotions : Rémi, je vois que tu es triste. Viens, je vais te faire un câlin.

RASSURÉ PAR L'AMOUR
La recherche suggère que des liens déficients sont à l'origine de divers troubles du comportement des enfants : tendance à être moins curieux, mal intégrés, excès de dépendance. Ils sont constamment « en manque » d'affection et d'approbation. Être sûr d'être aimé, jugé pour lui-même et non pour ce qu'il réussit à accomplir aide l'enfant à développer la confiance en lui et la maîtrise de lui-même, à faire de son mieux et essayer à nouveau s'il échoue. L'amour et la sécurité forment la base de sa bonne conduite dans la suite de sa vie.

L'ANGOISSE DE LA « SÉPARATION »
La transition entre la sensation d'appartenance et celle d'être distinct des parents provoque la plupart des problèmes des 2-ans. Comprendre cet état séparé pousse l'enfant vers une plus grande autonomie alors qu'il reste dépendant comme un bébé. Parce qu'il ne peut encore juger de ses capacités

ou prévoir ses actes, il est inévitablement frustré.

ACCEPTER LA SÉPARATION

Vers 21 à 24 mois, un enfant commence à se percevoir comme un être distinct des autres ; vers 3 ans et demi, il comprend que ses pensées, perceptions et sentiments sont distincts des nôtres. Cet apprentissage est plus facile s'il est traité comme un individu. En prenant conscience de lui-même, il se perçoit aussi d'un œil plus critique. Le petit de 3 ans parle de sa propre apparence, de ce qu'il a et fait. Ses parents l'aident en l'appelant par son nom, en commentant son comportement et ses rôles (frère, ami, écolier). Avant 6 ans, l'enfant a en lui-même une grande confiance, mais il est très facile pour les parents de la détruire.

UNE AUTONOMIE CROISSANTE

• Ses actions sont délibérées, mais jamais préméditées : il n'a pas l'intention de blesser ou de fâcher. Il ne comprend que ses propres sentiments et teste simplement son autonomie. Pardonnez-lui toujours, essayez d'oublier aussi vite que lui et consolez-le.

• Il adoptera la conduite qui attire votre attention – qu'il s'agisse de récompense (sourire, éloge ou rire) ou de punition (gifle ou cris).

LES ENFANTS STRESSÉS

Amour, confiance, estime font obstacle aux tensions qui sapent le sentiment de sécurité. Sans confiance en lui, l'enfant cherche à se faire remarquer, joue les caïds ou les victimes. Les enfants souffrent des différences avec les autres enfants, des échecs scolaires, des bouleversements familiaux. Sur la base solide des preuves de votre amour, ces problèmes seront passagers, mais l'absence de cette sécurité peut avoir des effets dévastateurs à long terme.

Pour en savoir plus

La conscience de soi   124-125
Construire l'estime de soi   126-127
Les plus grands trésors   148-149
Le stress dans la famille   158-159

Faisons semblant
Permettez à votre enfant de se mettre à la place de quelqu'un d'autre, en jouant à la malade et l'infirmière, par exemple. Il découvrira l'empathie et la différence entre personnes.

FAIRE FACE À L'INDÉPENDANCE CROISSANTE

La conscience de soi	La séparation	Éviter la compétition
Quand votre enfant commence à prendre conscience de lui-même, vous devez lui prouver que votre amour s'adresse à lui d'une façon unique. Dites :	L'enfant qui commence à se sentir distinct de ses parents a besoin d'être sûr que vous l'aimez toujours.	Éliminez-la en traitant chaque enfant de façon particulière.
• Tu es mon petit garçon à moi.	• Non pas : Tu es vilain, mais : Ce que tu as fait est vilain.	• Non pas un temps égal mais celui dont chacun a besoin.
• Léa adore son grand frère.	• Les gens sont parfois méchants. Mais je te connais mieux qu'eux et je sais qu'ils ont tort.	• Non pas un amour égal, mais un amour unique. Ne dites pas : Je t'aime autant que… mais : Je t'aime parce que tu es toi. Ma Léa à moi.
• Personne au monde ne m'embrasse comme toi.	• Je suis fière de toi ; c'était très difficile et tu as vraiment essayé !	• Trouvez du temps pour chaque enfant au moment où il en a besoin.
• Rémi, tu es mon petit garçon chéri et Léa, tu es ma petite fille chérie.	• Tu dois être vraiment fâché.	• Ignorez l'enfant qui essaie d'attirer l'attention quand c'est le tour d'un autre de l'avoir.
• Je t'aime parce que tu es unique au monde.	• Cela a dû te faire peur.	• Attendez-vous aux chicanes et estimez qu'ils peuvent les régler eux-mêmes. Intervenez le moins souvent possible. Les disputes ont une fin, pas la lutte pour votre attention.
• Il n'y a rien au monde de plus merveilleux que ton sourire !	• Je sais que tu peux régler ça et je compte sur toi pour essayer.	
	• Tu as fait une chose très bête, mais tu es un garçon gentil et intelligent et je vois que tu regrettes. Fais-moi une grosse bise et n'y pensons plus.	

Problèmes types du bébé

Même si votre bébé est un petit ange, à un moment ou un autre, vous serez confronté à des difficultés, les coliques, les cris, les problèmes de sommeil et de sevrage étant les plus typiques.

Les bébés et très jeunes enfants ont besoin de stimuli pour apprendre. Les associations qu'ils font entre leurs comportements et nos réactions, l'endroit où ils dorment et leur envie de dormir, ou entre les personnes, les lieux et les choses qui les entourent et les rassurent ont une influence décisive.

LES CRIS SANS FIN

Un bébé qui crie en cours de journée a une raison d'être malheureux : il a faim, il a mal, il a peur ou il se sent seul ; et certains bébés sont plus portés à être malheureux que d'autres.

● Notez les moments où il crie. Que lui avez-vous donné à manger ? Un élément aggrave-t-il ses cris ?

● Traverse-t-il une phase de croissance ou de changement ? La croissance peut être douloureuse, les changements sont inquiétants. Tous les bébés sont alors plus difficiles. S'il a mal, un léger analgésique peut l'aider.

● Crier peut devenir une habitude. S'il crie toujours au même endroit, changez-le de place.

● Peut-être a-t-il simplement besoin de compagnie. Si vous ne pouvez le garder contre vous, donnez-lui votre lainage comme « doudou ».

● S'il crie dès que vous le posez et cesse dès que vous le prenez, vous récompensez ses cris. Si tout va bien, laissez-le crier. Prenez-le quand il cesse et accordez-

Le bonheur de manger
Si vous venez d'introduire un nouvel aliment, assurez-vous qu'il ne le perturbe pas. En général, le riz et les pommes de terre ne posent pas de problèmes.

Malade ?
Si votre enfant crie de manière anormale, a de la fièvre et que ses oreilles sont rouges, consultez un médecin.

lui beaucoup d'attention quand il est heureux et souriant. Les bébés ne peuvent nous dire ce qu'ils veulent. En réagissant plus aux cris qu'aux sourires, nous risquons d'élever un bébé pleurnichard.

LES CRIS DES COLIQUES

Tous les bébés crient davantage le soir et entre 6 et 12 semaines, mais les coliques restent inexpliquées. Leurs cris éclatent tous les jours au même moment, le plus souvent en début de soirée et peuvent durer plusieurs heures.

● Si vous allaitez votre bébé, examinez votre alimentation. Remplacez le lait de vache par du lait de brebis, de chèvre ou de soja. Pour juger s'ils apportent une amélioration, abandonnez tous les autres produits.

● Porter le bébé supprime rarement mais atténue parfois les cris, de même que l'emmailloter, le bercer, lui faire entendre une musique douce et rythmée.

● Les pédiatres prescrivent parfois des antispasmodiques. Vous pouvez aussi essayer les gouttes de fleur d'oranger.

● Acceptez le fait d'être impuissante. Quand vous ne supportez plus les cris, fermez la porte quelques instants et calmez-vous. Laissez votre partenaire prendre le relais.

LE SEVRAGE

Les humains ont une tendance innée à fuir les aliments nouveaux. Elle est particulièrement puissante chez les bébés et les rend parfois difficiles.

● Un enfant enclin à vomir peut associer la nausée à un aliment particulier. Vous l'avez peut-être rendu plus méfiant en négligeant sa réaction.

● Vous êtes passée du lait à une alimentation trop variée qui a provoqué le rejet de tous les nouveaux aliments.

● L'enfant joue sur votre préoccupation concernant sa nourriture. Ce n'est pas grave mais peut devenir une habitude.

● Il n'aime pas la texture des aliments. C'est plus fréquent chez un bébé allaité. S'il n'est pas prêt, repoussez le sevrage. Quand il commencera à tout explorer avec la bouche, le nourrir à la cuillère sera plus facile.

LE SEVRAGE FACILE

Le bon moment. Les bébés au sein peuvent ne pas être prêts avant 7 ou 8 mois. Avant 6 mois, n'utilisez pas d'aliment à base de blé.

Une chose à la fois. Mêlez un nouvel aliment à un autre déjà apprécié. Augmentez-en la dose peu à peu.

S'il est malade. Évitez tout nouvel aliment introduit juste avant la maladie. Essayez-le à nouveau un mois plus tard ou plus.

PROBLÈMES DE SOMMEIL

Certaines personnes – et certains bébés – dorment moins que les autres. Un bébé rattrape le sommeil qui lui a manqué. Pas vous. Voici deux solutions.

Repas nocturnes rapides. Placez le berceau tout près de votre (grand) lit. Prenez votre bébé dès qu'il se réveille et, allongée sur le côté, mettez-le au sein. Oubliez le change de couches et n'essayez pas de rester éveillée. S'il est au biberon, préparez-en deux séparés avant de vous coucher : un de poudre de lait, l'autre d'eau minérale. Dès le réveil de votre bébé, mélangez et nourrissez en somnolant le plus possible. Si vous êtes encore éveillée quand il termine, reposez-le dans son berceau. S'il se rendort plus vite avec vous, gardez-le dans votre lit.

Apprenez-lui à s'endormir. Si vous lui apprenez à s'endormir seul, il ne criera pas en s'éveillant au milieu de la nuit. Pas de stimulations, de jouets accrochés au berceau. Une pièce sans lumière, rideaux tirés, est l'endroit le plus favorable au sommeil. S'il est habitué à s'endormir seul et que rien ne le stimule, il a plus de chances de dormir toute la nuit.

Pour en savoir plus

Votre bébé dort mal	36-37
Votre bébé crie	38-39
Établir un emploi du temps	40-41
Sevrer le bébé au sein	46-47

ATTENTION

● Ne pas donner de mauvaises habitudes à votre enfant en le récompensant (d'une sucrerie) quand il vient de piquer une colère.

● Ne pas accourir dès qu'il crie, ne pas le laisser cracher sa purée quand vous parlez à quelqu'un d'autre.

● En revanche : apprenez-lui à dire : S'il te plaît, quand il veut quelque chose. Sachez lui dire gentiment : Non, quand il vous montre de son air si craquant le gâteau convoité.

Dodo, l'enfant do
Accoutumez votre bébé à s'endormir seul. Couchez-le, dites : Bonne nuit ! et sortez. Il protestera s'il n'est pas habitué, mais il apprendra en quelques nuits.

Entre 1 et 2 ans

Les enfants de 2 ans veulent notre attention. Maintenant et toujours. À peine engagés sur le chemin de l'autonomie, ils voudraient faire les choses eux-mêmes, mais ils veulent aussi que nous en fassions pour eux.

Un enfant plus âgé peut s'amuser seul assez longtemps, mais à 2 ans, il a encore besoin qu'on l'aide à jouer. Le mélange de dépendance, d'autosuffisance et du besoin constant d'attention est à la base de la plupart des problèmes de comportement typiques des bébés de 1 à 2 ans.

PROBLÈMES DE SOMMEIL

La plupart des enfants de 2 ans ont encore besoin d'une sieste, rarement de deux. S'ils restent éveillés le soir plus tard que vous n'aimeriez, envisagez de supprimer le petit somme de la matinée. Nous savons que lorsque le sommeil est morcelé, le total nécessaire est moindre. Avec un enfant qui se réveille la nuit, dormir pendant sa sieste de l'après-midi est une solution : c'est la période de chute de notre niveau d'énergie. La pratique de la relaxation et une bonne paire de rideaux devraient vous aider.

Le refus du coucher. Prévenez votre enfant qu'il va être temps de ranger ses jouets : mettez un peu de musique douce et aidez-le à ranger avant qu'elle s'arrête. Tenez-vous en toujours à la même routine : supprimez les stimulations, tirez les rideaux, éteignez la lampe. Embrassez-le pour la nuit et quittez la pièce. Ignorez les protestations. Si vous n'y cédez pas, il s'endormira plus rapidement au bout de quelques soirs. Si vous retournez dans la chambre dès qu'il crie, il le fera tous les soirs.

La peur du noir. S'il a peur du noir, restez avec lui après la routine du coucher. Tenez sa main pour qu'il se calme. Chantez doucement, puis restez silencieuse et lâchez peu à peu sa main. Les jours suivants, restez de moins en moins longtemps, jusqu'à simplement serrer sa main puis l'embrasser avant de sortir. Beaucoup d'enfants ont plus peur des ombres que du noir : une pièce à demi éclairée les effraie plus qu'une pièce obscure.

Le réveil nocturne. S'il se réveille la nuit, un enfant habitué à s'endormir dans une pièce calme et sombre peut se rendormir. Dans une chambre gaie et éclairée, il a de bonnes raisons de s'éveiller dès que ses yeux s'entrouvrent et de vous appeler s'il a besoin de vous pour se rendormir. Le premier pas est d'instaurer la « routine du coucher ». Si au bout de trois semaines il vous réveille encore la nuit, prenez-le

L'heure de la sieste
Si votre petit vous réveille la nuit, envisagez de supprimer sa sieste.

dans votre lit : le problème n'est plus son sommeil (il se rattrapera dans la journée), mais le vôtre.

Venir dans votre lit. L'arrivée matinale de mes enfants dans ma chambre fut l'une des joies de la maternité. Un grand lit facilite les choses. Mais s'ils ont une chambre obscure et savent se rendormir, ils devraient rester dans leur lit jusqu'au matin.

PROBLÈMES D'ALIMENTATION

• Cessez de vous inquiéter. Si sa croissance est normale, s'il est heureux, actif, en forme, c'est qu'il mange à sa faim.

• Sans grignoter entre les repas et assis à table, les enfants mangent mieux que devant la télévision.

• Ils ont plus besoin de lipides que les adultes. Un régime équilibré pour un préscolaire contient des graisses et des sucres en quantité modérée.

• Le blé, les œufs, le chocolat, les piments peuvent provoquer une allergie – boutons, eczéma, œdèmes ou problèmes respiratoires ou digestifs. S'il semble allergique, consultez le pédiatre.

• N'utilisez jamais les sucreries comme récompense : vous les rendriez particulièrement désirables.

• Lisez les étiquettes : miel, glucose, fructose sont aussi des sucres.

• L'héritage génétique joue un rôle dans les problèmes de poids. S'ils existent dans la famille, prenez les devants. Encouragez votre enfant à être actif. Le problème ne sera sans doute pas éliminé mais certainement atténué.

• L'absorption des aliments exige du temps. Notre organisme « juge » le moment où nous avons assez consommé, entre autres en mesurant les sucres et les graisses. Quand nous les supprimons, nous devons manger davantage pour être repus.

• Servez moins d'aliments préparés.

• Un enfant obèse est souvent ridiculisé et tenu à l'écart. Développez son estime de lui-même.

PROBLÈMES DE LANGAGE

Les problèmes d'audition sont difficiles à déceler et certains enfants perçoivent mal certaines fréquences. Faites effectuer un examen de ses oreilles si votre enfant ne parle pas vers 15 mois. Si le problème persiste à 18 mois, consultez un spécialiste, surtout s'il semble en retard dans d'autres domaines. Les enfants parlent souvent plus tard dans les familles de dyslexiques. En cas de doute sur son audition, consultez un spécialiste. S'il ne regarde pas dans la direction que vous montrez du doigt ou ne suit pas votre regard, parlez-en au pédiatre. Associés à un retard du langage, ces symptômes peuvent indiquer que l'enfant est autiste.

Pour en savoir plus

Les heures de sommeil   58-59
Croissance : la prise de poids 70-71
L'apprentissage du langage   96-97
La sécurité à l'extérieur   206-207

Encouragez les activités
Faites-lui pratiquer un sport – course, natation, trampoline, etc.

L'ENFANT MALADROIT

L'impatience et l'impulsivité rendent certains enfants maladroits. D'autres manquent simplement de contrôle de leurs mouvements.

• Les tout-petits ont besoin d'apprendre à coordonner leurs gestes.

• Pratiquez certaines actions avec lui. Le savoir-faire s'apprend.

• Encouragez l'activité physique. Les enfants ont besoin de se dépenser. Sinon, ils ont du mal à réagir avec le calme exigé par certains gestes.

• Laissez-le faire des choses par lui-même.

• Faites-lui faire de la gymnastique pour enfants. Comprendre le fonctionnement de son corps peut le rendre moins maladroit.

• Adressez-vous à des professionnels si sa maladresse est réellement problématique.

Les 2-ans et plus

Alors que les 2-ans sont terribles, comme on peut le constater en arpentant une grande surface, ils peuvent aussi être délicieux – chaleureux et affectueux, toujours ravis de nous voir, volubiles et de plus en plus organisés et serviables.

Les comportements et les « discours » de votre enfant de 2 ans constituent un trésor d'histoires drôles ou adorables que vous vous rappellerez toute votre vie. Par ailleurs, il faut le surveiller constamment. Impossible de le laisser seul une minute dans sa chaise haute. Parce qu'il ne conçoit pas les conséquences de ses actes, il fait des choses dangereuses comme grimper trop haut ou jeter n'importe quoi dans le feu.

Il devient plus autonome : Moi je fais et : Non ! sont deux de ses phrases favorites. Il reste pourtant dépendant.

S'il pouvait s'exprimer, il se dirait sans doute satisfait de faire ce qu'il veut quand il en a envie et de nous laisser faire quand il a besoin de nous. Difficile pour les parents d'avoir tout bon… Les conflits sont inévitables.

Cool !
La chaleur nous rend tous grognons. Si votre enfant est irritable parce qu'il a trop chaud, tamponnez-le avec un linge mouillé et tiède ou calmez-le avec un bain ou une douche tièdes.

POUR LIMITER LES CONFLITS

Ils se produisent le plus souvent quand nos besoins et les siens ne coïncident pas et, fréquemment, quand nous bloquons ses mouvements : siège-auto, séance d'habillage, courses ou activités qui conviennent mieux à notre emploi du temps qu'au sien.

● **Fuyez les situations conflictuelles** tels que les magasins en cas de chaleur ou de fatigue.

● **Faites-le décompresser** avant de le confiner dans un siège-auto. Quand il pleut, faites-le sauter dans les flaques. Prévoyez une détente entre deux visites de magasins. Il grandit et a souvent faim : emportez un goûter ou offrez-en un en cours de sortie.

● **Détournez** son attention puisqu'elle est limitée. Le temps de lui raconter une histoire et vous lui aurez enfilé ses chaussures.

● **Choisissez** des vêtements faciles à mettre et à enlever – chaussettes sans talons, pantalons à taille élastique, chemises et lainages à large encolure.

AUTONOMIE CROISSANTE

Comme une plante, un enfant pousse bien en terrain fertile. Il deviendra autonome en douceur s'il a pu nouer des liens profonds. Ils s'établissent mieux avec des parents qui extériorisent leurs sentiments et émotions par la parole et un contact physique chaleureux. Votre enfant dépendra souvent de vous pour interpréter ses propres sentiments. Un attachement profond se crée difficilement entre un enfant et un adulte renfermé et indisponible qui fuit le contact physique et ne manifeste pas ses émotions.

COMMENCER À LÂCHER PRISE

● Encouragez-le à choisir.

● Ne dites jamais : Tu n'es pas capable. Dites-lui que c'est très difficile et qu'il peut vous demander de l'aider.

● Quand il a atteint 3 ans, offrez-lui des options concernant la discipline : Tu peux jouer ici en silence ou sortir et faire du bruit dans le couloir.

● Exprimez votre appréciation pour ses efforts : Tu y es presque ! Pourtant, c'est tellement difficile !

● Croyez toujours qu'il peut le faire.

● Laissez-le essayer. Ne vous précipitez pas pour l'aider. Donnez-lui une chance de trouver les solutions par lui-même.

● Laissez-le poster une lettre. L'indépendance commence par de petites choses. Traverser toute la longueur du bureau de poste jusqu'aux boîtes à lettres est un début.

LES ENFANTS IMPULSIFS

Certains enfants sautent toujours avant de regarder. Ils ont dû être des bébés impulsifs et seront sans doute des adultes impulsifs. Ces enfants s'habituent à faire des erreurs et ont sans doute plus de chances de persévérer sans se décourager. Par rapport à d'autres, ils ont plutôt besoin d'une

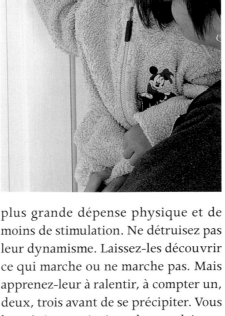

Pour en savoir plus

S'affirmer	128-129
Devenir autonome	164-165
La demande d'attention	172-173
Entre 1 et 2 ans	180-181

Je peux sonner !
Favorisez le développement de son autonomie. Si votre enfant vous le demande, laissez-le sonner à la porte. Il sera tellement fier !

plus grande dépense physique et de moins de stimulation. Ne détruisez pas leur dynamisme. Laissez-les découvrir ce qui marche ou ne marche pas. Mais apprenez-leur à ralentir, à compter un, deux, trois avant de se précipiter. Vous leur éviterez ainsi quelques plaies et bosses, tant physiques que morales.

CRISES DE COLÈRE

Entre 18 et 24 mois et jusqu'à 3 ans ou 3 ans et demi, environ 60 à 80 % des enfants piquent des colères, en moyenne trois à sept fois par semaine. Plus ils commencent tard, moins elles sont fréquentes. La plupart sont brèves mais parfois très violentes : l'enfant se roule par terre, frappe et hurle, se tape la tête au point de se blesser lors de véritables crises. On a peine à croire qu'un tel comportement fasse partie d'une croissance normale.

● Les colères lui servent à manipuler et à obtenir l'attention. En y cédant, vous l'encouragez à y recourir plus souvent pour arriver à ses fins.

● Elles éclatent quand il ne contrôle plus ses émotions. Tout indique que réconforter un enfant après les crises réduit leur fréquence.

● Les parents voient souvent venir l'orage et apprennent à le détourner. Mais quand elle commence, laissez la crise suivre son cours. Dans un lieu public, serrez l'enfant dans vos bras jusqu'à ce qu'il cesse de lutter.

● Une étude conduite dans mille familles montre que gifler aggrave la crise. Les enfants giflés ont des colères plus longues et plus fréquentes.

Accepter les différences

Certains enfants sont faciles à vivre dès leur naissance, d'autres beaucoup moins. Nous pouvons cultiver et faire évoluer ces tempéraments ; mais il en reste toujours quelque chose et nous devons trouver la manière de les accepter.

Les différences de tempéraments sont souvent plus faciles à déceler dans une famille nombreuse et très liée : la personnalité et les traits physiques de l'un apparaissent chez un autre : on retrouve le nez de la grand-mère chez un enfant et son tempérament soupe-au-lait chez un autre.

La fuite

Votre enfant peut fuir l'attention des autres en se cachant derrière une activité. Par exemple, en se prétendant occupé à lacer ses chaussures pour retarder le moment de se joindre à d'autres enfants.

L'ENFANT TIMIDE

On ne sait trop à quoi tient la timidité de certains enfants. On a suggéré qu'une hypersensibilité pourrait être en cause. Les enfants introvertis seraient très émotifs et se protégeraient naturellement en évitant autrui. Les rapports sociaux provoquant des réactions émotionnelles imprévisibles, ces enfants sont très circonspects en présence de leurs semblables, à l'inverse des enfants extravertis.

AIDER UN ENFANT TIMIDE

Votre enfant n'est pas forcé d'être un boute-en-train mais il a besoin d'avoir des amis.

● Renforcez sa confiance en lui par vos actes et vos paroles. Si d'autres lui collent l'étiquette « timide », remplacez-la par une autre, positive : il n'est pas timide mais «réservé».

● Ne le bousculez pas. Laissez-lui du temps : Tu peux rester là et regarder.

Formulez ses sentiments : Je comprends que tu aies un peu peur, et acceptez-les : Je sais que tu participeras quand tu seras prêt.

● Aidez-le à rassembler son courage : On va se dire les mots encourageants. Tu te les rappelles ? Plus tard, apprenez-lui à pratiquer l'auto-persuasion : Répète-toi : je sais que je peux.

● Aidez-le à résister à la peur : N'écoute pas la petite voix qui te dit que tu ne peux pas. Répète-toi : Je ne vais pas l'écouter.

● Les enfants voient les choses en noir et blanc. Faites-leur découvrir les gris. Il n'a parlé à personne aujourd'hui mais il s'est assis à table avec tout le monde : c'est une bonne demi-teinte.

● Favorisez toujours l'interaction même si les tête-à-tête sont plus faciles pour lui : faites-le payer dans les magasins, invitez d'autres enfants à jouer.

● Jouez avec lui à faire semblant. Après avoir simulé une action plusieurs fois, il aura peut-être assez confiance en lui pour essayer pour de bon.

LES ENFANTS IRASCIBLES

Le stress, la fatigue, la maladie rendent les enfants irascibles, de même que l'habitude et l'exemple. Ceux qui obtiennent l'attention des parents par leurs colères risquent de l'être davantage. Cela dit, certains ont un tempérament qui leur rend plus difficile de se contrôler.

Prendre confiance
Les enfants timides peuvent « sortir d'eux-mêmes » en pratiquant au sein d'un groupe une activité individuelle comme l'équitation ou la natation.

AIDER UN ENFANT IRASCIBLE

● Si votre bébé est triste et irritable, vérifiez d'abord qu'il ne souffre pas. Les bébés fréquemment malades deviennent souvent des adultes irascibles.

● Les enfants nous imitent. Si nous sommes coléreux, ils risquent de l'être aussi.

● Ne récompensez pas sa mauvaise humeur par de la gentillesse mais dites-lui que vous comprenez qu'il soit irrité.

● Séparez actes et émotions. Persuadez-le qu'il peut se contrôler et il essaiera alors qu'il n'apprendra pas s'il est convaincu du contraire.

● Pardonnez-lui toujours quand il a retrouvé son calme et complimentez-le.

● Enseignez-lui des moyens de se contrôler : respirer à fond, se dire un mot « magique », détourner son esprit par un « truc », comme pianoter du bout des doigts. Souvent, un bref instant de distraction suffit.

● Apprenez-lui à se libérer du stress, à être actif, à se détendre.

DISTRAITS ET AGITÉS

En général, les jeunes enfants sont plutôt actifs, peu attentifs, facilement distraits mais en grandissant, ils apprennent à rester assis et se concentrer.

● En fait, les garçons ne deviennent plus actifs que les filles que vers 7 ou 8 ans mais à l'école, ils ont plus de difficultés à être calmes.

● Les petits sont facilement distraits. Musique douce et télévision à faible volume, activités paisibles facilitent l'apprentissage de la concentration.

● Tous les comportements sont multipliés et renforcés par l'intérêt qu'on leur porte. Apprenez à rester calme.

● Quand il est stressé, trouvez-lui des activités permettant de « lâcher la vapeur » – crier ou sauter les marches de l'escalier. Surveillez-le calmement.

JEUX ET ESPRIT DE COMPÉTITION

Jusqu'à 5 ans, la plupart des enfants jouent sans plan ni stratégie. Ils ne se rappellent pas toujours les règles et ont besoin de jouer avec des adultes.

● Les jeux de société et d'équipe sont les plus faciles avec des petits.

● Beaucoup de jeux peuvent se jouer par deux. Certains enfants veulent toujours gagner, sinon, ils boudent. Qu'un autre enfant gagne provoque des protestations : C'est pas juste !

● Ne comparez pas l'enfant qui boude à ceux qui se conduisent mieux. (Certains parents tout aussi mauvais joueurs transforment les jeux en batailles).

● L'esprit de compétition est quasi héréditaire. Faites contre mauvaise fortune bon cœur.

Pour en savoir plus

Les enfants agressifs   162-163
Devenir autonome   164-165
La demande d'attention   172-173
Problèmes de concentration 200-201

Pause-chocolat
Si l'un des enfants perd son calme au cours d'un jeu d'équipe, faites une pause. Elle lui permettra de reprendre sa place en douceur.

Du tout-petit au jeune enfant

La limite entre ces deux stades est difficile à déterminer mais elle est franchie à coup sûr quand l'enfant atteint 3 ans. Finie la démarche aux pieds plats ! Il se déplace maintenant presque comme un grand !

On respecte les règles
Un jeune enfant qui désobéit aux règles convenues doit être puni.

À 5 ans, il saute et court, s'arrête et repart, saute à cloche-pied, monte et descend les escaliers un pied après l'autre. Au passé et au futur, il parle par phrases de ce qu'il aime ou non, de ses sentiments, il raconte ses rêves. Il sait être « vilain » (et « gentil ») bien que sa notion de « vilain » reste primaire – il ne comprend pas encore la différence entre l'accidentel et l'intentionnel.

LA DISCIPLINE POUR LES 3 À 5 ANS

Pas de limite supérieure à l'amour, mais de strictes limites à votre tolérance. Les enfants de cet âge ne connaissent que bien ou pas bien, ami ou ennemi. La liberté totale de choisir les décontenancent. Ils ont besoin de règles précises et constantes sur un fond d'amour et de tolérance, où faire de son mieux est plus important que réussir, où la mauvaise conduite n'est pas acceptée mais rapidement pardonnée et oubliée.

Les limites. Le contrôle permanent ne permet pas à l'enfant d'apprendre. Son autonomie doit pouvoir croître à l'intérieur d'un cadre bien défini. Il ne sait pas prévoir les conséquences de ses actes mais il peut en être informé. Les erreurs doivent être reconnues sans être ressassées et ses efforts appréciés autant que ses succès.

Les règles familiales. Établissez-les en fonction de votre mode de vie et sanctionnez leur non-respect. Les plus importantes concernent l'interaction entre membres de la famille : on ne se traite pas de noms d'oiseaux ; on ne frappe pas, on discute les problèmes ; on ne fait mal à personne – ni aux gens, ni aux animaux, ni même aux choses ; les petits doivent être aidés ; chacun a le droit de dire comment ses affaires peuvent être utilisées. Ces règles de style noir-et-blanc se passent d'explications et tout le monde doit les suivre. Leur non-respect n'est pas négociable. Vous pouvez aussi en établir de plus souples : on enlève ses chaussures en entrant, on ne court pas dans le salon, on demande à sortir de table. À vous de choisir si vous les jugez ou non trop contraignantes.

Faire une pause et se calmer. Éloigner l'enfant ou le priver de votre attention en cas de mauvaise conduite reste le meilleur moyen de le discipliner. Exigez qu'il s'excuse et quand il l'a fait, pardonnez et oubliez. S'il a du chagrin, consolez-le. Utilisez ce moyen pour eux et pour vous-même : Tu as besoin de décompresser. Reviens quand tu seras calmé. Ou dites avant de quitter la pièce : J'ai besoin de me calmer parce que je suis en colère.

Apprenez-lui à bien se conduire. Avec le temps, exposer les raisons et les effets devient plus efficace. Prévenez et agissez en conséquence : Si tu te tiens tranquille en voiture, nous nous arrêterons au retour pour manger une glace. Sinon, nous rentrerons directement à la maison. Je te laisse choisir. Au besoin, soyez catégorique : Viens ici que je baisse le volume de ta radio. Ou : Vous êtes trop énervés – on arrête et on se calme.

Proposez des options. Il faut ranger avant que la grande aiguille soit sur le 6. Tu peux commencer maintenant ou attendre qu'elle soit sur le 9. Je te dirai quand elle y sera mais alors, il faudra faire très vite.

Ne vous mêlez pas des disputes. À moins qu'elles ne prennent mauvaise tournure, laissez les enfants y mettre fin eux-mêmes.

Décernez des étoiles. Le « tableau d'honneur » est une méthode efficace. Faites-en un pour chaque enfant. Accordez une étoile pour chaque matinée ou après-midi de bonne conduite. En fin de semaine, vos enfants peuvent les échanger contre un petit cadeau.

VOUS FAIRE OBÉIR

Ne grondez pas sans cesse. Laissez passer les écarts anodins.

Ne soyez pas dictatorial. Soyez ferme sur les points non négociables. Pour les autres, laissez une possibilité de choix et d'expression.

Dites ce que vous voulez. Quand sa conduite est inacceptable, décrivez et informez : Tous les crayons traînent par terre. Quelqu'un pourrait tomber en marchant dessus. Je veux que tu les ramasses.

Soyez raisonnable. Il est parfois bon de remettre à plus tard : Il est bientôt temps de manger. Tu peux finir ton dessin mais tu ramasseras tes crayons après manger. Si votre enfant a l'habitude de temporiser, prévoyez une punition : Si tu ne ramasses pas tes crayons après manger, je les garderai jusqu'à jeudi prochain. Rafraîchissez-

Pour en savoir plus

Devenir autonome	164-165
Les douze règles d'or	170-171
Entre 1 et 2 ans	180-181
Zéro de conduite	192-193

Les étoiles d'or
Les enfants peuvent visualiser leur bonne conduite avec des étoiles sur un tableau.
Un tableau plein mérite une belle récompense le dimanche.

lui la mémoire d'un mot après le repas. S'il ne s'exécute pas, faites ce que vous avez dit.

ÉCOUTER, DEMANDER, REFUSER

Avec des enfants qui savent et peuvent exprimer leurs sentiments et leurs désirs, les conflits sont moins fréquents et il est plus facile de leur apprendre à contrôler leurs émotions. Ils se battent plus rarement parce qu'ils peuvent obtenir l'attention dont ils ont besoin sans « faire des bêtises ».

Ne jugez pas. Respectez ses idées et son point de vue même si vous n'êtes pas d'accord. Répondez-lui quand il a fini de s'exprimer plutôt que d'imposer vos vues en lui coupant la parole.

Lisez entre les lignes. Formulez ce qu'il essaie de dire sans y parvenir.

Renvoyez la balle. Accordez votre attention comme un cadeau et renforcez-la pour la conversation. Les seules interruptions acceptables en cours de phrases sont vos signes d'encouragement.

Réagissez à ses sentiments. Il a encore du mal à s'exprimer clairement. Même si vous n'êtes pas d'accord, ne vous impatientez pas, respectez ce qu'il ressent.

GROSSIÈRETÉ

S'il est grossier pour attirer votre attention :

● Ignorez-le.

● Acceptez sa colère : Je comprends que tu sois fâché d'avoir à ranger tes jouets maintenant.

● S'il abuse, commentez par : J'entends un enfant très grossier.

● Rappelez la règle : On ne se dit pas de grossièretés.

● Et exigez : J'attends tes excuses.

● Ajoutez la punition : Va dans ta chambre jusqu'à ce que tu sois prêt à t'excuser.

● Pardonnez-lui.

● Constamment grossier, il a peut-être besoin d'une bonne punition. Parlez-en avec lui et imposez-la vraiment. Sans vous fâcher.

Jalousie et dépossession

Les émotions telles que l'envie et la jalousie poussent les adultes à des comportements qui ne leur ressemblent pas. Quelle autre émotion pourrait nous amener à blesser autrui ou à endommager sa propriété ? Or les enfants sont tellement plus vulnérables que les adultes.

La plupart d'entre nous réussissent à dominer les pires excès de la jalousie parce que nous sommes capables de raisonner et d'anticiper les conséquences de nos actes. Les enfants n'ont pas ces capacités.

Les parents savent qu'aimer un deuxième enfant n'empêche pas d'aimer le premier, ou que nouer une nouvelle relation n'affecte pas nos sentiments envers eux. Mais les enfants n'ont pas de raisons de voir les choses de la même manière. Après tout, dans bien des situations, nous nous montrons nous-mêmes incapables de pardonner et d'oublier. Un ex-partenaire peut nous hanter pendant des années, en particulier s'il est plus attirant ou réussit mieux que nous. Si tous les livres basés sur la jalousie étaient retirés des bibliothèques, leurs rayons seraient à moitié vides. C'est la jalousie qui, le plus souvent, fait du meurtre et de la violence une affaire familiale.

CHANGEMENT ET VULNÉRABILITÉ

Les changements, même les plus satisfaisants, stressent les adultes et le stress rend plus difficile de dominer ses émotions. De même, votre premier enfant peut se réjouir de voir arriver un bébé ou aimer votre nouveau partenaire et, malgré tout, les changements qui en résultent lui rendent difficile de contrôler ce qu'il ressent. Nouveau bébé, parfois nouvelle maison, nouvel environnement, nouveaux camarades de classe, l'enfant doit gérer toutes sortes d'expériences inconnues et chacune d'elles ajoute à son stress.

GÉRER LE CHANGEMENT

● Lisez le scénario de son point de vue. N'accroissez pas son stress en cumulant les changements (garderie, baby-sitter) quand arrive le nouveau bébé. Faites-les assez tôt pour qu'il soit déjà stabilisé avant d'avoir à gérer le stress du nouveau bébé.

● Faites la part des choses. Le stress nous rend tous plus infantiles. Passez donc sur ses petits écarts de conduite.

● Soyez affectueux. Le stress accroît son besoin d'attention et de certitudes.

● Soyez démonstratifs. La jalousie rend aveugle à l'amour reçu. Un enfant jaloux a constamment besoin d'être rassuré.

Tout nouveau...
L'emménagement semble le bon moment pour décorer sa nouvelle chambre, mais soyez prudent. Tout est nouveau dans sa vie – conservez des éléments familiers.

● Exprimez clairement que l'amour que vous avez pour lui ne peut jamais lui être enlevé : Tu es mon petit Rémi à moi. Il n'y a personne au monde comme mon seul et unique petit Rémi.

UN NOUVEAU BÉBÉ

Chez la plupart des enfants, un nouveau bébé provoque des sentiments mélangés : fascination, attachement croissant, mais aussi jalousie de l'attention qu'il reçoit et insécurité concernant sa propre place dans la famille.

● Trouvez des moments où il occupe le centre de la scène et le bébé vient en second.

● Acceptez ses frustrations. Formulez ses sentiments : Je sais que parfois, tu préférerais qu'Annie ne soit pas là.

● Formulez ses souhaits : Je parie que par moments, tu aimerais qu'on la renvoie d'où elle vient. Réalisez le souhait par l'imagination : On va faire semblant d'être tous les deux, sans personne d'autre.

● Rappelez-lui les bons moments qu'il passe avec le bébé : Personne ne te fait rire autant que lui. Je crois que c'est toi qu'il préfère. N'empêche qu'il est agaçant par moments, tu ne trouves pas ?

● Évitez les déclarations évidemment fausses. Le bébé deviendra sans doute un bon camarade de jeux, mais ce n'est certainement pas le cas au début.

DÉMÉNAGEMENT

● Avant 4 ans, un enfant ne comprend pas le changement. Quoi que vous expliquiez, il veut rentrer « à la maison ».

● Préparez-le. Montrez-lui la future maison, le magasin où il pourra faire ses achats, sa nouvelle école ou le terrain de jeux.

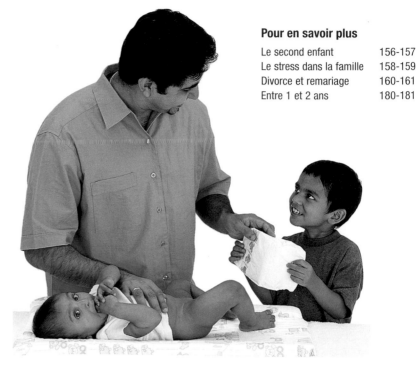

Pour en savoir plus

Le second enfant	156-157
Le stress dans la famille	158-159
Divorce et remariage	160-161
Entre 1 et 2 ans	180-181

● Prévenez-le si un nouveau partenaire doit vivre avec vous. Un enfant peut être choqué de voir un étranger mesurer les meubles de sa chambre ou les déménageurs devant la porte. Rassurez-le en lui disant qu'il retrouvera toutes ses affaires dans la nouvelle maison.

● Expliquez-lui que la future maison sera vide. Un ami m'a raconté qu'étant enfant, il avait été très déçu de ne pas trouver dans l'appentis la bicyclette qu'il avait vue en visitant la maison. Son enthousiasme reposait sur la joie d'avoir une bicyclette…

● Attendez-vous à ce qu'il s'accroche à vous, dorme mal, vienne dans votre lit.

● Placez-le en numéro un de vos priorités. Qu'il vive bien le changement est plus important que de remplacer le papier peint.

● Tablez sur l'imagination : Tu voudrais pouvoir retourner dans ton ancienne maison ? Faisons semblant. Par quoi on commence ?

Aide ta petite sœur
Il a plus de chances de le faire si vous lui montrez comment. Demandez-lui de vous donner la couche propre et félicitez-le. Il sera moins jaloux s'il peut participer.

Frères et sœurs

Les frères et sœurs ne se connaissent que trop bien. Ils savent exactement comment se faire mutuellement plaisir mais aussi comment s'énerver, se blesser, s'agacer ou se démoraliser l'un l'autre. Et inévitablement, ils font tout cela.

C'est avec nos frères et sœurs que nous développons certains savoir-faire – cacher nos sentiments, comprendre les autres, manipuler, tromper, enjôler. La fratrie éloigne le centrage familial des parents, ce qui ne leur facilite pas le règlement des différends.

BONS ET MAUVAIS MOMENTS

Les enfants grandissent par à-coups. Selon les périodes, ils s'entendent bien ou mal, les différences d'âge « marchent » ou non. Avec une différence de deux ans, les enfants se situent dans la même phase de développement – par exemple s'ils ont respectivement 3 et 5 ans, ou 7 et 9 ans ; ou, à un stade différent, s'ils ont 12 et 14 ans. Dans une phase stable, les enfants peuvent être étonnamment agréables et faciles ; traversant une période de croissance ou de changement, ils sont souvent difficiles, peuvent se montrer méchants et agressifs avec leurs frères et sœurs parce que nous avons tendance à accorder plus d'attention aux enfants plus faciles.

ATTÉNUER LES RIVALITÉS

Un enfant ne peut recevoir le message : Je veux que tu réussisses, sans acquérir l'esprit de compétition. Frères et sœurs sont les personnes toutes trouvées pour l'affiner et nous les encourageons sou-

vent : nous les faisons participer à des compétitions sportives, nous aimons qu'ils soient premiers de la classe. Plus la famille pratique la compétition, plus elle pousse les enfants à rivaliser.

- Chaque enfant estime toujours que l'autre bénéficie d'un avantage, même quand il n'existe pas. Vous ne pouvez jamais être assez juste : cessez d'essayer et donnez à chacun selon ses besoins.
- Le besoin d'attention est plus grand dans les phases de changement que dans les périodes de stabilité. N'essayez pas de partager votre temps également, accordez-le selon les besoins.
- Ne comparez pas la conduite ou les aptitudes d'un enfant avec celles d'un autre.
- N'idéalisez pas l'esprit de compétition et laissez le vôtre à la porte.
- Le milieu transmet l'esprit de compétition à ses enfants. Si vous voulez que les vôtres fassent leur chemin jusqu'au sommet, vous devrez accepter de subir leur comportement.
- Ne collez pas d'étiquettes à vos enfants.
- Ne leur imposez pas de rôles. Léa n'est pas la douce, la gentille. Elle est Léa, et Léa peut aussi ne pas être gentille.

NE VOUS MÊLEZ PAS DE LEURS DISPUTES

- Évitez d'intervenir pour une peccadille. Jouer les arbitres deviendrait un travail à plein temps.

Tes jouets, mes jouets
Donnez un bac à son nom à chaque enfant pour qu'il y range ses jouets. Ils chicaneront moins sur quoi est à qui et qui n'a pas rangé les siens.

● Le problème semble dérisoire : voyez au-delà. Affirmez : Je sais que vous pouvez régler cela entre vous, et non : Cessez d'être idiots.

● Décrivez ce que vous voyez sans juger : Je vois deux enfants très en colère. Écoutez chaque enfant sans faire de commentaires : Léa, tu as besoin des ciseaux pour couper ton papier ; Rémi en a besoin pour couper sa ficelle. N'imposez pas la solution, répétez-leur qu'ils peuvent la trouver eux-mêmes : C'est un gros problème, mais je suis sûre que vous pouvez le régler.

● Reconnaissez toujours les sentiments d'un enfant : Je sais que tu es en colère. Rappelez-vous qu'il a peine à démêler ses émotions profondes. Si l'un ou les deux enfants sont très remontés, plutôt que d'imposer votre solution, imposez une période de décompression pour les aider à en trouver une eux-mêmes.

● Présentez le point de vue de chacun : Léa avait tes crayons et tu les voulais aussi ou : Léa ne se servait pas de ses crayons alors tu les as pris.

● Rappelez les règles : Léa, tu devrais demander avant d'emprunter les affaires de ton frère. Tu sais que c'est la règle.

● Ne trouvez pas d'excuses : Je sais que tu es fâché mais ce n'était pas bien de déchirer son dessin. Puis confirmez votre certitude qu'ils sont capables de régler leurs problèmes.

APPRENEZ-LEUR À ÊTRE SERVIABLES

● Chaque enfant devrait avoir ses tâches quotidiennes – mettre la table, les vêtements sales dans le panier, etc. Inutile que ce soit ardu, il suffit qu'il comprenne que dans une famille, chacun doit aider les autres.

Pour en savoir plus

Le second enfant	156-157
Le stress dans la famille	158-159
Entre 1 et 2 ans	180-181
Jalousie et dépossession	188-189

Bec et ongles
Les bagarres des enfants ont toutes sortes de causes, mais elles ont souvent à voir avec l'amour des parents et le besoin d'attirer leur attention.

● La coopération compense l'esprit de compétition et atténue la rivalité. Encouragez les enfants à s'entraider. Demandez à l'aîné d'aider le plus jeune à attacher ses chaussures ; à la sœur d'accrocher le manteau de son frère. Ces gestes remédient à l'égocentrisme qui peut se développer dans une famille où chacun est responsable de ses affaires.

● Si les enfants ne parviennent à régler leurs différends, réservez-vous le droit d'en confisquer ou supprimer la cause. Utilisez un minuteur pour imposer un temps limite au règlement d'un problème. Si ce n'est pas fait quand il sonne, supprimez la cause : prenez le jouet, fermez la télé, retirez la cassette vidéo pour la journée.

● Interdisez les insultes.

● Repérez l'approche des orages et devancez-les. Sortez les enfants pour une course au magasin, pour nourrir les canards de la rivière ou lisez-leur une histoire. Laissez-les décompresser quand ils sont prêts à exploser. Mettez des coussins en bas de l'escalier et laissez-les se défouler en sautant les marches.

DISPUTE INTERDITE

● Imposez des règles sur quand et où les petites disputes sont interdites : par exemple, en voiture, au salon, à table.

● Chaque enfant a le droit de dire qui peut se servir de ses jouets.

● Chacun a son espace réservé et peut choisir qui a le droit d'y entrer.

● Chacun a son placard ou sa boîte (qui ferme) pour ses trésors personnels.

LE VILAIN

- Ne traitez jamais un enfant de « vilain ». Soulignez plutôt sa gentillesse et sa coopération.
- Ne laissez ni lui ni la victime l'emporter, sinon chacun s'en tiendra à son rôle.
- Laissez-le vous entendre vanter sa bonne conduite, en particulier vis-à-vis d'une « victime ».
- Permettez-lui de se voir sous un autre jour.
- Montrez-lui qu'il y a d'autres façons de réaliser ses désirs.
- Soyez un bon exemple : les enfants nous imitent.
- Faites preuve de justice.

Choix de cadeaux
Expliquez-lui qu'il ne peut tout avoir. Il faut choisir entre un gros cadeau ou plusieurs petits.

Zéro de conduite

Dès que nos enfants sortent du foyer, ils affichent les effets de notre éducation, qui ne sont pas toujours très flatteurs pour nous : peu d'entre eux traversent l'enfance sans une période de jurons, de crachats, de petits vols ou bien pire.

La plupart des parents reçoivent un choc en découvrant que leur enfant a volé des sous dans leur porte-monnaie ou craché sur un camarade de classe et ils sont horrifiés quand cela se reproduit encore et encore.

GÉRER D'INCESSANTES EXIGENCES

Dire simplement Non à un jeune enfant ne suffit pas : il a vite oublié. Plus âgés, ils rabâchent leurs demandes. La première question est de savoir combien vous pouvez ou pensez devoir dépenser pour un enfant. Additionnez Noël, l'anniversaire, l'argent de poche et les extra. Les enfants n'ont pas besoin des montagnes de jouets que nous accumulons à Noël. Un cadeau de temps à autre leur ferait peut-être plus plaisir.

- Faites-lui comprendre que le budget familial a ses limites et que l'argent dépensé n'est pas remplacé. S'il veut un cadeau coûteux pour Noël, il ne peut en avoir deux – et adieu stage au poney-club avec les petits camarades : il doit choisir.
- Encouragez-le à économiser son argent de poche et accordez-lui un bonus s'il le fait.
- Quand il atteint l'âge scolaire, expliquez-lui (en simplifiant) le budget familial. Prenez trois pots et une pile de bonbons représentant les revenus mensuels. D'abord toutes les dépenses inévitables : impôts, loyer ou emprunts, alimentation, électricité, téléphone, voiture, assurances, chauffage, etc. : autant de bonbons pour chaque que vous versez dans le pot « Dépensé ». Passez aux économies pour les fêtes, changer de voiture, acheter un meuble, etc. : autant de bonbons pour chaque dans le pot « Économies ». Expliquez qu'il doit être assez plein pour les urgences – si la machine à laver tombe en panne ou, plus grave, si papa tombe malade et ne peut pas travailler pendant quelque temps. Les bonbons qui restent vont dans le pot marqué « Plaisirs ». Ne peignez pas un tableau trop noir, mais ne lui donnez pas l'impression qu'il reste assez d'argent pour tous les caprices. Il doit apprendre que l'argent est limité et doit être employé sagement pour ne pas venir à manquer.
- Expliquer que le budget est une chose privée qui ne se discute pas en public mais en famille.
- Expliquez riche et pauvre. Tous les parents n'ont pas le même budget. Certains ont une voiture de service ou un grand-père fortuné qui peut les aider. D'autres perdent leur emploi et ont très peu d'argent. Certains n'en ont pas du tout et doivent être aidés.

L'ENFANT QUI VOLE

• Avant 4 ans, un enfant n'est pas capable de se mettre à la place d'un autre. Il semble avoir saisi la notion de « mien » et « tien » mais en fait, il voit seulement que telle chose est toujours entre les mains de telle personne. Il croit que s'il la prend, elle devient « à lui ». Le plus facile est de lui expliquer qu'il fait de la peine à l'enfant dont il prend le jouet.

• Ne l'accusez pas : les qualifications péjoratives n'arrangent rien.

• Ne lui demandez pas s'il a pris ce que vous savez qu'il l'a pris : il pourrait mentir. Or ne le faites pas mentir.

• Expliquez simplement : Le jouet appartient à Pierre. Nous allons le lui rendre.

• Prévenez : Rappelle-toi : les jouets de l'école doivent rester à l'école.

• Expliquez les sentiments des autres : Pierre aura du chagrin quand il ne trouvera plus son jouet.

LES BONNES MANIÈRES À TABLE

• Les repas se prennent en famille. Plus tôt les enfants s'asseyent à la table, plus vite ils apprennent à en respecter et apprécier les usages.

• Chacun devrait participer aux discussions. Si les parents ont des questions privées à débattre, ils devraient le faire au moment du café quand les enfants ont quitté la table.

• Soyez compréhensifs. Il est déraisonnable d'exiger qu'ils restent à table lors de très long repas et qu'ils mangent tous les plats servis.

• On ne transige pas avec certaines règles : On ne touche pas toutes les tranches de pain avant d'en choisir une. Si tu ne respectes pas cette règle, c'est moi qui choisirai le pain.

APPRENDRE LA POLITESSE

• Ne forcez jamais les enfants à embrasser qui que ce soit.

• Ils ne peuvent être abrupts que si on leur dit de faire quelque chose qui n'est pas bien.

• On ne peut attendre d'eux qu'ils soient mieux élevés que leurs parents.

• Expliquez-leur que les bonnes manières consistent à agir et s'exprimer sans blesser les autres.

• Les règles peuvent varier d'une maison à l'autre : Nos invités respectent nos règles. Quand nous visitons des amis, nous devons respecter les leurs.

Pour en savoir plus

Les plus grands trésors	148-149
Les enfants agressifs	162-163
Problèmes d'amitié	194-195
Problèmes passagers	196-197

L'ENFANT ENTÊTÉ OU TROP IMPÉRIEUX

Être entêté et volontaire n'est pas loin d'être trop impérieux. Disons que ce ne sont pas des comportements souhaitables.

Situation inoffensive — Passez. Cédez élégamment.

Situation négociable

• Identifiez ses sentiments • Informez • Proposez des solutions	• Tu veux porter tes bottes. • Il fait très chaud, tu seras mal à l'aise. • Peut-être que tu supporteras d'avoir les pieds qui te brûlent. • On peut emporter tes sandales dans un sac.

Situation non négociable

• Identifiez ses sentiments • Donnez des raisons • Décrivez vos sentiments • Proposez un choix	• Tu ne veux pas porter ton imperméable. • Tes vêtements vont être trempés. • Je vais avoir peur que tu attrapes un rhume. • Tu mets ton imper et nous allons au parc ou bien on reste à la maison. Choisis.

Situation absolument non négociable

• Identifiez les sentiments • Insistez	• Il faut qu'on aille chez la nourrice. Tu t'habilles ou je t'emmène en pyjama. Tu choisis. Donnez des raisons • Ne cédez pas. Embarquez-le en pyjama avec ses vêtements dans un sac.

CRACHER

- Habitude courante et déplaisante, cracher est un moyen sûr d'attirer l'attention.

- Impassible, vous prenez l'enfant et le sortez de la pièce.

- Rappelez les règles en vigueur.

- Acceptez ses émotions mais exigez une bonne conduite.

- S'il crache quand il est frustré, détournez son attention.

- Préparez le terrain : Léa va venir jouer. Souviens-toi de la règle : on ne crache pas.

- Offrez des options : Tu peux jouer avec Léa mais si tu craches, tu rentres chez toi. S'il crache, remmenez-le à la maison.

- Vantez ses progrès : Je suis contente, tu n'as pas craché aujourd'hui.

- S'il persiste, faites un tableau : une étoile pour chaque jour sans crachat.

Problèmes d'amitié

Les enfants ne se font pas tous facilement des amis. Certains comportements ne sont pas appréciés des autres enfants ni de leurs parents et vous devrez peut-être aider votre enfant à surmonter des tendances asociales.

Vous pouvez l'aider si, dans les relations amicales, il se montre systématiquement autoritaire ou réticent à partager ses jouets.

UN ENFANT QUI A PEU D'AMIS

Montrez-lui que vous l'aimez et l'estimez pour lui-même. Dites-lui d'être fier non seulement de ses succès mais aussi de ses propres efforts.

- L'autocritique peut devenir une mauvaise habitude. Personne ne devrait se dénigrer comme il ne dénigrerait pas un ami.

- Dites-lui de remarquer ses propres qualités, de se juger lui-même plutôt que de se comparer.

- La timidité est un handicap majeur. Offrez-lui un objet « magique » à toucher pour se donner du courage.

- Suggérez-lui d'entamer une conversation en demandant de l'aide grâce à des entrées en matière classiques : Je ne sais pas comment faire, Regarde, il pleut, Tu as une jolie robe !

Je nourris le lapin
S'occuper d'un animal familier donne un sens de la responsabilité à un enfant. S'il a un vrai « travail », il n'en inventera pas un autre pour se vanter.

L'ENFANT VANTARD

Nous embellissons tous la vérité. Savoir jusqu'où on peut aller fait partie de l'art de la conversation. Mais embellir a peu de rapport avec la vantardise permanente qui témoigne d'un manque de confiance en soi, d'un besoin d'attention et, souvent, d'une piètre estime de soi.

- Accroissez sa confiance en lui et sa propre estime. Louez ses efforts, aimez-le pour lui-même.

- Apprenez-lui à être positif vis-à-vis de lui-même, à dire : Cela ne me ressemble pas, plutôt que : J'ai encore raté ça.

- Ne faites pas les choses à sa place, sauf dans une situation spéciale, et laissez-le vous rendre la pareille.

- Laissez-lui une certaine autonomie, faites-lui confiance.

- Ne récompensez pas ses vantardises. Ignorez-les, sans un mot. Changez de sujet.

L'ENFANT MÉCHANT

Les enfants apprennent la malveillance quand on renforce leur mauvaise conduite.

- Pas d'étiquette. Corrigez ceux qui en usent : Ta sœur sait aussi être gentille.

- Reconnaissez ses sentiments et faites face pour les gérer – sans colère.

- Dites à l'enfant méchant que vous savez qu'il est capable d'être gentil.

• Accordez de l'attention à la « victime » sans blâmer l'enfant méchant.

• Assurez-vous que la « victime » ne pousse l'enfant agressif à l'être encore davantage.

• Recherchez les causes : stress, problème scolaire, maladie, comportement agressif d'autres enfants peuvent provoquer une attitude malveillante.

L'ENFANT POSSESSIF

• Si des amis viennent en visite, voyez avec lui quels jouets il est prêt à partager.

• Décrivez la situation, acceptez ses sentiments et conseillez-le. Ne prolongez pas les visites.

• Suggérez-lui de jouer sans ses jouets favoris, il sera moins possessif.

BRUITS INCONGRUS

Roter ou péter délibérément sont des moyens particulièrement irritants – et très efficaces – d'attirer l'attention.

• Ne dites rien, agissez. S'il pète ou rote, quittez la pièce sans un mot. Si vous n'êtes pas seul ou si c'est plus pratique, sortez-le, emmenez-le dans sa chambre et fermez la porte. Sans un mot.

• S'il rote à table, prenez votre assiette et allez manger ailleurs. En famille, envoyez-le dans sa chambre. Prévenez les enfants que cela amuse que la prochaine fois, ils iront aussi dans leur chambre. Ne menacez pas : agissez.

• En public, sortez-le calmement et vite. Une fois hors de portée, annoncez la couleur : Tu retournes à ta place ou nous rentrons à la maison. Si tu rotes à nouveau, nous rentrons. Tu choisis. Et regagnez la pièce. S'il rote à nouveau, prenez-le et partez immédiatement.

• S'il rote parce qu'il veut rentrer, dites-lui qu'il peut continuer mais que vous comptez et qu'il passera tant de minutes par rot enfermé dans sa chambre. Et mettez la menace à exécution.

L'ENFANT AUTORITAIRE

Les enfants plus âgés ou habitués à jouer seuls sont souvent autoritaires avec les autres.

• Ignorez le plus possible un enfant autoritaire. Parlez de son attitude avec lui. Signalez-lui (discrètement) s'il use d'un ton autoritaire. Jouez avec lui à être autoritaire à tour de rôle.

• Encouragez-le à entraîner plus qu'à imposer.

IL ESSAIE D'ACHETER DES AMIS

• Cherchez à découvrir s'il a une raison d'être malheureux. Entretenez son estime de lui-même.

• Les jeux de rôles peuvent aider un enfant à briser la glace.

• Assurez-vous qu'il s'intègre. Porte-t-il les mêmes vêtements, regarde-t-il les mêmes programmes que ses camarades ? Les enfants ont besoin de points communs.

Pour en savoir plus

Les enfants agressifs 162-163
Devenir autonome 164-165
Du tout-petit au jeune enfant 186-187
Zéro de conduite 192-193

Jouons ensemble
Demandez à votre enfant s'il aimerait jouer avec certains camarades et invitez-les. Son enseignant peut vous faire des suggestions.

- La plupart des enfants font parfois de mauvais rêves et se réveillent en criant et sanglotant.

- Protégez un enfant somnambule en verrouillant les fenêtres et portes d'escaliers. Inutile de le réveiller bien que ce soit sans danger.

- Le somnambulisme est une tendance familiale qui ne doit rien au stress.

- Si votre enfant fuit l'heure du coucher et que ses cauchemars sur le même thème s'aggravent, il est sans doute stressé.

- Pire que les cauchemars, les terreurs nocturnes paniquent un enfant mais ne sont pas dues au stress.

- Calmez et rassurez. Ma mère mettait une taie propre sur mon oreiller pour « chasser les mauvais rêves ». C'était efficace et j'ai fait de même avec mes enfants.

Nuits sans peur
Si votre enfant fait de mauvais rêves, dissipez sa peur en vous amusant dans sa chambre et en faisant son lit avec lui.

Problèmes passagers

Si votre enfant rencontre des problèmes de développement, essayez d'en trouver les causes et d'y porter remède. Vous aurez peut-être besoin du secours d'un professionnel, mais beaucoup de problèmes sont passagers et vite dépassés.

L'énurésie et les comportements immatures ont souvent pour origine un stress familial. Faire honte et blâmer l'enfant ne sert à rien, à l'inverse du réconfort et d'un système de récompense.

LE PIPI AU LIT

L'énurésie est fréquente dans certaines familles. Si vous ou votre partenaire faisiez encore pipi au lit vers 5 ans, il est possible que votre enfant le fasse aussi.

- Des « accidents » arrivent à la plupart des 3 à 5 ans, à un enfant sur quatre entre 4 à 6 ans dont la moitié cesse entre 6 et 8 ans ; un sur vingt a encore un problème à 10 ans.

- Un enfant fait régulièrement pipi au lit s'il n'a pas appris à contrôler sa vessie la nuit ou occasionnellement s'il a appris mais rencontré un problème par la suite.

- Si ses mécanismes de contrôle sont lents à devenir matures, l'enfant fera pipi au lit.

- Le soir, donnez-lui peu à boire et assurez-vous qu'il va aux toilettes. Remettez-le sur les toilettes deux heures plus tard et avant de vous coucher. Plus la vessie est vide, plus il a de chances de passer la nuit sans accident.

- Le tableau à étoiles marche bien pour l'énurésie occasionnelle : une étoile par nuit « sèche » et un cadeau ou une faveur spéciale en échange d'un certain nombre d'étoiles.

- Entraînez l'enfant à se retenir. Quand il peut retenir près d'un demi-litre, le problème disparaît. Faites-le progresser vers ce but : augmentez peu à peu les intervalles entre les visites aux toilettes pendant la journée en lui demandant d'attendre cinq, puis dix minutes quand il a besoin d'uriner.

- Si vous savez à quel moment il mouille son lit, devancez-le. Si le délai est d'environ trois heures après le coucher, faites sonner un réveil 30 minutes plus tôt. Placez un pot près du lit ou laissez la lumière des toilettes allumée. Après quelques nuits sèches, allongez le délai. Continuez très progressive-

Rassurez-le
Serrez-le dans vos bras avant de le coucher pour atténuer son stress, ses frayeurs et peut-être, limiter le pipi au lit.

ment jusqu'à résolution du problème.
• Il existe des alèses déclenchant la lumière et une sonnerie à la moindre humidité. S'il commence à uriner, l'enfant est réveillé et l'éveil interrompt sa miction. Il acquiert ainsi le contrôle de sa vessie.

LES PEURS INJUSTIFIÉES

Ne riez et ne ridiculisez jamais les peurs d'un enfant. Pour lui, elles sont graves. Même celles des adultes n'ont rien de logique. Un enfant qui a peur ne peut contrôler cette émotion par lui-même et la première chose à faire est de le calmer. Serrez-le dans vos bras, lisez-lui des livres, jouez à des jeux, dessinez et parlez des choses qui l'effraient. S'il peut penser à ce qui lui fait peur tandis qu'il est heureux et détendu, la peur disparaîtra.

COMPORTEMENT INFANTILE

L'immaturité peut être un retard de développement dans un domaine

précis ou une réaction à un stress et un appel au secours. Les causes les plus fréquentes (pipi dans la culotte, colères) sont le stress, l'angoisse ou la maladie. Les parents l'encouragent parfois involontairement en refusant l'autonomie : il est plus facile d'habiller un enfant que d'attendre qu'il y parvienne lui-même.
• Recherchez les causes de stress : nouveau bébé, dépression ou mésentente des parents, débuts ou problèmes scolaires. Attaquez-vous à la cause. Si quelque chose vous inquiète, mieux vaut la lui expliquer en termes simples que de prétendre que tout va bien.
• Rappelez-vous qu'un stress prolongé peut provoquer des problèmes à long terme.
• La régression vers un comportement infantile est courante. Ignorez-le, ne l'aggravez pas par la critique. Réconfortez l'enfant et remédiez au stress.

Soyez compréhensive
Si elle est anxieuse, racontez-lui vos propres peurs d'enfant et comment vous les avez surmontées, et donnez-lui des idées pour faire de même.

Pour en savoir plus

Le stress dans la famille	158-159
Divorce et remariage	160-161
Entre 1 et 2 ans	180-181
Jalousie et dépossession	188-189

ANGOISSES

L'angoisse des parents angoisse un enfant, mais vous pouvez l'aider.

• **Favorisez** l'image positive qu'il a de lui-même.

• **Complimentez** le moindre effort.

• **Acceptez sans critique** ses sentiments.

• **Soyez constant** afin qu'il soit sûr de vos réactions.

• **Soyez stable.** Donnez-lui un agenda avec des symboles de vos emplois du temps.

• **Posez des limites.** Le laxisme engendre l'insécurité.

• **Atténuez son anxiété** en le laissant agir dans ses limites.

Problèmes de langage

La plupart des enfants finissent par parler, en général avant 2 ans. Si votre enfant semble en retard, vous pourrez soit résoudre vous-même le problème, soit faire appel à un professionnel.

Les problèmes de langage – retard, bégaiement – sont plus faciles à détecter que les déficits d'audition mais un lien peut exister entre les deux. Certains disparaissent d'eux-mêmes, d'autres sont résolus par les parents, d'autres encore exigent l'intervention d'un professionnel.

Aucun parent ne devrait se sentir gêné de demander de l'aide. Nous le faisons pour des travaux ou des maladies trop difficiles à gérer sans soutien. Le rôle de parent peut l'être aussi. L'enfance est brève, mieux vaut résoudre les problèmes le plus tôt possible. En remettant à plus tard, vous risquez de les aggraver à long terme – pour votre enfant et pour vous.

LES RETARDS DE LANGAGE

Divers facteurs influent sur l'âge auquel votre enfant commence à parler. S'il a un certain retard dans d'autres domaines, peut-être que l'ensemble de son développement est tardif – comme c'est le cas des prématurés.

Il peut aussi s'agir d'un problème d'audition, seul ou associé à un développement tardif. Tous les bébés devraient subir un test d'audition avant 1 an et tous ceux qui ne disent rien à 14 mois devraient être testés à nouveau. Le langage est souvent tardif dans les familles de dyslexiques : l'enfant comprend les mots mais il a des difficultés à reproduire les petits sons qui les constituent.

LE BÉGAIEMENT

Parler exige une coordination précise et toute rupture dans les divers sons d'un mot peut provoquer le bégaiement. Il survient parfois parce que la coordination de l'enfant est immature ; ou parce qu'il écoute avec trop d'attention les sons qu'il émet et qu'il existe un décalage entre l'émission et la perception des sons. La plupart d'entre nous bégaient en entendant leur voix avec un décalage, comme lorsqu'on en entend l'écho au télé-

Respire à fond !
Si votre enfant bégaie, apprenez-lui à respirer par l'estomac. Utilisez un miroir pour qu'il y voit la trace de son souffle ou une ceinture pour qu'il sente son abdomen se soulever.

phone. On suppose que l'enfant qui bégaie entend l'écho de sa propre voix. Tous les enfants dans ce cas ont besoin d'être aidés et rassurés, leurs difficultés pouvant les rendre très renfermés.

- Le bégaiement léger commence vers 6 à 8 ans et dure environ deux ans.
- Le bégaiement persistant commence entre 3 et 8 ans et perdure parfois jusqu'à l'âge adulte. Avant l'âge scolaire, 4 % des enfants bégaient mais la plupart finissent par cesser. Seul un adulte sur cent bégaie.
- Le bégaiement « secondaire » qui associe la difficulté d'émission des sons, les contractions faciales, l'agitation des membres et une respiration saccadée exige une attention immédiate. Il peut être l'expression d'un autre problème. Consultez votre médecin.

COMMUNIQUER AVEC UN ENFANT QUI BÉGAIE

- Laissez-le faire l'effort de dire ce qu'il veut dire sans le bousculer.
- Soyez patient. Ne l'interrompez pas en cours de phrase.
- Limitez les situations stressantes qui accroissent ses difficultés.
- Encouragez-le en concentrant votre regard sur le sien et sur ce qu'il dit. Ne lisez pas, ne regardez pas la télévision pendant qu'il s'efforce de s'exprimer.
- Cultivez son estime de lui-même, donnez-lui le moyen de faire face aux moqueries des autres enfants. Montrez-lui que le bégaiement n'a aucun rapport avec la beauté ou l'intelligence.
- Beaucoup de bégayeurs ne bégaient pas quand ils chantent. Faites-le chanter pour accroître sa confiance en lui.

AIDER UN ENFANT QUI BÉGAIE
Acceptez l'enfant pour lui-même. Sachez que le bégaiement s'aggravera si vous ou l'enfant en êtes gênés. Ne parlez jamais à sa place ou « par-dessus » sa tête.

Adaptez votre style de vie. Il a besoin d'une atmosphère détendue, de paroles calmes, d'une vie régulière qui le sécurise. Il peut difficilement participer aux conversations mais assurez-vous qu'il n'en est pas exclu.

Soyez calme. Le stress aggrave tout. Soyez chaleureux et encourageant sans le surprotéger. Il doit apprendre à faire face. Cherchez un juste milieu dans l'attention que vous lui accordez. Il y a de fortes chances pour que le bégaiement cesse.

Surveillez son comportement. Soyez très vigilant afin qu'il ne se rende pas impopulaire. Pratiquez des jeux de rôles et la conversation détendue.

Consultez un orthophoniste.

MÉTHODES DES PROFESSIONNELS
Essayez les méthodes suivantes pour de courtes périodes. Si l'une d'elles réussit, persistez. Sinon, essayez-en une autre :

- Encouragez-le à ralentir son discours et à commencer chaque phrase en murmurant devant une bougie allumée.
- Apprenez-lui à inhaler et expirer à partir de l'estomac avant de commencer à parler, puis à le faire entre chaque phrase.
- Encouragez-le à respirer par l'estomac en parlant. Pratiquez avec lui.

Pour en savoir plus

L'apprentissage du langage	96-97
La progression du langage	100-101
Parler aux enfants	150-151
Problèmes de concentration	200-201

Le truc de la bougie
Le bégaiement est souvent atténué par le murmure. Apprenez-lui à parler devant la flamme qui doit bouger sans s'éteindre.

Problèmes de concentration

Tous les jeunes enfants sont par moments agités et inattentifs. Mais le symptôme du déficit d'attention dû à l'hyperactivité concerne des enfants dont l'excès d'agitation permanent est source de sérieux problèmes.

Calmez votre enfant
Bains chauds, lumières douces, câlins l'aident à se détendre et atténuent la tension qu'il ressent. Essayez aussi un fond de musique douce à faible volume.

Ces enfants sont ou semblent incapables de rester en place ou de se concentrer et leur capacité d'attention est très limitée. Ils ne font rien que les autres enfants ne fassent aussi ; ils le font simplement plus souvent et plus longtemps.

LES CAUSES DE L'HYPERACTIVITÉ

Tous les hyperactifs ne présentent pas tous les symptômes et n'ont sans doute pas tous les mêmes types de problèmes. Certains leur attribuent des origines biologiques. Elles sont sans doute en cause mais seulement dans certains cas puisque dans d'autres, les problèmes ne surviennent qu'après un échec scolaire.

Ce que nous savons des facteurs intervenant dans la demande d'attention suggère que des causes similaires interviennent dans l'hyperactivité. L'explication risque peu d'être simple. Le fait que les hyperactifs réagissent particulièrement au bruit semble indiquer que, d'une façon générale, ils sont plus sensibles à l'excès de stimulations extérieures.

LES SYMPTÔMES D'HYPERACTIVITÉ

Les symptômes les plus typiques sont les suivants :

Faible attention. L'enfant écoute peu et mal, oublie ou ignore les consignes. Son attention visuelle est pauvre. Il est facilement distrait, saute d'une activité à l'autre, peut perdre le fil de ce qu'il est en train de dire.

Impulsivité. Il ne prévoit rien, parle avant de réfléchir et se laisse facilement entraîner.

Hyperactivité. Il est irritable, perturbateur, agité, excité par le bruit, tendu dans une foule.

Maladresse. Il est maladroit et enclin aux accidents.

Désorganisation. Il enchaîne difficilement ses actes. S'habiller ou articuler une succession de gestes lui pose des problèmes.

Agressivité. Quand l'agressivité est associée à l'hyperactivité, le pronostic est particulièrement défavorable.

Inaptitude. Il est incapable d'accepter un échec. Il « fait l'idiot », ne sait pas s'intégrer, parle sans réfléchir ou écouter.

Piètre estime de soi.

Problèmes scolaires spécifiques. La dyslexie est fréquente.

TRAITEMENTS PROFESSIONNELS DE L'HYPERACTIVITÉ

Les médicaments à base d'amphétamines (souvent employés aux États-Unis), paradoxalement, accroissent l'attention des enfants et calment leur activité mais ont de sérieux effets secondaires et ne peuvent être considérés comme une solution idéale.

Un de leurs effets positifs est qu'ils débarrassent l'enfant de son étiquette de perturbateur. Il suscite alors des réactions qui lui sont plus favorables. Mais on peut aboutir aux mêmes résultats en agissant sur son comportement, comme en témoignent ceux qu'on obtient par la récompense de la bonne conduite et l'absence d'attention aux mauvais comportements.

AIDER VOTRE ENFANT HYPERACTIF

Éteignez la radio et la télévision. Si les stimulations extérieures le font exploser, baissez le volume. Et parlez doucement.

Rangez les jouets. Si son problème est la concentration, les distractions la rendront encore plus difficile.

Laissez-le décompresser. Ménagez-lui des moments de défoulement.

Fortifiez sa propre estime. Son hyper-activité et son incapacité à se concentrer peuvent l'exaspérer lui-même. Aidez-le à réussir en morcelant ses tâches pour les lui rendre plus faciles à compléter.

Aidez-le à se détendre. Cajolez et caressez-le en lui faisant la lecture dans une lumière tamisée.

Aidez-le à dormir. La relaxation est nécessaire à l'endormissement. Il dormira mieux dans une chambre noire et sans source d'excitation.

Modifiez son alimentation. Le régime Feingold (sans additifs chimiques) donne des résultats, parfois passagers et peut-être dus à un effet placebo, mais d'autant plus positifs que parents, enseignants et enfants y croient.

Pas d'étiquette. Les enfants tendent à adopter le comportement qu'on leur attribue – agité, distrait, ne finit jamais rien, etc. Aidez-le à réfléchir à ses points forts plutôt qu'à ses faiblesses.

Attendez de lui de bons résultats. Organisez-lui une vie ordonnée avec des règles et des objectifs. Faites chaque semaine un tableau avec des buts à atteindre. Procédez par petits pas, avec un petit progrès attendu chaque jour. Félicitez-le pour ses efforts, récompensez par des étoiles en négligeant les ratés. Si vous croyez en lui, vous serez surpris par ses résultats.

Mettez-vous à son niveau. La concentration est difficile et la distraction facile et chez l'enfant, la vision prédomine sur tous les sens. Regardez-le droit dans les yeux. Les hyperactifs sont sensibles au bruit – parlez-lui doucement.

Réduisez la tension. Le stress aggrave les situations. Prévenez-le avant tout changement. Omettez de remarquer les écarts et louez la bonne conduite.

Adaptez son environnement. Pas de radio ni de télé dans la salle à manger. Pas de téléphone là où il peut l'interrompre ou le distraire.

Pour en savoir plus

Construire l'estime de soi 126-127
S'affirmer 128-129
Les enfants agressifs 162-163
La demande d'attention 172-173

L'enfant hyperactif
Impulsif et étourdi, enclin à prendre des risques, il ne passe pas inaperçu. Il parle fort, répond aux adultes et ne tient pas en place.

La sécurité et les premiers secours

Les accidents arrivent... Nous pouvons organiser nos intérieurs afin d'en éviter beaucoup ou d'en limiter la gravité, mais nos maisons ne sont jamais à toute épreuve. Savoir comment réagir face à une urgence est parfois, littéralement, une question de vie ou de mort. Dans ce cas, mieux vaut savoir immédiatement que faire plutôt que de devoir consulter un livre. Le temps de chercher comment pratiquer la respiration artificielle, et il peut être trop tard. Si vous n'êtes pas certain de maîtriser le bouche-à-bouche ou les premiers soins, n'omettez pas de lire et de mémoriser ce chapitre.

LA CUISINE

● Utilisez le feu arrière de la cuisinière. Sur ceux de devant, tournez les poignées de casseroles vers l'arrière. Jamais de friteuse d'huile chaude ou de casserole d'eau bouillante sur les feux avant.

● Pas d'appareil ménager branché, de fils électriques par terre ni de prises sans protection.

● Pas de cafetière chaude à portée de ses mains.

● Bloquez les tiroirs. Attention aux portes à fermeture automatique. Appliquez une pellicule de sûreté sur les vitres.

● Aménagez un coin-jeux sûr à portée de votre regard. Pas d'enfant dans la pièce pendant que vous faites la cuisine.

● Rangez le plat du chat après l'avoir nourri.

● Ne laissez rien au bord de la table et aucune chaise à proximité d'un plan de travail.

● Rangez hors d'atteinte les ustensiles pointus ou coupants, les verres, les bouteilles et les produits ménagers.

La sécurité à l'intérieur

Nous pouvons essayer d'éliminer tout danger de notre intérieur, il ne sera jamais à toute épreuve. Nous devons donc rester vigilants en conciliant la protection de l'enfant et son besoin d'autonomie.

Un enfant totalement dépendant de ses parents pour sa sécurité constitue un réel danger pour lui-même. Assurer sa sécurité comporte trois aspects : entraîner l'enfant à y penser lui-même, aménager son environnement et rester constamment vigilant.

SOYEZ CONSCIENT DES DANGERS

● Vous pouvez parfois vous détendre mais le plus souvent, restez attentif.
● Produits d'entretien, médicaments, appareils électriques, cigarettes, outils, couteaux, etc. sont dangereux pour un bébé mobile et un jeune enfant.
● Les accidents ne sont pas inévitables. Les réactions rapides peuvent en limiter la gravité.
● Les petits enfants ne peuvent anticiper les dangers et doivent être surveillés en permanence.
● Il est difficile d'être constamment attentif en période de stress ou d'inquiétude. Ne laissez donc jamais d'allumettes,

de cigarettes ou de liquides brûlants à portée de main des enfants.
● Évitez d'être toujours sur leur dos. Les enfants apprennent la prudence en tirant leçon de leurs erreurs que nous pouvons rendre moins graves ; mais nous ne pouvons éternellement leur tenir la main. Ils ont besoin de se dépenser physiquement, parfois même de façon un peu excessive : grimper, se balancer, sauter et courir en tous sens.
● Les enfants nous imitent. Donnez l'exemple, soulignez les dangers et expliquez les raisons de votre prudence, même si votre enfant est encore trop jeune pour assurer sa propre sécurité.
● Ne laissez jamais un bébé seul avec un enfant de moins de 6 ans – il est trop jeune pour prévoir les conséquences des actes du plus petit.

Parc à jouer
Il est idéal dès que votre bébé commence à se déplacer par lui-même. Que l'on sonne à la porte ou que vous fassiez la cuisine, votre bébé y sera en sécurité – même s'il proteste !

LA SÉCURITÉ DANS LA MAISON

De la cheminée aux radiateurs. Placez une grille autour d'eux et mettez les enfants en garde contre les flammes nues.

Fils électriques. Pas de rallonges exposées que l'enfant pourrait débrancher. Faites-les passer derrière les meubles. Ne laissez pas le fil d'un appareil branché à portée de sa main – une bouilloire ou un fer à repasser par exemple.

Prises. Bloquez toutes les prises avec des cache-prises. Assurez-vous que votre installation comporte une prise de terre.

Lampes et ampoules. Une petite lampe allumée dans les toilettes permet à votre enfant de s'y rendre la nuit en toute sécurité. Il semble qu'une veilleuse dans la chambre risque d'endommager la vision. Pas de lampe de chevet là où il pourrait la faire tomber sur lui ni d'ampoules sans abat-jour.

Magnétoscope, télévision. Placez-les hors d'atteinte, sur des supports stables.

Sols et escaliers. Gardez-les propres et dégagés. C'est en butant que les enfants tombent et se font mal. Utilisez des produits non glissants. Fixez les tapis, surtout dans les escaliers. Vérifiez que les barreaux de la rampe ne sont pas écartés de plus de dix centimètres et que les enfants ne peuvent grimper sur sa partie horizontale. Avec un tout-petit, placez une grille mobile en bas et en haut de l'escalier.

Les risques d'étouffement. Assurez-vous que ni vous ni les autres enfants ne laissent à la portée d'un bébé aucun objet minuscule, aucune petite pièce qui pourrait l'étouffer. Les très jeunes explorent tout avec la bouche et on ne peut leur apprendre à ne pas le faire. Même les enfants un peu plus âgés aiment encore sucer et mâcher. Ne les laissez pas courir avec une sucette (sur bâtonnet) dans la bouche.

Meubles. Ayez des meubles stables, surtout avec un bébé qui s'y appuie pour se soulever. Pas de tables basses à coins pointus contre lesquels votre bébé peut tomber. Fermez les abattants des secrétaires, les tiroirs à hauteur de sa tête. Fixez les rayonnages aux murs ou bloquez-les par un autre meuble.

Serrures. Verrouillez les portes extérieures, surtout si elles donnent sur une rue.

Numéros d'urgence. Tenez toujours prêts les numéros de téléphone des pompiers (18), du SAMU, de l'hôpital local, des compagnies de taxis et d'ambulances. Vous pouvez conduire votre enfant aux urgences pour un accident mineur, mais certaines situations exigent que vous soyez disponible pour le réconforter ; ou vous pouvez être trop tendu pour conduire. Si vous allez à l'hôpital pour un accident mineur, prenez un livre : l'attente est parfois longue…

Si l'enfant doit dormir chez des amis, demandez-leur d'ôter les objets dangereux de leur chambre.

DES PLANTES SANS DANGER

Dès que votre enfant devient mobile, vérifiez chez un fleuriste la nature de vos plantes et placez celles qui sont dangereuses hors de portée – bulbes de jacinthe et jonquilles, philodendrons, diffenbachia, par exemple. Si c'est impossible, donnez-les à des amis. Apprenez à votre enfant à différencier les aliments et les jolies plantes qui le rendraient malade. Expliquez que leur poison se dépose sur ses doigts. Excluez de votre intérieur ces plantes dangereuses au toucher jusqu'à ce que vos enfants atteignent environ 7 ans.

Pour en savoir plus

Ramper et marcher	90-91
Atteindre et saisir	94-95
Les inquiétudes des parents	142-143
La sécurité à l'extérieur	206-207

SALLE DE BAINS

- Rangez les médicaments hors de portée.

- Hors d'atteinte : tous les produits d'entretien ou corrosifs, en particulier l'eau de Javel. Le plus sûr est de les rassembler dans un placard cadenassé.

- Ne laissez pas de produit W-C dans la cuvette. Nettoyez et rincez. Les microbes de la famille sont moins dangereux que les nettoyants chimiques.

- Pas de sols trop glissants. Épongez rapidement tout liquide renversé afin de ne pas glisser avec votre bébé dans les bras.

- Ne laissez pas le rasoir en exposition.

PLANTES

Plantes toxiques.
La liste suivante est incomplète : azalée, belladone, bryone, bouton d'or, ellébore, crocus, digitale, houx, hortensia, lierre, cytise, if, delphinium, laurier-sauce, lis, muguet, gui, laurier-rose, sumac, troène, rhododendron, pois de senteur, feuilles de rhubarbe, de tomates, graines d'ipomée, bulbes de jonquilles, narcisses et jacinthes, rhizomes d'iris, gousses de glycine.

Champignons.
Arrachez-les au plus vite.

Plantes dangereuses. Les enfants ignorent que les graines, bulbes, fruits et les pétales de la plupart des plantes et fleurs ne sont pas comestibles. Expliquez que certains sont toxiques et ne doivent jamais être employés, même pour jouer ; qu'il ne faut jamais toucher les plantes qui viennent d'être traitées. Montrez celles qui sont sans danger (roses – malgré les épines –, capucines).

La sécurité à l'extérieur

Dès que votre enfant se déplace, sécuriser le foyer ne suffit plus. Il faut aussi penser à l'extérieur de la maison, au jardin et aux diverses issues qui lui permettent d'aller et venir.

Un enfant qui comprend les dangers sait comment y échapper. Nous ne pouvons y compter avec un petit enfant comme nous le ferons quand il aura grandi. Plus tôt nous leur expliquons les risques, mieux ils les éviteront.

EXPLIQUEZ LES DANGERS

• Instillez à votre enfant le respect de sa propre sécurité avant même qu'il comprenne ce que vous dites. Souligner les dangers et donner de bonnes habitudes devient une seconde nature quand on le fait assez souvent.

• Enseignez un vocabulaire propre aux dangers : Aïe ! chaud, pointu, fait mal, mauvais, attention ! etc. Le seul Non s'applique à trop de choses différentes. Expliquez-lui la différence entre indiscipline et danger.

• Apprenez-lui que les choses pointues ou coupantes blessent. Rappelez-le-lui quand vous utilisez un couteau ou des ciseaux. Touchez la pointe en disant Aïe !

• Apprenez-lui que chaud signifie : Ne touche pas ! en lui faisant toucher un robinet ou un radiateur assez chaud (mais pas trop…).

• Dès qu'il commence à marcher, apprenez-lui à monter et à descendre un escalier – toujours débarrassé de jouets ou objets encombrants. Un tapis, à condition d'être bien fixé sur les marches, amortit les chutes. Dès que votre bébé commence à monter et descendre, apprenez-lui à le faire en tenant la rampe. Le danger vient le plus souvent des distractions, des arrêts soudains, des objets qui encombrent les marches ou qu'il veut porter en gravissant l'escalier.

• Ne gardez jamais un fusil dans la maison, à moins de nécessité absolue. Dans ce cas, rangez armes et munitions séparément.

ISSUES SANS DANGER

Portes. Installez une chaîne ou une serrure de sécurité à la porte sur la rue. Verrouillez-la toujours. Assurez-vous que les panneaux vitrés le sont avec un verre Securit : les enfants qui courent à l'intérieur de la maison peuvent facilement se blesser en heurtant une vitre.

Fenêtres. Installez une fermeture de sécurité sur toutes les fenêtres au-dessus du niveau du sol. Accrochez-en la clé à la tringle des rideaux pour qu'elle soit immédiatement accessible en cas d'urgence. Assurez-vous que les fenêtres des étages sont fermées et que rien ne permette à votre enfant de grimper pour les atteindre. Les panneaux vitrés des portes-fenêtres devraient être en verre Securit ou recouverts d'une pellicule de sécurité. Nouez les cordons des stores afin que les enfants ne s'y empêtrent pas.

Balcons. Assurez-vous que votre enfant ne peut ni escalader les garde-fous ni se coincer entre leurs barreaux ou éléments. Ne laissez jamais de chaise à proximité si votre enfant est capable d'y grimper.

Peintures. Les peintures ne renferment plus de plomb. Mais dans les vieilles maisons, celles qui s'écaillent peuvent exposer d'anciennes couches qui en contiennent. Si vous ne pouvez les éliminer, repeignez les parties écaillées ou tapissez de papier peint. Le plomb n'est pas dangereux tant qu'il reste sur le mur. Si vous repérez des écailles suspectes, nettoyez les jouets, sols et tapis avant de repeindre ou de tapisser.

Le plomb. Dans les vieilles maisons, les canalisations d'eau en plomb peuvent ne pas avoir été remplacées. Renseignez-vous auprès des services compétents de votre mairie.

UN JARDIN SANS DANGER

- **Mares et étangs.** Asséchez-les ou entourez-les d'un solide grillage. Dites aux enfants de ne pas jouer à proximité. Ne laissez jamais un enfant seul si vous avez une piscine non protégée.
- **Aérosols.** Ils adhèrent à la peau. Apprenez aux enfants à se laver les mains, surtout avant de manger.
- **Produits pour le jardin.** La plupart sont toxiques. Achetez-les en petite quantité et n'en conservez aucun que vous n'utiliserez pas très prochainement. Rangez-les immédiatement après usage dans un coffre cadenassé et hors d'atteinte. Et employez-les avec précaution.
- **Tuteurs.** Avec la pointe protégée, ils doivent être plus hauts que les enfants. Évitez les chocs et accidents en rangeant hors d'atteinte tous les outils – sécateurs, tondeuses, pioches, bêches, râteaux, etc.

Pour en savoir plus

Ramper et marcher	90-91
Atteindre et saisir	94-95
Les inquiétudes des parents	142-143
La sécurité à l'intérieur	204-205

Loin de l'eau
Inspirez à votre enfant un sain respect de l'eau. Apprenez-lui à ne jamais s'approcher d'une rivière ou d'un étang, si tentant que cela puisse être, sans être accompagné d'un adulte.

- **Tas de sable.** Recouvrez-les afin qu'ils ne servent pas de litière aux chats du quartier. Ramassez leurs excréments et mettez les sacs-poubelle hors d'atteinte.
- **Meubles de jardin.** Ouvrez vous-mêmes les chaises pliantes pour éviter les pinçons. Et rangez les échelles dans un abri fermé.
- **Grille d'entrée.** Fermez-la à clé et assurez-vous que les enfants ne puissent la traverser, pas plus que la haie de la clôture.
- **Regards.** À recouvrir absolument d'une plaque de sûreté.

Soigner un enfant malade

Si votre enfant est malade, vous devrez prendre sa température et lui donner des médicaments, peut-être aussi remédier à la déshydratation, surtout s'il est fiévreux, s'il a la diarrhée ou vomit.

DONNER UN MÉDICAMENT À UN BÉBÉ

À la cuillère. Tenez-le dans vos bras. Ouvrez-lui la bouche en appuyant sur le menton. Placez la cuillère sur la lèvre inférieure et laissez couler le liquide. S'il refuse d'avaler, massez doucement son cou.

Au compte-gouttes. Pratique pour administrer directement dans sa bouche. Posez le tube ou la seringue sur la lèvre inférieure.

Avec le doigt. À défaut, trempez votre doigt (propre) dans le médicament et laissez votre bébé le sucer.

La seringue
Placez-la dans la bouche, en direction de la joue et pressez lentement. Ne la dirigez pas vers le fond de la gorge, l'enfant risquerait de s'étouffer.

SI VOTRE ENFANT DÉTESTE LE MÉDICAMENT

- Faites-vous aider par un autre adulte.
- Enveloppez l'enfant dans une couverture afin de l'empêcher de se débattre.
- Ne donnez qu'une petite portion à la fois.
- Demandez à un adulte de lui tenir la bouche ouverte. Faites immédiatement suivre le médicament d'un jet d'eau avec une seringue puis d'une boisson.
- Dites à un enfant plus âgé de se pincer le nez. Pincez-le d'office avec un plus jeune : cela atténue le goût et facilite la déglutition.
- Mélangez-le à un liquide qu'il aime, une cuillerée à la fois. Ne mélangez pas à la boisson un médicament qui peut tomber au fond du verre. Promettez-lui une récompense et aidez-le à se brosser les dents après coup.

L'ARMOIRE À PHARMACIE

- Mercurochrome
- Spray désinfectant
- Pommade antiseptique
- Pommade pour les petites brûlures
- Tube de vaseline
- Pansements adhésifs
- Tulle gras pour les brûlures
- Compresses stériles
- Bandages élastiques, tubulaires pour les doigts et une ou deux bandes Velpeau
- Sparadrap
- Coton hydrophile
- Ciseaux pour couper les bandes
- Pince pour ôter les échardes
- Thermomètre médical
- Cuillère-mesure pour doser avec exactitude
- Compte-gouttes ou seringue
- Abaisse-langue
- Bouillotte
- Attelle
- Bain oculaire
- Paracétamol ou aspirine pour enfants
- Lotion contre les piqûres et éruptions cutanées
- Huile d'amande douce
- Crème solaire

Le compte-gouttes
Tranquillisez votre bébé. Prenez une quantité limitée de liquide dans le compte-gouttes, glissez-le au coin de la bouche en lui pressant le menton et libérez le contenu une goutte à la fois.

PRENDRE LA TEMPÉRATURE

En général, il est important d'évaluer exactement la température. Un enfant qui a la fièvre est chaud au toucher ; avec une fièvre très élevée, il est abattu, brûlant, hébété et renfermé. Son pouls est probablement rapide et il est clair qu'il est très malade. Une attention immédiate est indispensable.

Bandeaux. Faciles à employer avec un bébé mais très imprécis. On les place sur le front. La température est indiquée en chiffres ou par un changement de couleur.

Thermomètre rectal électronique. Précis. Lubrifiez légèrement la partie argentée du thermomètre avec de l'huile pour bébés. Allongez le bébé sur le dos, levez ses jambes et introduisez la partie argentée du thermomètre dans l'anus. Gardez-le en place jusqu'à ce que le thermomètre sonne, avant de lire la température. Lavez le thermomètre.

La température prise sous les bras est très approximative.

Thermomètres buccal et auriculaire. À introduire respectivement dans la bouche ou l'oreille, ils sont peu utilisés en France.

FIÈVRES DANGEREUSES

Une fièvre légère ne présente pas de danger, à l'inverse d'une forte fièvre qui entraîne la transpiration, c'est-à-dire une déshydratation avec un risque de chute de tension et de défaillance cardiaque. Il est primordial de réhydrater l'enfant, surtout si sa fièvre s'accompagne de diarrhée et de vomissements.

Que faire ? Faire baisser la température par un bain tiède ; donner de l'aspirine (ou du paracétamol) à doses appropriées et régulières.

● Donnez beaucoup à boire – de l'eau pour une légère fièvre. Si elle est élevée, la perte de sucre et de sels doit être compensée (cf. p. 218).

Appelez le médecin si la température dépasse 38° et dans les cas suivants :

● Le bébé a moins de 3 mois.
● Il a la diarrhée ou vomit.
● Il crie et gémit sans raison apparente.
● Il est somnolent et léthargique.
● Il ne se nourrit plus.

Pour en savoir plus
Votre bébé bien au chaud   16-17
Votre bébé bien au frais   18-19
La position latérale de sécurité   212
Coup de chaleur   218

Bandeau frontal
Maintenez le bandeau des deux côtés du bout des doigts, bien à plat sur le front. Lisez la température (approximative) au bout de 15 secondes.

Température axillaire
Prenez le bébé sur vos genoux. Placez le thermomètre sous une aisselle et tenez-le en place. L'indication de température est approximative.

Réanimer un enfant

L'arrêt de la respiration est la principale cause de défaillance cardiaque. Selon l'âge du sujet, la méthode de réanimation est appliquée plus ou moins vigoureusement. Le procédé est décrit ci-dessous pour des enfants de 1 à 8 ans, page 211 pour un bébé de moins de 1 an.

A.R.C.S.

AIR. Vérifiez que le passage de l'air n'est pas obstrué. Si oui, dégagez la trachée.

RESPIRATION. Si l'enfant ne respire pas, pratiquez la respiration artificielle.

CIRCULATION. Son cœur bat-il ? Sinon, comprimez le thorax.

SECOURS.
• Appelez les pompiers (18).

• Si vous êtes seul, pratiquez la réanimation en attendant les secours.

• Réanimer est fatigant – faites-vous relayer par quelqu'un d'autre si possible.

Si votre enfant semble avoir quelque chose dans la bouche, extrayez-le en tournant sa tête sur le côté et passez votre index avec précaution autour de l'intérieur de sa bouche. Les liquides sont plus facilement éliminés si vous entourez votre index d'un linge. Surtout avec un bébé dont la bouche est si peu profonde, attention de ne pas enfoncer l'objet dans la gorge. Si elle semble obstruée, prenez-le sur vos genoux, à plat ventre, la tête vers le bas reposant sur votre avant-bras, et frappez entre les omoplates jusqu'à ce que l'objet soit dégagé. Sinon, appelez les pompiers (18).

SI L'ENFANT NE RESPIRE PLUS

1. Allongez-le, posez une main sur son front et l'autre sous la nuque pour stabiliser les vertèbres cervicales. Très doucement, faites basculer la tête en arrière en pressant sur son front et en soulevant légèrement le menton vers le plafond. La langue s'abaissera avec la mâchoire.

2. S'il respire, sa poitrine se soulève et vous sentirez son souffle. Sinon, pincez le nez, coiffez sa bouche de la vôtre, et insufflez 5 fois, jusqu'à ce que sa poitrine se soulève.

3. Vérifiez son pouls avec deux doigts entre la trachée et le muscle plat. Si vous ne sentez rien, procédez au massage cardiaque.

4. Placez la main à deux doigts en dessous du sternum. D'un coup sec, comprimez le thorax d'un tiers de sa profondeur, 5 fois en 3 secondes puis insufflez (cf. 2). Et répétez.

SI VOTRE BÉBÉ NE RESPIRE PAS

En attendant les secours :

Pour savoir s'il est conscient, parlez-lui et tapotez doucement ses pieds. Ne le secouez jamais par les épaules.

S'il ne réagit pas, commencez le bouche-à-bouche. Le procédé est le même que pour les enfants plus âgés mais parce qu'il est très petit, couvrez à la fois son nez et sa bouche de la vôtre.

ATTENTION : Le cou et les bronches sont encore fragiles : ne basculez pas trop la tête. N'insufflez pas trop fort — l'air pourrait pénétrer son estomac et faire refluer son contenu dans les poumons.

1. Un index sous le menton, l'autre main sur le front, basculez légèrement la tête pour ouvrir la trachée. Inspectez la bouche avec l'index replié pour voir si un objet la bloque.

2. Surveillez le thorax et la respiration, la joue proche de sa bouche pour sentir son souffle. S'il ne respire pas en 5 secondes, commencez le bouche-à-bouche en recouvrant totalement son nez et sa bouche de la vôtre.

Pour en savoir plus

Soigner un enfant malade	208-209
La position latérale de sécurité	212
Choc clinique	214
Empoisonnement	218

3. Insufflez 5 fois en écartant votre bouche après chaque expiration. Avec deux doigts, vérifiez son pouls à mi-chemin entre l'épaule et le coude. En l'absence de pouls, commencez le massage cardiaque.

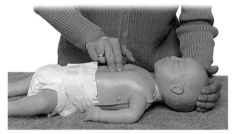

4. Placez deux doigts à un doigt sous la ligne des mamelons. Pressez sur le thorax pour l'abaisser de 2 centimètres, 5 fois en 3 secondes. Insufflez. Répétez jusqu'à l'arrivée des secours — ou au retour de la respiration, placez-le alors dans la position latérale de sécurité.

CHECK-LIST

- Si un enfant est inconscient, dégagez la trachée et vérifiez la respiration. Attention de ne pas enfoncer un objet qu'il aurait dans la bouche.

- Si vous soupçonnez une lésion de la tête ou du cou, remuez l'enfant le moins possible. Avec beaucoup de précaution, tournez-le sur le côté, la bouche vers le sol pour éviter que d'éventuels saignements ou vomissements n'obstruent ses bronches.

- En l'absence de souffle, pratiquez la respiration artificielle.

- Si vous sentez son pouls, vérifiez-le toutes les 10 insufflations et continuez le bouche-à-bouche.

- Si le thorax ne se soulève pas après 2 insufflations, vérifiez que la trachée est bien dégagée. Si 3 insufflations échouent, vérifiez à nouveau qu'elle n'est pas obstruée (voir page opposée).

- En l'absence de pouls et de rétablissement, commencez à alterner massage cardiaque (cf. 4) et bouche-à-bouche.

- Quand la respiration reprend, placez le bébé dans la position latérale de sécurité (voir p. 212).

La position latérale de sécurité

Si votre enfant est inconscient mais respire, placez-le dans la position latérale de sécurité en attendant les secours. Elle lui permettra de respirer librement et favorisera sa circulation sanguine tout en lui soutenant le corps confortablement.

1. Allongez l'enfant au sol et agenouillez-vous à son côté. Tournez-lui la tête vers vous en la basculant légèrement vers l'arrière pour dégager les voies respiratoires. Écartez le bras près de vous ou étendez-le le long du corps.

2. Avec la main droite, repliez l'autre bras vers vous sur sa poitrine. Avec la main gauche, pliez le genou de la jambe extérieure et croisez-la pardessus l'autre.

POSITION LATÉRALE DE SÉCURITÉ POUR UN BÉBÉ

Si votre bébé est inconscient, appelez les secours.

● Vérifiez s'il respire – vous devez voir son thorax se soulever et sentir son souffle en approchant votre joue de sa bouche.

● Si sa respiration est normale, son cœur bat. Les bras tendus, placez le bébé dans la position latérale de sécurité : sur vos genoux, les pieds contre votre abdomen et la tête légèrement vers le bas.

● Si votre bébé ne respire pas, dégagez toujours sa trachée et commencez le bouche-à-bouche (voir p. 210-211). C'est une priorité, une interruption de sa respiration pendant plus de trois minutes risquant de provoquer des lésions au cerveau.

3. En lui tenant la tête, saisissez la hanche extérieure et faites rouler l'enfant vers vous. Repliez jambe et bras extérieurs pour le maintenir sur le côté. Basculez un peu la tête vers l'arrière.

Les situations d'urgence

Les enfants ne sont pas capables de prévoir et sont donc enclins à avoir des accidents. Heureusement, ce sont souvent des accidents mineurs; mais parfois, des réactions rapides peuvent être littéralement une question de vie ou de mort.

Pour en savoir plus

La sécurité à l'intérieur 204-205
La sécurité à l'extérieur 206-207
Réanimer un enfant 210-211
Saignement 214

BRAS CASSÉ

1. Pendant que votre enfant soutient son bras cassé, passez une attelle ou une large écharpe sous son bras en englobant le coude.

2. Passez l'une des deux extrémités de l'écharpe sous le bras, l'autre devant.

3. Nouez-les autour du cou.

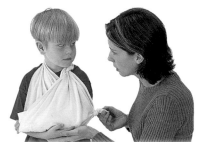

4. Bloquez le coude dans l'écharpe avec un nœud ou une épingle de nourrice.

5. Si le haut du bras, l'épaule ou la clavicule sont touchées, immobilisez-les en bloquant l'attelle par une bande autour du buste.

Soutenir son bras
Si vous pensez que votre enfant s'est peut-être cassé le bras, placez-le en écharpe ou maintenez-le dans cette position jusqu'à votre arrivée à l'hôpital.

EFFECTUER UNE TRACTION

S'il semble que l'enfant se soit cassé une jambe, vous pouvez réduire à la fois l'éventuel saignement et la douleur en effectuant une traction.

- Allongez l'enfant jambes tendues sur une surface plane et stable.
- Tirez le pied doucement mais fermement, dans l'axe de l'os fracturé – si l'enfant peut supporter la douleur.
- Couvrez-le s'il a froid et essayez de le distraire de la douleur, en vous assurant qu'il ne bouge pas sa jambe.

La plupart des petites coupures ou égratignures sont facilement soignées. Placez la plaie sous l'eau courante pour la laver, tamponnez, appliquez un pansement antiseptique et un bandage propre.

SAIGNEMENT

Une hémorragie est particulièrement sérieuse pour les tout-petits en raison de leur volume de sang limité. Elle peut provoquer un choc et entraîner une défaillance cardiaque.

SAIGNEMENT GRAVE

1. Aidez l'enfant à s'allonger. Faites directement pression sur la coupure et, en même temps, soulevez la partie affectée au-dessus du reste du corps. Maintenez une pression constante.

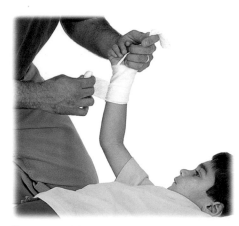

2. Si possible, appliquez une compresse stérile sur la plaie ou un tissu non pelucheux, entourez d'un tissu absorbant ou d'une serviette hygiénique et d'une bande Velpeau.

3. Maintenez la pression en attachant la bande directement au-dessus de la coupure. Si le saignement persiste, ajoutez une deuxième serviette sans enlever la première.

FAIRE OU NE PAS FAIRE

- Emmenez l'enfant aux urgences le plus tôt possible.
- N'appliquez rien d'autre qu'une compresse stérile sur la plaie.
- Ne retirez pas un corps étranger – il peut limiter le saignement – faites simplement pression de part et d'autre.
- Les piqûres peuvent provoquer une infection. Trempez une petite piqûre dans de l'eau chaude savonneuse pendant 15 minutes. Surveillez. Si la piqûre s'infecte ou enfle, consultez un médecin.

CHOC CLINIQUE

Le choc clinique n'est causé ni par la surprise ni par la peur mais par la réaction du corps à une forte chute de tension, par une défaillance cardiaque, une réaction allergique violente ou des piqûres d'insectes. Surveillez un enfant qui saigne gravement, qui est déshydraté ou gravement brûlé même s'il ne donne aucun signe de choc.

Étendez votre enfant sur une surface plane et surélevez ses jambes à l'aide de plusieurs coussins.

Symptômes possibles. Peau grise ou bleuâtre, pâle, froide et moite, pouls et respiration faibles et rapides, transpiration, étourdissements, agitation, vision trouble, soif.

Que faire. Traitez les causes possibles (grave saignement ou brûlure). Surélevez les jambes (voir à gauche) et desserrez les vêtements. Tournez sa tête sur le côté. Gardez-le au chaud avec une couverture – sans le faire transpirer, ce qui provoquerait un afflux de sang vers la peau au détriment des organes vitaux. S'il cesse de respirer, commencez le bouche-à-bouche (voir p. 210).

ÉTOUFFEMENT

Demandez de l'aide. Si votre enfant s'étouffe en toussant plus de 2 ou 3 minutes, appelez les pompiers ou le SAMU.

Agissez sans tarder si la toux devient silencieuse, si l'enfant lutte pour respirer et bleuit, s'il émet des sons aigus ou est incapable de parler et de crier, s'il est malade (inflammation de la gorge).

AVEC UN ENFANT DE 1 À 8 ANS

1. Tenez l'enfant le dos contre vous. Serrez le poing contre son sternum et pressez avec force contre sa poitrine 5 fois, à 3 secondes d'intervalle.

2. S'il continue à étouffer, placez votre poing au niveau du diaphragme. D'un coup sec, donnez une forte pression vers le haut, 5 fois de suite. Continuez en attendant les secours.

SI L'ENFANT EST INCONSCIENT

1. Allongez-le sur le côté et frappez son dos plusieurs fois. Tournez-le sur le dos et vérifiez qu'aucun objet ne bloque sa trachée. S'il ne respire pas, pratiquez le bouche-à-bouche 5 fois (voir p. 210-211). Avec la paume de la main sur le diaphragme, pressez 5 fois sur le thorax avec force, à 3 secondes d'intervalle.

2. Si l'obstruction persiste, pressez d'un coup sec avec la paume de la main sur le diaphragme. Inspectez sa bouche au cas où un objet en aurait été délogé. Continuez jusqu'à l'arrivée des secours. Placez l'enfant en position latérale de sécurité (voir p. 212) dès qu'il recommence à respirer.

Pour en savoir plus

La sécurité à l'intérieur	204-205
La sécurité à l'extérieur	206-207
Réanimer un enfant	210-211
La position latérale de sécurité	212

VOTRE BÉBÉ ÉTOUFFE

● Tenez-le face vers le sol, en soutenant sa poitrine et son menton de la main. Tapez 5 fois entre ses omoplates. Inspectez sa bouche.

● Si l'objet qui bloque sa respiration n'est pas délogé, tenez le bébé sur vos genoux, la tête plus bas que la poitrine. Pressez fermement 5 fois sur sa poitrine juste sous la ligne des mamelons. Inspectez à nouveau sa bouche.

NOYADE

Vous ne pouvez aider votre enfant que si vous êtes vous-même hors de danger. Ne sautez pas à l'eau si vous êtes incapable de le ramener au rivage. Dans ce cas, s'il est emporté par un courant, essayez de le saisir plus en aval. Les très jeunes enfants peuvent retenir leur respiration sous l'eau un certain temps.

- **Si l'enfant est conscient,** sortez-le de l'eau le plus vite possible et couvrez-le de vêtements secs. Transportez-le la tête en bas pour évacuer l'eau de sa bouche et de sa gorge.
- **Si l'enfant est inconscient,** vérifiez s'il respire. Sinon, pratiquez le bouche-à-bouche (voir p. 210-211). Si vous avez pied, commencez en le transportant hors de l'eau. Soutenez la tête d'une main, inspirez et recouvrez son nez et sa bouche avec la vôtre. Soufflez doucement dans ses poumons, guettez le soulèvement de son thorax. Prenez une autre inspiration et recommencez. Allongez-le sur la rive et continuez.
- **S'il est inconscient mais respire,** placez-le dans la position latérale de sécurité (voir p. 212) et couvrez-le sans enlever ses vêtements mouillés. Continuez à vérifier sa respiration et son pouls.
- **Attendez les secours** à moins qu'un autre adulte ne puisse vous conduire aux urgences. Tournez l'enfant sur le côté s'il semble devoir vomir.

La sécurité avant tout
Coupez le courant avant de toucher l'enfant ou éloignez la source de courant avec un manche en bois ou en plastique.

CHOC ÉLECTRIQUE

Coupez le courant avant de toucher l'enfant. Si c'est impossible, éloignez la source de courant avec un manche en bois ou en plastique, surtout pas en métal. Assurez-vous que vos mains sont sèches et que vous ne vous tenez pas sur une surface humide ou en métal.

- **Dès que le courant est coupé,** examinez votre enfant. Vérifiez s'il est brûlé. Appelez les pompiers. En attendant, réconfortez-le et pratiquez le traitement contre le choc clinique (voir p. 214).
- **S'il est inconscient,** vérifiez s'il respire. Sinon, pratiquez le bouche-à-bouche (voir p. 210-211) et prenez son pouls au bout d'une minute. S'il est inconscient mais respire, placez-le dans la position latérale de sécurité (voir p. 212).

CONVULSIONS

Symptômes. Chute, yeux révulsés, écume à la bouche, raidissement du corps suivi de mouvements incontrôlés et saccadés, somnolence.

Causes. De brèves convulsions ne sont pas inhabituelles en cas de forte fièvre et chez certains enfants. Toute première occurrence devrait être signalée au médecin. Autres causes possibles : maladie, lésions au cerveau, infection, épilepsie ; et prise de certains médicaments qu'il faut impérativement signaler au médecin.

Traitement. Dégagez l'espace autour de l'enfant ou déplacez-le dans un endroit non encombré. Desserrez ses vêtements, placez-le sur le côté, la tête plus basse que les hanches surélevées. Si vous êtes seul, réanimez-le d'abord si la respiration s'interrompt. Appelez les secours si les convulsions durent plus de 2 à 3 minutes, sont particulièrement violentes ou se succèdent rapidement.

BRÛLURES

Les brûlures, à l'exception des plus légères, exigent une intervention professionnelle. Appelez immédiatement votre médecin si la lésion est plus large que la main de votre enfant, à vif et couverte de cloques (2ᵉ degré) ou noircie ou blanche (3ᵉ degré).

Refroidissez la région sans délai pour empêcher la brûlure d'atteindre les tissus sous-cutanés.

1. Refroidissez une brûlure superficielle sous l'eau courante (non glacée) aussi longtemps que l'enfant peut la supporter et au minimum 5 à 10 minutes. Appelez les secours. Si une partie importante du corps est concernée, mettez l'enfant dans un bain ou sous une douche à peine tiède (10 à 15 °C), puis enveloppez-le d'un drap mouillé non pelucheux.

BRÛLURES PAR PRODUITS CHIMIQUES

Le plus rapidement possible et aussi longtemps que l'enfant le tolère, placez la partie affectée sous l'eau courante afin que l'eau contaminée soit directement évacuée. Ôtez avec précaution les vêtements contaminés sans les passer par-dessus la tête.

2. Coupez le vêtement pour dégager la brûlure. Ne l'enlevez que si vous êtes sûr que la région n'est pas atteinte afin de ne pas arracher la peau qui y adhérerait. Immergez la partie brûlée dans l'eau froide.

3. Ne mettez rien sur les plaies mais, pour prévenir l'infection, vous pouvez envelopper la région brûlée de film plastique ou de papier d'aluminium. Maintenez-les avec une bande Velpeau. Emmenez votre enfant chez le médecin ou aux urgences.

Pour en savoir plus

La sécurité à l'intérieur   204-205
La sécurité à l'extérieur   206-207
Réanimer un enfant   210-211
La position latérale de sécurité   212

FAIRE ET NE PAS FAIRE

• Si les membres sont brûlés, surélevez-les au-dessus du niveau du reste du corps.

• N'enduisez les plaies d'aucun produit. Ne crevez pas les cloques. Ne couvrez pas les plaies avec quoi que ce soit qui puisse y adhérer. Soyez prudent et ne plongez pas le brûlé dans un bain trop froid qui pourrait provoquer une hypothermie.

• Suivez de près une brûlure superficielle. Consultez dès qu'elle semble devoir s'infecter.

• Tant que l'enfant est conscient et n'a pas de lésions à la bouche, donnez-lui régulièrement de l'eau pour le réhydrater.

EMPOISONNEMENT

Appelez immédiatement le centre anti-poison, les pompiers ou le SAMU. Ne donnez jamais rien à boire sans avis médical.

Symptômes. Lésions buccales, convulsions et/ou diarrhée, vomissements, perte de conscience ou crise « épileptique ».

Que faire ? Demandez doucement à l'enfant ce qu'il a avalé. Précisez que vous n'êtes pas en colère mais que vous avez besoin de savoir. Agissez sans délai – il pourrait perdre conscience. Recherchez la cause : flacon, emballage, feuilles ou baies. Notez l'heure, les symptômes, la quantité absorbée (si connue) à l'intention des médecins.

Protégez-vous
Si vous devez réanimer votre enfant, assurez-vous que vous n'absorbez pas vous-même la substance toxique.

- **Produits corrosifs** (Javel, désherbant, etc.). N'essayez pas de le faire vomir : ce qui brûle à la déglutition brûlera à la régurgitation. Accompagnez l'enfant au centre antipoison ou aux urgences.

- **Ne faites jamais vomir un enfant inconscient.** Placez-le en position latérale de sécurité (voir p. 212). Avant de procéder au bouche-à-bouche (voir p. 210-211), essuyez la sienne. Si nécessaire, fermez sa bouche et insufflez par son nez.

INSOLATION ET COUP DE CHALEUR

Tous deux résultent d'une exposition à un excès de chaleur solaire ou ambiante et doivent être traités sans délai.

Rafraîchissez
Enveloppez votre enfant d'une serviette mouillée et remplacez-la dès qu'elle se réchauffe. Rafraîchissez sa tête avec une éponge ou une serviette mouillées.

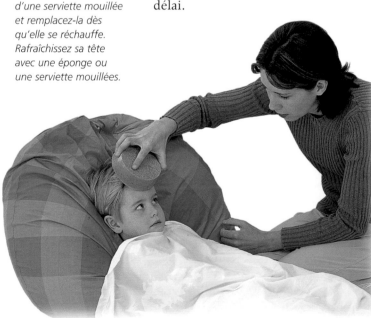

Symptômes d'insolation : fièvre au-delà de 38 °C, peau pâle et moite, pouls rapide, nausée, étourdissements, crampes, maux de tête.

Symptômes de coup de chaleur : fièvre au-delà de 40 °C, peau chaude, sèche, sans transpiration, pouls rapide, étourdissements, incohérence suivie de perte de conscience.

Que faire ? Téléphoner aux urgences si l'enfant semble perdre conscience et lui donner des boissons glacées.

En attendant les secours. Rafraîchissez l'enfant par un bain à environ 30 °C. Sur la plage, immergez-le dans l'eau juste au bord et aspergez-lui la tête. Enveloppez-le ensuite d'une serviette mouillée.

Pour réhydrater. Dilution de 6 cuillères à café de sucre et 1 de sel pour un litre d'eau ou de jus de fruits. Faites boire régulièrement à moins que l'enfant ne perde conscience.

HYPOTHERMIE

Symptômes. L'enfant tremble, a très froid, une peau bleu pâle, il est somnolent, n'articule plus, perd conscience.
Que faire ? Enveloppez-le très serré, même par-dessus des vêtements mouillés. Une fois au chaud, enlevez les vêtements mouillés, enveloppez-le dans une couverture, appelez le médecin. Si l'enfant est plus âgé, immergez-le dans un bain à 30-35 °C. Donnez-lui des boissons sucrées chaudes et non brûlantes. Si sa température stagne ou s'il perd conscience, emmenez-le aux urgences.
Important. Les organes vitaux doivent se réchauffer d'abord et graduellement. Si la peau s'échauffe trop vite, le sang afflue vers la surface, et les organes vitaux se réchauffent plus lentement.

Votre bébé est froid
Les tout-petits sont très exposés à l'hypothermie. S'il est froid au toucher, somnolent et amorphe, serrez-le contre vous et enveloppez-vous d'une couverture. Si nécessaire, appelez les secours.

Pour en savoir plus

Votre bébé bien au chaud	16-17
Votre bébé bien au frais	18-19
La sécurité à l'intérieur	204-205
La sécurité à l'extérieur	206-207

CHOC À LA TÊTE

Si votre enfant présente les symptômes suivants, emmenez-le sans tarder aux urgences.
Symptômes. Assommé ou hébété, somnolent, irritable ; perte de conscience, vomissements, épanchement de sang, ou de fluide rosâtre par le nez ou les oreilles.
Que faire ? Même s'il ne perd conscience qu'un court instant, faites-le examiner par un médecin.
• S'il se plaint d'un choc douloureux ou de mal de tête, faites-le asseoir environ une heure, de préférence dans une pièce sombre. Surveillez-le. S'il présente l'un des symptômes ci-dessus, consultez sans tarder.
• Épongez le sang avec une compresse stérile. Nettoyez à l'eau savonneuse et pansez. Si la blessure exige des points de suture, consultez un médecin.
• En cas d'épanchement des oreilles ou du nez, absorbez avec du coton et allez immédiatement aux urgences.

RÉACTION ALLERGIQUE

Le choc anaphylactique est une réaction allergique rare et potentiellement fatale à une piqûre d'insecte, une injection ou, plus rarement, à un aliment ou un médicament pris oralement.
Symptômes. Œdème du visage, gonflement de la langue et de la gorge qui peut entraîner de graves difficultés respiratoires ; rapide chute de tension parce que les capillaires de la peau se dilatent très vite et éloignent le sang des organes vitaux ; pour compenser, le rythme cardiaque s'accélère.
Que faire ? Un traitement immédiat est indispensable. Emmenez l'enfant aux urgences. On lui administrera de l'adrénaline qui renverse rapidement la réaction allergique. On vous donnera sans doute une piqûre ou un aérosol à employer en cas de récidive. Ayez-les toujours avec vous et traitez l'enfant à la moindre réapparition du problème ou emmenez-le à nouveau aux urgences.

ASTHME

• Quand une crise d'asthme résiste aux médicaments habituels, un traitement rapide est nécessaire (stéroïdes, dilatateurs ou oxygène).

• Si le traitement est prescrit rapidement, vous pouvez l'administrer chez vous, surtout si vous avez un nébuliseur.

• Si la crise s'aggrave, appelez votre médecin.

• Les très jeunes enfants ne réagissent pas toujours aux médicaments et doivent parfois être hospitalisés. N'oubliez pas qu'une crise d'asthme peut être fatale.

• Si la crise semble plus sérieuse que d'ordinaire, allez aux urgences, surtout si votre enfant éprouve de sérieuses difficultés respiratoires, s'il s'épuise ou si sa peau devient grise ou bleuâtre.

Index

Remerciements

Crédits photographiques

L'auteur et les éditeurs souhaitent remercier chaleureusement Mike Good qui a réalisé toutes les photographies de cet ouvrage à l'exception des suivantes :

g = gauche ; **d** = droite ; **h** = haut ; **b** = bas ; **c** = milieu

p. 2/ Adrian Weinbrecht, **2d** gettyone Stone/ John Fortunato ; **3**/ Telegraph Colour Library/ Spencer Rowell, **3d** gettyone Stone/ Charles Thatcher ; **6d** The Stock Market : **7**/ et **c** SuperStock ; **12** Laura Wickenden ; **13** gettyone Stone/ Tim Brown ; **18** gettyone Stone/ John Fortunato ; **20** Adrian Weinbrecht ; **22** Andrew Sydenham ; **36** Bubbles/ Jennie Woodcock ; **37** Adrian Weinbrecht ; **38** Robert Harding Picture Library/ Jim Trois/ Explorer ; **40** The Image Bank ; **43** Bubbles/ Frans Rombout ; **50h** gettyone Stone/ Camille Tokerud, **50b** John Freeman ; **51** Bubbles/ Jacqui Farrow ; **54** Bubbles/ Pauline Cutler ; **56** The Image Bank/ Tom Hussey ; **58** Bubbles/ Ian West ; **64** gettyone Stone/ Bruce Ayers ; **65** Bubbles/ Moose Azim ; Telegraph Colour Library/ Spencer Rowell ; **68** Robert Harding Picture Library/ Brad Nelson/ Phototake NYC ; **71** Bubbles/ Frans Rombojt ; **78** Adrian Weinbrecht ; **84** Telegraph Colour Library/ Mel Yates ; **86** gettyone Stone/ Camille Tokerud ; **109h** Robert Harding Picture Library ; **112-113** The Stock Market/ Bill Miles ; **115** The Stock Market ; **120** The Stock Market/ Jose L. Pelaez ; **123h** gettyone Stone/ Bob Thomas ; **124** John Barlow ; **125** Laura Wickenden ; **128** Camera Press ; **131**/ The Photographers Library ; **135** ZEFA-Stockmarket ; **131d** Powerstock/ Zefa/ Norman ; **132** The Photographers Library ; **136** Bubbles ; **143** gettyone Stone/ Charles Thatcher ; **147d** The Photographers Library ; **150** Laura Wickenden ; **152-153** SuperStock ; **156** gettyone Stone/ Roger Ellis ; **160** Bubbles/ Loisjoy Thurstun ; **164** Bubbles/ Elizabeth Carter ; **168-169** SuperStock ; **185h** Telegraph Colour Library ; **188** The Stock Market ; **191** Bubbles/ Richard Yard ; **201** gettyone Stone/ Roy Gumpel ; **204** Retna/ Sandra Lousada ; **207** Corbis/ Macduff Everton ; **210** Iain Bagwell ; **211** Andrew Sydenham ; **212** John Freeman ; **204 hg**, **bg**, **hd**, **bc** Iain Bagwell, **bd** Andrew Sydenham

Graphiques

Les graphiques pages 70 et 73 ont été reproduits avec l'aimable autorisation de la Child Growth Foundation 1996/1.

Page 101, le tableau a été inspiré de *Votre enfant apprend à parler*, de Jean Rondal, et a été reproduit avec l'aimable autorisation des Éditions Pierre Mardaga.

Premiers secours

Les éditeurs ont réalisé les photographies de cette section avec l'aide de la St John Ambulance.